Tous les DESSERTS

RECETTES & TECHNIQUES

SOLAR EDITIONS

Sommaire

Tous les desserts

Solar a le plaisir de vous présenter ***Tous les desserts***, un florilège de près de 300 recettes qui viendront enchanter tous les gourmands, petits et grands.

• Les 20 techniques de base, en début d'ouvrage, vous permettront d'acquérir pas-à-pas les bons gestes pour amener vos préparations au succès. Vous saurez ainsi réaliser une pâte feuilletée, une meringue ou un caramel en un tour de main.

• À l'écoute de vos envies, les recettes de ce livre se répartissent en 7 parties :
Les gâteaux ; Tartes, flans, clafoutis & co ; Les petits-fours sucrés ; Les entremets ; Spécial Chandeleur ; Les délices glacés ; Café gourmand.
Elles font la part belle aux recettes de partage, à celles qui nous ravissent à tout instant, qu'il s'agisse d'un gâteau d'anniversaire, d'une petite douceur rapide et légère, à la fin d'un repas familial, d'une tarte aux fruits de saison...

Tous les desserts est un ouvrage complet, accessible à tous. Que vous soyez débutant ou pâtissier aguerri, il vous accompagnera dans ce moment gourmand, celui du dessert. N'hésitez pas et cédez à votre péché mignon : c'est sucré, délicieux, doux et tendre !

La pâte brisée

Pour 1 fond de tarte pour 8 personnes

250 g de farine • 125 g de beurre • 65 g d'eau • 5 g de sel

1. Malaxez les éléments délicatement en frottant les paumes l'une contre l'autre, sans appuyer fort, de façon à former une poudre un peu sableuse. Arrêtez alors le sablage, sinon la pâte va s'amalgamer et perdre sa texture friable.

2. Réalisez une fontaine au centre du mélange sableux à l'aide de vos doigts repliés en crochet, puis versez de l'eau bien froide au centre (l'eau froide maintient le beurre ferme).

3. Aussitôt l'eau versée au centre, mélangez-la avec le sablage du bout des doigts, en partant du centre, jusqu'à former une boule assez homogène. N'insistez pas, même s'il reste des petites zones mal mélangées, pour ne pas donner trop de corps à la pâte.

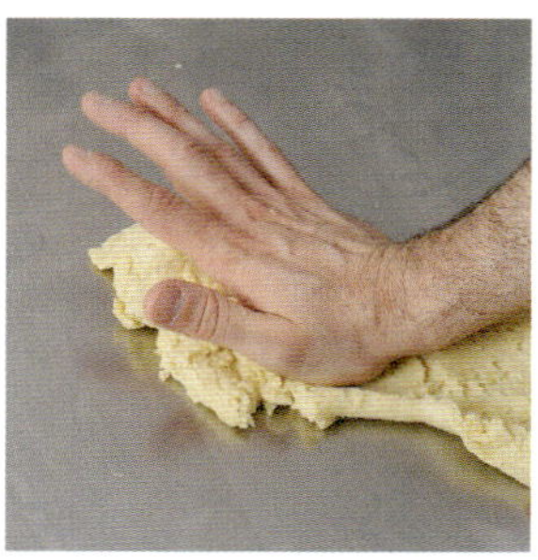

4. Pour écraser les derniers gros morceaux, transférez la pâte sur le plan de travail propre et poussez-la par petites parties devant vous, en l'écrasant bien avec la paume de la main. Petit à petit, la pâte va s'amalgamer. Récupérez alors les différents morceaux et travaillez-les rapidement pour former une boule, que vous filmerez et réserverez au réfrigérateur.

La pâte feuilletée
inversée

Pour 1 fond de tarte pour 8 personnes

500 g de farine • 400 g de beurre • 250 g d'eau • 10 g de sel fin

1. Mélangez l'eau froide avec le sel et remuez. Réalisez une fontaine avec la farine et versez-y l'eau salée. Travaillez la détrempe à la main. Filmez- la et laissez reposer au frais.

2. Mélangez le beurre en pommade avec la farine. Laissez refroidir au réfrigérateur.

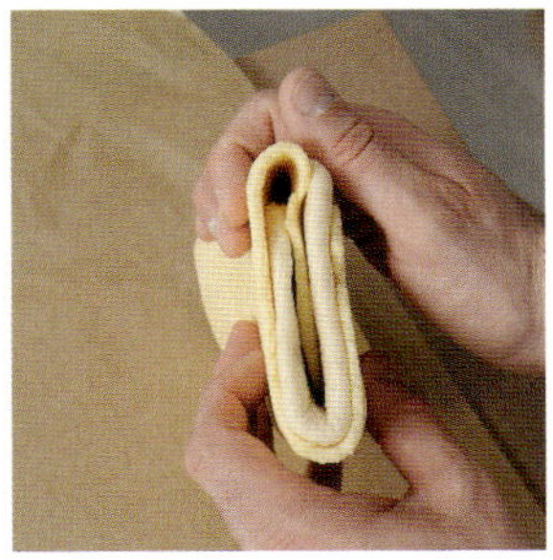

3. Abaissez le beurre en un rectangle de 50 cm de longueur, 15 cm de largeur et 5 mm d'épaisseur. Réservez au frais. Abaissez la détrempe en un rectangle d'environ 33 x 15 cm.

4. Posez la détrempe sur les deux tiers inférieurs de l'abaisse de beurre et repliez le dernier tiers de matière grasse sur la détrempe. Repliez par-dessus le tiers inférieur, composé des deux épaisseurs. C'est un tour simple.

5. Abaissez le pâton entre deux feuilles de papier cuisson, ouverture du pliage à gauche, pour obtenir un rectangle de 60 cm de longueur et 1 cm d'épaisseur. Repliez-le en quatre. C'est un tour double. Laissez reposer au frais 30 min.

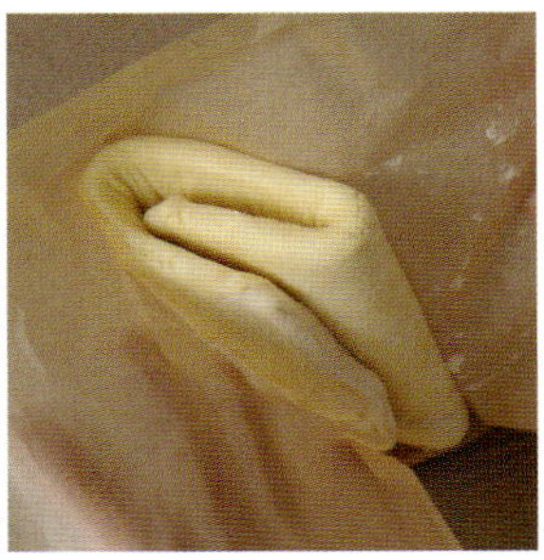

6. Réalisez à présent un tour double, puis un simple, et utilisez après un peu de repos.

La pâte sablée

Pour 3 fonds de tarte pour 8 personnes

500 g de farine • 300 g de beurre • 200 g de sucre en poudre • 2 œufs • 1 gousse de vanille

1. Malaxez délicatement la farine et le beurre en les frottant entre les paumes des mains, sans appuyer fort, de façon à former un sable grossier. Arrêtez aussitôt le sablage, sinon la pâte va s'amalgamer et perdre sa texture friable.

2. Mettez les graines de la gousse de vanille dans le sucre.

3. Ajoutez les œufs rapidement battus et fouettez jusqu'à obtention d'un mélange clair et mousseux, dans lequel le sucre est parfaitement dissous. Vous pouvez utiliser un batteur électrique.

4. Réalisez une fontaine au centre du mélange sableux et versez au centre le mélange précédent.

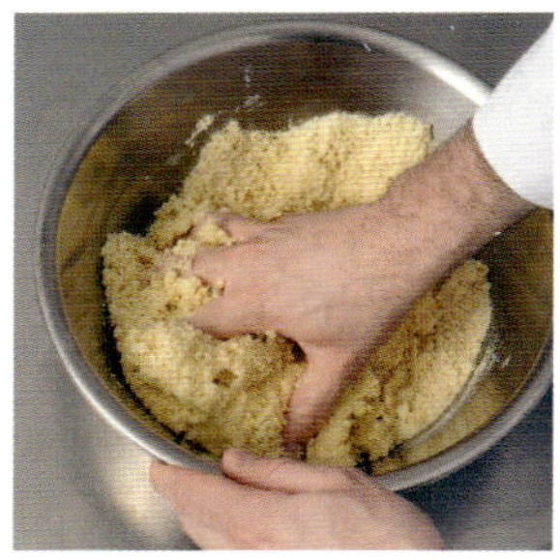

5. Mêlez rapidement en partant du centre, pour former une boule à peu près homogène.

6. Pour écraser les derniers gros morceaux, versez la pâte sur le plan de travail propre et poussez-la par petites parties devant vous, en l'écrasant bien avec la paume de la main. Petit à petit, elle va s'amalgamer. Récupérez alors les morceaux et façonnez-les rapidement en une boule, que vous filmerez et réserverez au réfrigérateur pendant 2 h et au maximum 48 h. Si vous ne pouvez réfrigérer la pâte que peu de temps, formez un bloc de faible épaisseur plutôt qu'une boule.

La pâte feuilletée

Pour 1 fond de tarte pour 8 personnes

375 g de beurre • 500 g de farine • 250 g d'eau froide • 10 g de sel

1. Fondez 50 g de beurre. Versez le sel sur la farine, réalisez une fontaine et versez l'eau et le beurre.

2. Amalgamez, roulez en boule, filmez et réservez 10 min au frais.

3. Abaissez la détrempe en croix sur le plan de travail fariné, le centre doit être plus épais que les branches.

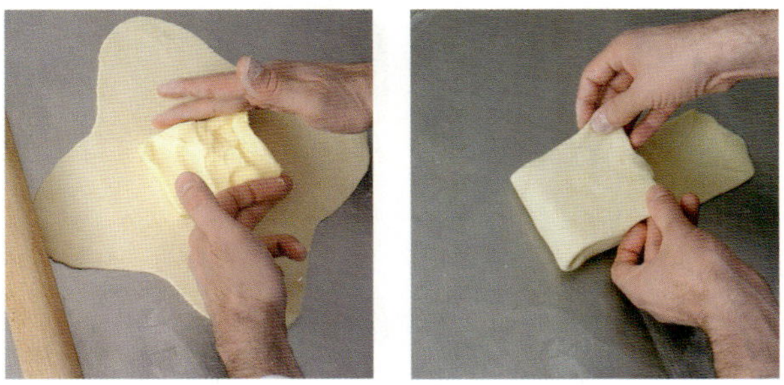

4. Ramollissez le reste de beurre au rouleau, puis abaissez-le en un carré d'environ 1,5 cm. Posez-le au centre de la croix. Repliez les branches sur le beurre et soudez la pâte sur ce dernier.

5. Abaissez la pâte sans appuyer. La bande doit être trois fois plus longue que large. Pliez-la en trois, comme une enveloppe.

6. Tournez le pâton de 90° pour amener l'ouverture du pliage à gauche. Abaissez de nouveau la pâte en une longue bande, repliez-la en trois et tournez d'un quart de tour, puis abaissez encore, repliez et marquez de deux traces de doigt. Filmez et laissez reposer 30 min au frais. Donnez les deux tours suivants et laissez reposer 30 min. Donnez les deux derniers tours et laissez reposer la pâte.

La pâte à choux

Pour 16 petits choux

4 ou 5 œufs • 150 g de farine • 100 g de beurre • 250 g d'eau • 5 g de sucre en poudre • 5 g de sel fin

1. Pesez soigneusement tous les éléments. Coupez le beurre en petits cubes de 1 cm de côté.

2. Sur feu vif, portez à ébullition l'eau et le beurre, du sucre et du sel. Le beurre doit être fondu lorsque l'eau atteint l'ébullition.

3. Retirez du feu, ajoutez la farine en une fois sur le liquide bouillant et mélangez rapidement et énergiquement à la spatule pour réaliser la panade : toute la farine doit être bien amalgamée.

4. Remettez la casserole sur le feu et travaillez la panade en mélangeant sans arrêt, jusqu'à obtenir une boule de pâte homogène qui se détache bien du fond, ne laissant qu'une fine couche de pâte sur le fond et la paroi de la casserole.

5. Versez la panade dans un bol froid et ajoutez les œufs un par un. Pour les incorporer, coupez la pâte à la spatule sans chercher à la mélanger ou à l'écraser, pour obtenir des petits morceaux de panade dans de l'œuf. Mélangez vivement : la pâte s'amalgame rapidement.

6. Lorsqu'il ne reste qu'un œuf, battez-le dans un petit bol, ajoutez-en la moitié et testez la souplesse de la pâte pour voir s'il est utile d'ajouter le reste : la pâte doit être souple et former un bec sur la spatule.

La génoise

Pour 8 personnes

4 œufs • 125 g de sucre en poudre • 125 g de farine • beurre et farine pour le moule

1. Badigeonnez un moule au pinceau. Ajoutez de la farine et tournez-le entre vos mains pour recouvrir la surface de farine. Ôter l'excédent de farine et réservez-le au frais.

2. Fouettez le sucre et les œufs au bain-marie. Lorsque le sucre est complètement dissous, que la pâte est mousseuse et légère, sortez le cul-de-poule du bain-marie et fouettez jusqu'à complet refroidissement.

3. Versez la farine en pluie sur l'appareil et incorporez-la délicatement à l'aide d'une écumoire. Procédez en « coupant » la masse pour bien conserver au biscuit sa légèreté.

4. Versez la pâte dans le moule chemisé, en veillant à ce que l'épaisseur soit régulière, et enfournez sans attendre.

5. La génoise crisse sous la pression des doigts lorsqu'elle est cuite. Débarrassez-la sur une grille dès la sortie du four, et laissez-la refroidir à l'envers.

Le savarin

Pour 8 personnes

15 g de sucre en poudre • 3 œufs • 250 g de farine • 15 g de levure de boulanger • 50 g d'eau • 80 g de beurre fondu + un peu pour le moule

1. Fouettez le sucre et les œufs. Délayez la levure dans l'eau à peine tiède, puis mélangez celle-ci avec les œufs sucrés dans la cuve du batteur.

2. Ajoutez la farine et travaillez la pâte au crochet jusqu'à ce qu'elle soit élastique et qu'elle se décolle de la paroi de la cuve.

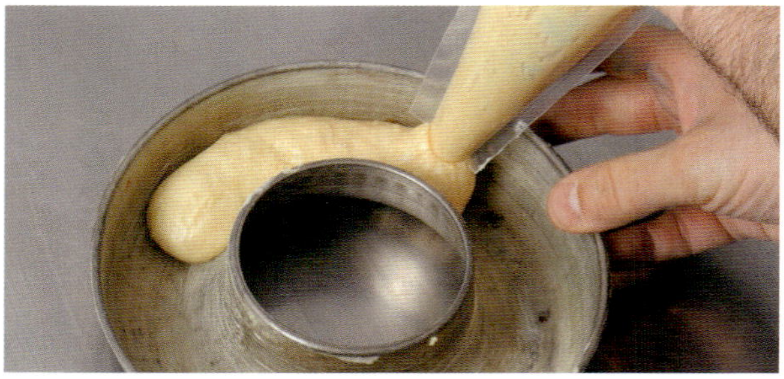

3. Ajoutez le beurre fondu à peine tiède et continuez à travailler au crochet pour obtenir une pâte souple et homogène. Laissez-la pousser dans un endroit tempéré, sous un torchon propre : elle va doubler de volume. Beurrez le moule et réservez-le au frais.

4. Rompez la pâte, puis mettez-la dans une poche à pâtisserie et garnissez le moule jusqu'à mi-hauteur. Laissez pousser la pâte. Lorsqu'elle arrive à 1 cm du bord, glissez le moule dans le four préchauffé à 180 °C (th. 6) pour 20 min.

5. Vérifiez la cuisson : le savarin doit être ferme et résistant sous le doigt. Démoulez-le aussitôt sur une grille pour le laisser refroidir.

La crème pâtissière

Pour 1 l de crème pâtissière

1 l de lait • 8 jaunes d'œufs • 200 g de sucre en poudre • 100 g de farine • 1 gousse de vanille

1. Fendez la gousse de vanille en deux dans la longueur et récupérez les graines en grattant l'intérieur avec le dos d'un couteau. Ajoutez la gousse et les graines dans le lait, puis portez ce dernier à ébullition.

2. Mettez les jaunes d'œufs dans un saladier et incorporez progressivement le sucre en fouettant. Continuez de fouetter jusqu'à ce que l'appareil blanchisse, sans laisser le sucre former des cristaux jaunes.

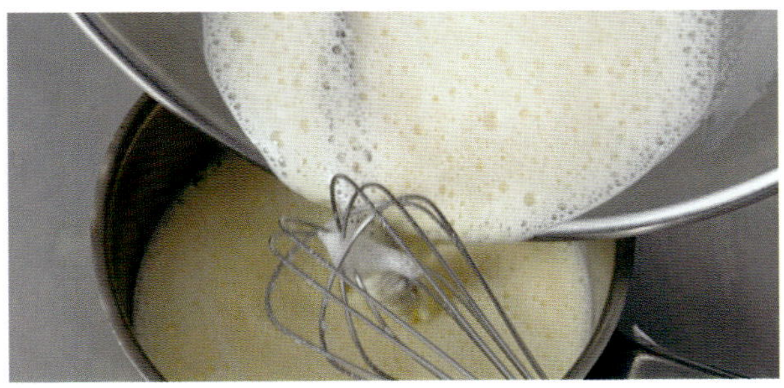

3. Incorporez la farine qui permettra la liaison de la crème.

4. Versez doucement un tiers du lait chaud sur la liaison et mélangez, puis transférez le tout dans la casserole contenant le reste de lait.

5. Faites cuire sur feu doux en remuant constamment. Quand l'ébullition est atteinte, maintenez le frémissement pendant 1 min avant de verser la crème dans un récipient de stockage. Posez un morceau de film alimentaire à même la crème, refroidissez rapidement et stockez au réfrigérateur.

La crème au beurre
à l'anglaise

Pour 1 kg de crème au beurre

25 cl de lait • 1 gousse de vanille • 6 jaunes d'œufs • 400 g de sucre en poudre • 500 g de beurre • glace • parfum au choix (cacao en poudre, extrait de café...)

1. Faites chauffer le lait avec les graines d'une gousse de vanille. Blanchissez les jaunes d'œufs avec le sucre, puis incorporez petit à petit le lait et faites cuire à la nappe (84 °C).

2. Débarrassez la crème cuite dans un bol, ajoutez 250 g de beurre froid et fouettez pour refroidir rapidement la préparation. Poser le bol sur un lit de glace permet d'accélérer le refroidissement.

3. Ramollissez en pommade le reste de beurre. Incorporez-le petit à petit à la crème bien froide, en fouettant pour la rendre légère. Ajoutez alors le parfum choisi. Utilisez la crème avant qu'elle ne durcisse.

La crème Chantilly

Pour 50 cl de crème Chantilly

50 cl de crème entière liquide • 3 g d'extrait de vanille (ou les graines d'une gousse de vanille) • 50 g de sucre glace

1. La crème et le matériel doivent être bien frais, car c'est le froid qui permet aux molécules de graisse de la crème de figer et d'emprisonner l'air, ce qui donne à la crème sa légèreté. Le congélateur est le moyen le plus rapide pour rafraîchir la crème, mais attention à ne pas la congeler.

2. Versez la crème dans la cuve bien froide, puis ajoutez l'extrait de vanille ou les graines d'une gousse de vanille et fouettez pour incorporer de l'air. Commencez doucement afin d'éviter les éclaboussures et augmentez progressivement la vitesse. La crème va peu à peu changer de texture et devenir ferme.

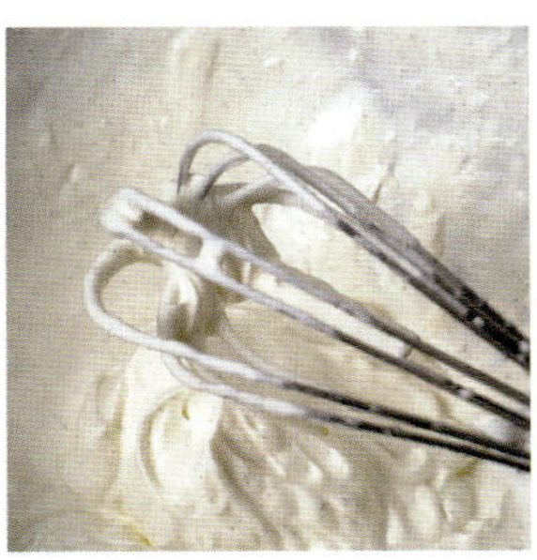

3. Dès que la crème est onctueuse et qu'elle tient entre les branches du fouet, ajoutez le sucre glace en pluie et remuez délicatement au fouet.

4. Lorsque le sucre glace est dissous dans la crème, fouettez-la pendant quelques secondes seulement.

La crème anglaise

Pour 1 l de crème anglaise

1 l de lait • 12 jaunes d'œufs • 200 g de sucre en poudre • 1 gousse de vanille

1. Préparez tous les ingrédients. Fendez la gousse de vanille dans la longueur et grattez l'intérieur pour récupérer les graines.

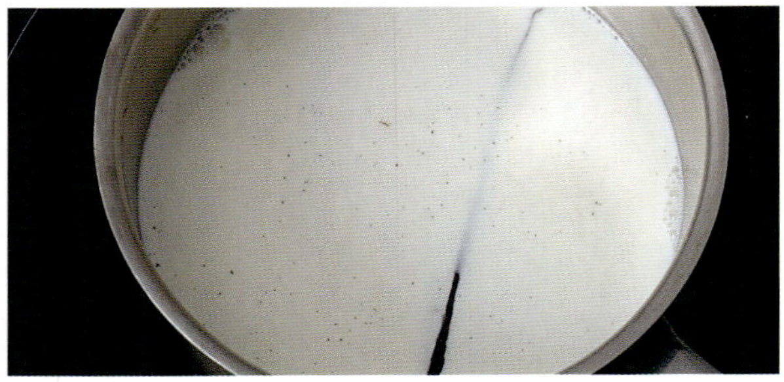

2. Faites chauffer le lait, additionné de la gousse grattée et des graines de vanille, sur feu doux jusqu'à ce qu'il frémisse.

3. Pendant que le lait chauffe, fouettez les jaunes d'œufs et le sucre dans un saladier pour dissoudre le sucre. Le mélange doit s'éclaircir et doubler de volume.

4. Incorporez le lait bouillant aux jaunes blanchis, tout doucement et en fouettant pour bien mélanger les deux produits. Ne versez pas trop vite au début, sinon le lait chaud cuit les œufs.

5. Transférez la crème dans la casserole et faites cuire sur feu doux en remuant. La crème va épaissir. Arrêtez la cuisson dès qu'elle nappe la spatule ; vérifiez en passant un doigt sur la spatule. Débarrassez la crème dans un bol et remuez pour la refroidir. Placer le bol sur un lit de glaçons accélère le refroidissement.

La meringue française

Pour 25 pièces

250 g de blancs d'œufs • 300 g de sucre en poudre • 200 g de sucre glace

1. Versez les blancs d'œufs et la moitié du sucre en poudre dans la cuve propre et parfaitement dégraissée d'un batteur. Commencez à fouetter doucement.

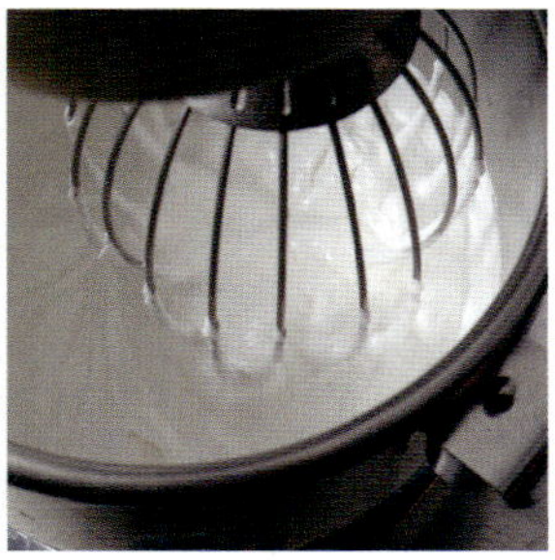

2. Lorsque le mélange est mousseux, versez en pluie et petit à petit le reste de sucre en poudre, en continuant à fouetter. Lorsque la meringue est bien montée, réglez le batteur sur la vitesse maximale pendant quelques secondes pour la serrer.

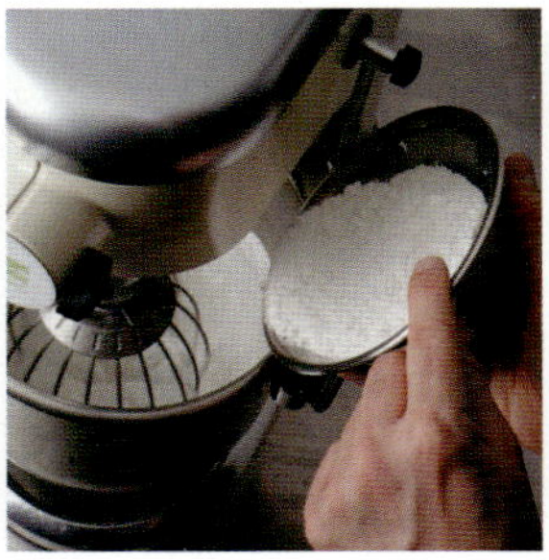

3. Incorporez délicatement le sucre glace, à l'aide d'une spatule souple ou d'un fouet, en soulevant bien l'appareil. Couchez les meringues sur une plaque à l'aide d'une poche à douille et faites cuire à four doux. Ne laissez pas des meringues couchées sur une plaque à température ambiante, le sucre se transformerait alors en sirop avant cuisson et alourdirait la préparation, voire la rendrait collante.

Astuce

Ajoutez une pincée de sel ou quelques gouttes de jus de citron à l'étape 2 pour favoriser le foisonnement des blancs d'œuf.

La meringue
italienne

Pour 35 pièces

250 g de blancs d'œufs • 500 g de sucre en poudre • 150 g d'eau

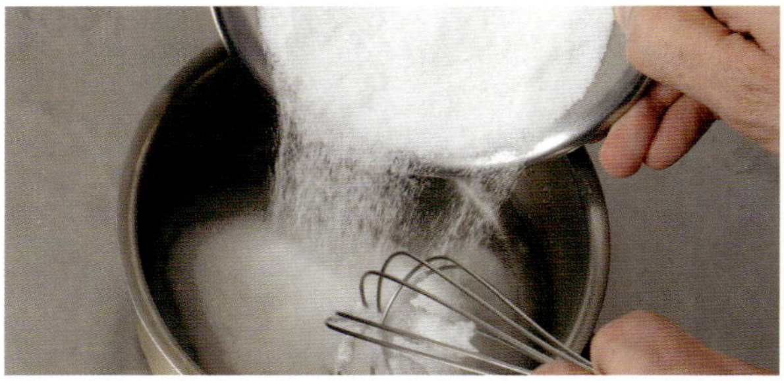

1. Versez le sucre dans l'eau, remuez rapidement et portez sur feu vif. Débutez la cuisson à couvert pour « laver » le bord de la casserole. Lorsque le sirop est bouillant et que le sucre est dissous, ôtez le couvercle et placez un thermomètre dans le sucre.

2. Lorsque la température du sucre atteint 105 °C, versez les blancs d'œufs dans la cuve du batteur et commencez à fouetter à vitesse moyenne.

3. Arrêtez la cuisson du sucre quand il atteint 116 °C, puis versez-le en filet sur le bord de la cuve et incorporez-le aux blancs d'œufs en fouettant à petite vitesse.

4. Augmentez la vitesse du fouet et continuez de battre jusqu'au complet refroidissement de la meringue. Elle doit être lisse, nacrée et ferme.

Les beignets
aux pommes

Pour 8 personnes

1 kg de pommes • 200 g de farine • 2 œufs + 3 blancs • un peu d'extrait de vanille • un peu de sucre en poudre • un peu de sucre glace • 10 à 20 cl de bière • 1 filet d'huile • un peu de calvados • 1 pincée de sel • huile de friture

1. Mélangez la farine avec le sel. Fouettez les œufs avec de l'extrait de vanille. Ajoutez-les au milieu de la farine et amalgamez celle-ci doucement, en travaillant du centre vers l'extérieur. À mesure que le mélange s'épaissit, incorporez petit à petit la bière. Lorsque la préparation a la consistance d'une pâte à crêpes un peu épaisse, cessez d'ajouter la bière et versez l'huile à la surface.

2. Pelez les pommes, évidez-les et coupez-les en tranches de 7 mm d'épaisseur. Rangez-les dans un plat. Sucrez-les, arrosez-les de calvados et laissez-les macérer quelques minutes avant de les retourner.

3. Montez les blancs d'œufs en neige pas trop ferme et incorporez-les délicatement à la pâte.

4. Plongez les tranches de pomme égouttées dans la pâte, puis faites-les cuire dans un bain de friture à 180 °C durant 2 min sur une face, et 2 ou 3 min sur l'autre. Mettez les beignets sur du papier absorbant et saupoudrez-les de sucre glace.

La glace
à la vanille

Pour 70 cl de glace à la vanille

50 cl de lait • 5 jaunes d'œufs • 150 g de sucre • 2 gousses de vanille

1. Réalisez une crème anglaise bien vanillée et plutôt sucrée à base de jaunes d'œufs (voir p. 16).

2. Démarrez la sorbetière à vide, puis versez doucement la crème anglaise refroidie dans la cuve, en veillant à ce que les pales soient toujours en mouvement. Placez le récipient de stockage au congélateur.

3. Lorsque la glace est prise, mais encore souple, débarrassez-la dans le récipient refroidi et réservez-la au congélateur.

Astuce

Pour une glace de qualité particulièrement onctueuse, laissez maturer la crème pendant au moins 1 nuit au réfrigérateur.

La nougatine

Pour 10 personnes

600 g de sucre cristallisé • 250 g d'amandes effilées • 200 g d'eau • 50 g de beurre doux • huile pour le plan de travail

1. Mélangez le sucre cristallisé et l'eau dans une casserole, couvrez et portez à ébullition rapidement sur feu vif. Enlevez le couvercle et poursuivez la cuisson jusqu'à obtenir un caramel soutenu, cuit à 170 °C environ. Pendant la cuisson du sucre, étalez les amandes effilées sur la plaque du four préchauffé à environ 150 °C (th. 5) et faites-les chauffer pendant quelques minutes.

2. Hors du feu, versez les amandes chaudes dans le caramel et mélangez rapidement avec une spatule.

3. Remettez la casserole sur le feu pour dissoudre à nouveau le sucre et colorer les amandes, puis ajoutez le beurre doux et remuez rapidement.

4. Versez la nougatine sur un tapis de cuisson en silicone ou sur un plan de travail légèrement huilé.

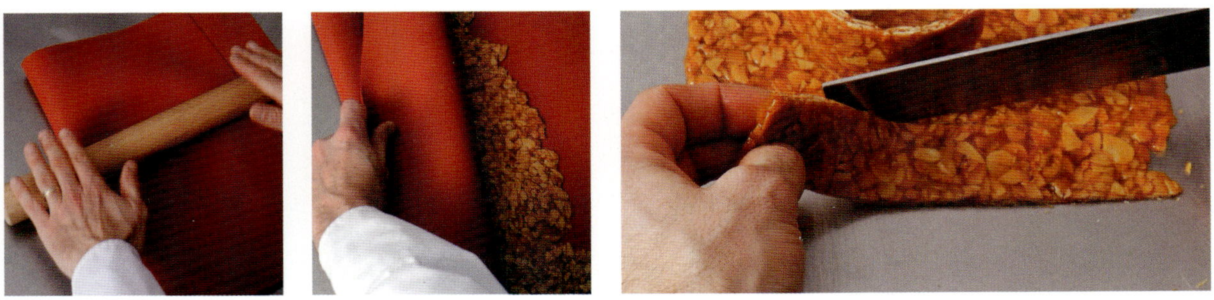

5. Abaissez-la au rouleau très finement tant qu'elle est chaude. Façonnez-la quand elle a un peu refroidi mais qu'elle est encore malléable.

Le praliné

Pour 1 kg de praliné

250 g de noisettes • 250 g d'amandes • 250 g de sucre en poudre • 80 g d'eau • 250 g de sucre glace • huile pour le plan de travail

1. Étalez les noisettes et les amandes sur la plaque du four et enfournez à 140-150 °C (th. 5) au maximum, pour les torréfier jusqu'au cœur.

2. Réunissez dans une casserole le sucre en poudre et l'eau, et mettez à cuire sur feu vif. Il faut obtenir un caramel brun assez foncé pour équilibrer l'amertume et le sucre, afin de faire un praliné onctueux mais pas écœurant. Lorsque le caramel est à la bonne couleur, ajoutez les fruits tièdes et mélangez.

3. Poursuivez la cuisson pour faire fondre le caramel, qui a durci au moment de l'ajout des fruits secs torréfiés, afin de bien enrober ces derniers.

4. Versez la masse obtenue sur un tapis de cuisson en silicone ou sur un plan de travail légèrement huilé.

5. Lorsque la masse est froide, concassez-la en petits morceaux et mixez-les assez finement. Ajoutez ensuite le sucre glace.

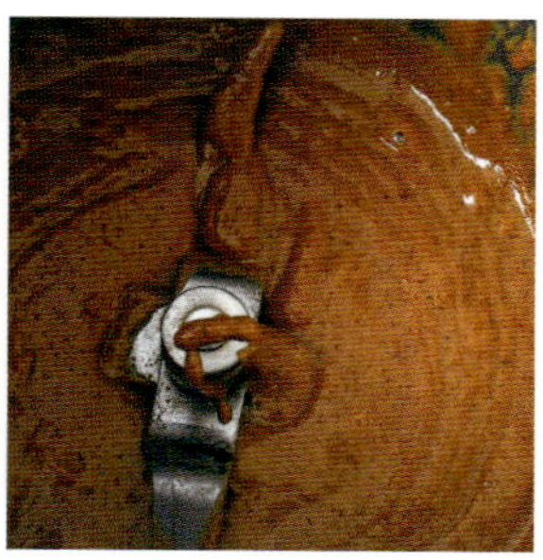

6. Poursuivez le broyage jusqu'à obtenir une pâte plus ou moins lisse, en fonction de l'utilisation envisagée et de votre goût.

Du sirop de sucre
au caramel

Pour 2 l de sirop

500 g de sucre • 1,5 l d'eau

1. Versez le sucre et un tiers de son poids en eau dans une casserole. Mélangez pour dissoudre un peu le sucre, puis n'y touchez plus. Couvrez la casserole et portez-la sur feu vif. La vapeur d'eau se condense sur le couvercle avant de retomber sur le bord intérieur de la casserole, le rinçant des projections de sucre.

2. Lorsque le sucre est parfaitement dissous, commencez à surveiller la cuisson à l'aide d'une sonde, placée au cœur du sirop pour obtenir la température exacte. Attention, le sucre cuit très vite : préparez tous les ingrédients de la recette avant de commencer sa cuisson.

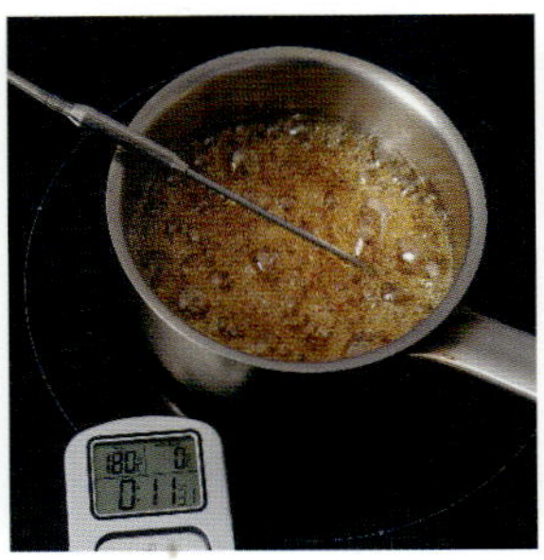

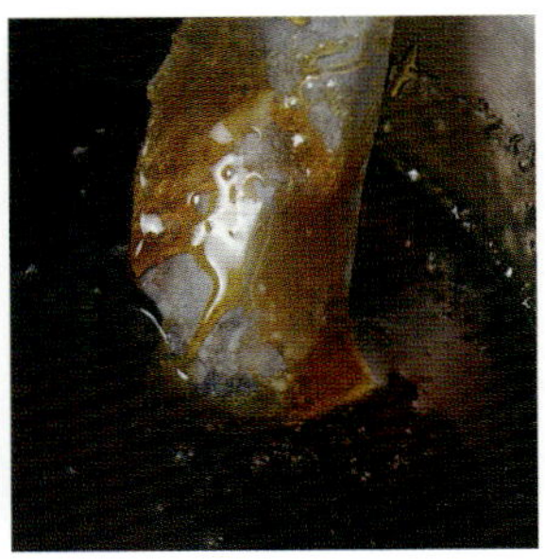

3. Le caramel commence à se former à 150 °C environ. À ce stade, il est de couleur claire, et très sucré.

4. À 165 °C, il commence à s'assombrir et perd peu à peu de son caractère sucré pour laisser place à une légère amertume. À 180 °C, il est plus amer que sucré.

5. Plongez un morceau de papier sulfurisé blanc dans le caramel, soulevez-le et regardez-le : vous observerez ainsi sa teinte réelle, sans être influencé par la couleur du récipient de cuisson ou gêné par l'épaisseur du sirop.

6. Lorsque la cuisson souhaitée est atteinte, retirez la casserole du feu et plongez aussitôt le fond dans de l'eau fraîche pour abaisser rapidement la température du caramel.

Le coulis
de framboises cuit

Pour 50 cl de coulis de framboises

500 g de framboises • 150 g de sucre glace • un peu de jus de citron

1. Lavez très rapidement les fruits et séchez-les, puis mettez-les dans une passoire fine et écrasez-les pour extraire le maximum de pulpe et éliminer tous les pépins.

2. Goûtez la pulpe et ajoutez du sucre glace, de façon à obtenir une pulpe lisse et sucrée sans excès. La quantité de sucre dépend toujours du fruit !

3. Ajoutez un trait de jus de citron pour donner du peps au coulis et pour assurer une certaine longueur en bouche. Mélangez rapidement pour obtenir un coulis lisse et agréable.

La compote de pommes

Pour 4 personnes

500 g de pommes • 100 g de sucre en poudre • 30 g de beurre • 1 gousse de vanille • 1 bâton de cannelle • un peu de jus de citron

1. Lavez les pommes, pelez-les et ôtez le trognon. Coupez-les en petits cubes pour favoriser une cuisson rapide.

2. Mettez les dés de pomme dans une casserole et ajoutez le beurre, la gousse de vanille fendue en deux dans la longueur, le jus de citron, le bâton de cannelle et le sucre. Sur le feu, laissez cuire en mélangeant de temps à autre jusqu'à ce que le beurre soit fondu.

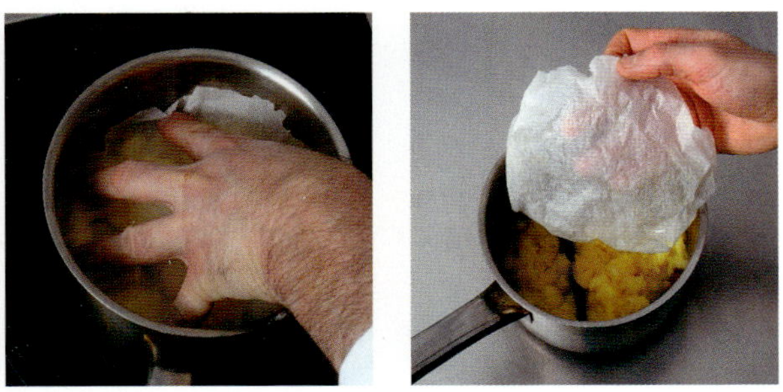

3. Placez un disque de papier sulfurisé sur les pommes. Testez la cuisson, puis retirez la vanille et la cannelle.

Astuce

L'utilisation de fruits bien mûrs permet de mener une cuisson plus rapide et d'utiliser moins de sucre, afin de conserver au maximum le goût du produit.

Les gâteaux

Mille-feuilles au chocolat blanc
et aux framboises

Pour 4 personnes
Préparation : 20 min Cuisson : 10 min

270 g de chocolat blanc • 360 g de crème liquide à 35 % de matières grasses •
2 rouleaux de pâte feuilletée • 250 g de framboises fraîches

1. Préparez la crème mousseuse au chocolat blanc. Hachez finement le chocolat blanc et mettez-le dans un bol. Portez à ébullition 120 g de crème liquide. Versez-la sur le chocolat blanc et laissez fondre ce dernier, puis remuez jusqu'à ce que la crème soit lisse et brillante. Montez le reste de crème liquide en chantilly et incorporez délicatement celle-ci au mélange précédent. Filmez le bol et réservez au réfrigérateur.

2. Préchauffez le four à 180 °C (th. 6). À l'aide d'un emporte-pièce, coupez 8 disques dans chaque rouleau de pâte feuilletée. Placez les 16 disques obtenus sur la plaque du four recouverte de papier sulfurisé, piquez-les avec une fourchette et enfournez pour environ 10 min. Au terme de la cuisson, sortez les disques de pâte feuilletée du four et laissez-les refroidir.

3. Effectuez le montage des mille-feuilles au moment de servir. Versez la crème mousseuse au chocolat blanc dans une poche munie d'une douille cannelée. Déposez un disque de pâte feuilletée sur chaque assiette de service, mettez un peu de crème au centre et entourez-la de framboises. Alternez ainsi disques de pâte feuilletée, crème et framboises jusqu'à épuisement des ingrédients.

Astuce

Les proportions données sont pour quatre gros mille-feuilles,
n'hésitez pas à les partager !

Mille-feuilles
à l'orange

Pour 4 personnes
Préparation : 45 min Cuisson : 4 min

150 g de mascarpone • 20 cl de crème entière liquide • 2 oranges • quelques feuilles de menthe pour le décor • 2 rouleaux de feuilles de brick (90 g chacun) • quelques gouttes d'eau de fleur d'oranger • 4 cuil. à soupe de sucre glace + un peu pour le décor

1. Épluchez les oranges à vif en retirant la peau blanche avec l'écorce, puis séparez les quartiers et supprimez toutes les membranes qui les enveloppent. Réservez. Battez le mascarpone avec le sucre glace et l'eau de fleur d'oranger. Fouettez la crème liquide très froide en chantilly souple, puis incorporez-la délicatement au mascarpone.

2. Préchauffez le four à 180 °C (th. 6). Déroulez les feuilles de brick en les détachant au fur et à mesure de leur support en papier et découpez vingt carrés de 10 cm de côté environ. Rangez-les sur une plaque recouverte de papier sulfurisé et saupoudrez-les de sucre. Faites cuire 4 ou 5 min en surveillant la coloration, pour que les carrés soient juste dorés. Sortez du four et laissez refroidir.

3. Au dernier moment, superposez deux carrés, garnissez de crème au mascarpone et de quartiers d'orange, puis renouvelez l'opération. Posez un dernier carré de brick pour couvrir l'ensemble, saupoudrez légèrement de sucre glace et décorez de feuilles de menthe.

Mille-feuilles au chocolat

Pour 6 personnes

Préparation : 30 min Réfrigération : 2 h Cuisson : 15 min

2 gros jaunes d'œufs • 15 cl de crème fleurette bien froide • 25 cl de lait • 300 g de pâte feuilletée • 70 g de chocolat noir, en pastilles de préférence • 70 g de sucre en poudre • 2 cuil. à soupe rases de Maïzena® • 1 gousse de vanille • 2 cuil. à soupe de cacao en poudre ou de sucre glace, pour servir

1. Portez le lait à ébullition avec la gousse de vanille fendue et grattée. Fouettez les jaunes d'œufs avec 30 g de sucre, puis ajoutez la Maïzena®. Incorporez progressivement le lait chaud et mélangez. Transvasez dans la casserole et faites épaissir 5 à 8 min sur feu doux, en remuant régulièrement. Hors du feu, ajoutez le chocolat et mélangez. Couvrez et réservez au minimum 2 h au réfrigérateur.

2. Préchauffez le four à 200 °C (th. 6-7). Coupez la pâte feuilletée en deux et étalez chaque morceau sur une plaque recouverte de papier sulfurisé. Poudrez chaque abaisse du reste de sucre et recouvrez-les d'une feuille de papier sulfurisé. Superposez ensuite les plaques, posez-en une troisième (vide, juste pour éviter que la pâte gonfle) sur le dessus et enfournez de 15 à 20 min environ, jusqu'à ce que le feuilletage soit bien doré.

3. Découpez 12 rectangles de feuilletage de 12 x 4 cm dès la sortie du four. Laissez refroidir sur une grille.

4. Fouettez vigoureusement la crème pâtissière au chocolat. Montez la crème fleurette en chantilly ferme et incorporez-la à la crème pâtissière. Transférez le mélange dans une poche à douille, garnissez 6 rectangles de crème et recouvrez-les des rectangles restants. Saupoudrez de cacao et servez.

Chouchoux
chantilly

Pour 8 personnes
Préparation : 1 h Cuisson : 30 min

beurre pour la plaque • 1 œuf pour la dorure • sucre glace pour la finition
La pâte à choux : 25 cl d'eau • 5 g de sel • 10 g de sucre en poudre • 80 g de beurre • 125 g de farine • 4 œufs
La chantilly à la vanille : 60 cl de crème liquide froide • quelques gouttes d'extrait de vanille • 40 g de sucre glace

1. Préparez la pâte à choux (voir p. 10).

2. Préchauffez le four à 200 °C (th. 6-7). Beurrez légèrement une plaque de cuisson. Avec une poche à douille (à défaut, utilisez 2 petites cuillères), déposez sur la plaque des petits tas de pâte en quinconce. Espacez-les suffisamment pour laisser aux choux la place de gonfler correctement. Égalisez le dessus des choux, en appuyant légèrement avec le dos d'une fourchette trempée dans de l'eau, puis badigeonnez-les d'œuf battu à l'aide d'un pinceau. Faites-les cuire au four de 25 à 30 min, puis déposez-les sur une grille pour qu'ils refroidissent.

3. Pendant ce temps, confectionnez la chantilly. Versez la crème dans un récipient froid. Ajoutez l'extrait de vanille. Fouettez jusqu'à ce que le mélange soit consistant, ajoutez le sucre glace et fouettez à nouveau pendant quelques secondes.

4. Coupez un chapeau aux choux refroidis, remplissez ceux-ci de chantilly à l'aide d'une poche à douille cannelée, en faisant légèrement déborder la crème. Replacez les chapeaux, saupoudrez de sucre glace. Conservez dans une pièce fraîche en attendant de déguster.

Astuce

La pâte à choux doit être utilisée immédiatement ; ne la préparez pas trop longtemps à l'avance.
Ces choux sont encore plus délicieux nappés de quelques gouttes de caramel au beurre salé...

Chouquettes au chocolat

Pour 30 chouquettes environ
Préparation : 30 min Cuisson : 35 min Repos : 15 min

4 gros œufs • 12,5 cl de lait • 125 g de beurre • 30 g de cacao non sucré • 100 g de pépites de chocolat • 110 g de farine • 200 g de sucre en gros grains • 5 g de sel fin

1. Préchauffez le four à 220 °C (th. 7-8). Recouvrez la plaque de cuisson de papier sulfurisé. Dans un saladier, tamisez ensemble la farine et le cacao. Dans un bol, battez 2 œufs en omelette et réservez.

2. Dans une grande casserole, faites chauffer doucement jusqu'à ébullition 12 cl d'eau, le lait, le beurre coupé en lamelles et le sel. Retirez aussitôt la casserole du feu et versez le mélange farine/cacao en une seule fois. Remuez énergiquement à l'aide d'une cuillère en bois.

3. Remettez la casserole sur feu pas trop vif et mélangez afin de dessécher la pâte. Ajoutez les œufs restants un par un, puis les œufs battus en omelette, en mélangeant sans cesse, jusqu'à obtenir une pâte lisse et homogène.

4. Remplissez de pâte une poche à douille (10 mm) et dressez des choux de 3,5 cm de diamètre environ, en les espaçant de 3 cm. Parsemez généreusement de sucre en gros grains, puis de pépites de chocolat, en appuyant très légèrement pour bien les faire adhérer. Secouez la plaque de cuisson pour retirer l'excédent de sucre et de pépites.

5. Enfournez et faites cuire 15 min à 220 °C (th. 7-8). Baissez ensuite la chaleur du four à 200 °C (th. 6-7) et poursuivez la cuisson pendant 15 min, en gardant la porte du four entrouverte. Laissez refroidir 15 min sur une grille avant de déguster.

Mini'z'éclairs noir et blanc

Pour 25 éclairs
Préparation : 1 h Cuisson : 50 min

La crème pâtissière : 50 cl de lait • 4 jaunes d'œufs • 90 g de sucre en poudre • 40 g de Maïzena® • 80 g de chocolat noir • 80 g de chocolat blanc
La pâte à choux : 7 cl d'eau • 45 g de beurre • 5 g de sucre • 2 g de sel • 70 g de farine • 2 gros œufs
La ganache (décor) : 100 g de chocolat noir • 100 g de chocolat blanc • 15 cl de crème liquide

1. Préparez la crème pâtissière. Faites chauffer le lait dans une casserole portée sur feu vif. Fouettez les œufs avec le sucre dans un saladier. Ajoutez la Maïzena® et battez de nouveau. Quand le lait bout, incorporez-le petit à petit au mélange précédent, en fouettant constamment. Reversez le tout dans la casserole, mélangez avec une spatule et laissez épaissir sur feu très doux jusqu'à ce que la crème prenne la consistance d'une mayonnaise un peu épaisse.

2. Hachez les deux chocolats séparément. Transférez la moitié de la crème dans un bol et mettez la seconde moitié dans un autre bol. Ajoutez dans l'un le chocolat noir et dans l'autre le chocolat blanc, puis lissez chaque crème. Couvrez de film alimentaire posé à même les crèmes et laissez refroidir.

3. Préparez la pâte à choux (voir p. 10). Versez la pâte dans une poche munie d'une douille lisse et déposez 20 petits éclairs. Enfournez et laissez cuire 30 min.

4. Versez l'une des crèmes pâtissières dans une poche à douille (8 mm). Percez le fond de 10 éclairs, remplissez-les de crème et déposez-les sur une grille. Répétez l'opération pour les 10 autres éclairs avec l'autre crème.

5. Préparez la ganache du décor. Hachez chacun des deux chocolats dans un bol. Portez à ébullition la crème liquide. Versez-en les deux tiers sur le chocolat noir et le reste sur le chocolat blanc, laissez tiédir et lissez les mélanges. Plongez la face supérieure des éclairs garnis de crème au chocolat blanc dans la ganache au chocolat noir, et vice versa.

Éclairs à la vanille
et au coco des îles

Pour 8 éclairs
Préparation : 1 h Cuisson : 45 min

La crème pâtissière : 15 cl de lait de coco • 35 cl de lait • 4 jaunes d'œufs • 90 g de sucre en poudre • 40 g de Maïzena® • 1 gousse de vanille • 90 g de chocolat blanc
La pâte à choux : 7 cl d'eau • 45 g de beurre • 5 g de sucre • 2 g de sel • 75 g de farine • 2 gros œufs
La ganache (décor) : 150 g de chocolat blanc • 60 g de crème liquide • 2 cuil. à soupe de poudre de noix de coco

1. Préparez la crème pâtissière. Faites chauffer le lait de coco et le lait dans une casserole portée sur feu vif avec la gousse de vanille, fendue en deux dans le sens de la longueur. Fouettez les jaunes d'œufs avec le sucre dans un saladier. Ajoutez la Maïzena® et fouettez de nouveau. Quand le lait bout, incorporez-le petit à petit au mélange précédent, en fouettant sans arrêt et en retirant la gousse de vanille au passage. Reversez le tout dans la casserole, mélangez avec une spatule et laissez épaissir sur feu très doux jusqu'à ce que la crème prenne la consistance d'une mayonnaise un peu épaisse.

2. Retirez du feu, incorporez le chocolat blanc haché et lissez le mélange. Versez la préparation dans une assiette creuse, couvrez de film alimentaire posé à même la crème et laissez refroidir.

3. Préparez la pâte à choux (voir p. 10) et faites cuire 8 éclairs.

4. Mettez la crème pâtissière au lait de coco dans une poche à douille lisse (8 mm). Percez en deux endroits le fond de chacun des éclairs, remplissez-les de crème et déposez-les sur une grille.

5. Préparez la ganache pour le décor. Hachez le chocolat blanc. Mettez le chocolat et la crème dans un bol et faites fondre le tout au four à micro-ondes, puis laissez refroidir à température ambiante et remuez pour lisser le mélange. Plongez la face supérieure des éclairs dans la ganache, saupoudrez de poudre de noix de coco et laissez refroidir.

Éclairs aux framboises

Pour 8 éclairs
Préparation : 40 min   Cuisson : 30 min

30 g de pistaches émondées • 250 g de framboises • 15 g de sucre glace
La pâte à choux : 7 cl d'eau • 45 g de beurre • 5 g de sucre • 2 g de sel • 75 g de farine • 2 gros œufs
La chantilly : 20 cl de crème fraîche liquide • 50 g de sucre glace

1. Hachez grossièrement les pistaches. Préparez la pâte à choux (voir p. 10) et faites cuire 8 éclairs, en saupoudrant ces derniers de pistaches hachées avant de les enfourner.

2. Montez la crème fraîche en chantilly, en incorporant le sucre glace à la fin. Fendez les éclairs dans le sens de la longueur, délicatement afin que les pistaches ne tombent pas. Mettez la chantilly dans une poche à douille cannelée et farcissez-en les éclairs.

3. Répartissez les framboises sur la crème, saupoudrez-les de sucre glace et refermez les éclairs.

Profiteroles
à la crème de marrons

Pour 20 choux
Préparation : 1 h   Cuisson : 45 min

La crème pâtissière : 50 cl de lait • 4 jaunes d'œufs • 90 g de sucre en poudre • 30 g de Maïzena® • 200 g de crème de marrons
La pâte à choux : 5 cl de lait • 7 cl d'eau • 45 g de beurre • 5 g de sucre • 2 g de sel • 75 g de farine • 2 gros œufs (140 g)
Le décor : 150 g de chocolat noir • 15 cl de crème liquide • 4 cuil. à soupe d'amandes effilées

1. Préparez la crème pâtissière. Faites bouillir le lait. Fouettez les jaunes d'œufs avec le sucre, ajoutez la Maïzena® et mélangez. Incorporez petit à petit le lait bouillant, en mélangeant sans arrêt. Reversez le tout dans la casserole et laissez épaissir sur feu très doux, en remuant, jusqu'à ce que la crème prenne la consistance d'une mayonnaise un peu épaisse. Retirez du feu et incorporez la crème de marrons. Transférez dans une assiette creuse, filmez au contact et laissez refroidir.

2. Préchauffez le four à 180 °C (th. 6). Préparez la pâte à choux. Faites bouillir le lait, l'eau, le beurre, le sel et le sucre. Retirez du feu et ajoutez la farine en une fois, puis mélangez vivement avec une spatule jusqu'à ce que le mélange se décolle de la paroi. Remettez sur feu très doux et faites sécher pendant 2 min en remuant sans arrêt. Incorporez les œufs un par un, en remuant vivement.

3. Versez la pâte dans une poche à douille et déposez 20 choux sur une plaque tapissée de papier sulfurisé. Enfournez et faites cuire pendant 30 min, puis laissez refroidir complètement. Mettez la crème de marrons dans une poche à douille de petit calibre et fourrez les choux.

4. Préparez le décor. Portez la crème liquide à ébullition. Versez-la sur le chocolat concassé, couvrez et réservez 3 min. Lissez le mélange, versez-le sur les choux et terminez en parsemant les profiteroles d'amandes effilées.

Astuce

Si vous ne souhaitez pas manger tous les choux en une seule fois, n'hésitez pas à les congeler (avant qu'ils ne soient farcis à la crème de marrons). Laissez-les refroidir séparément, congelez-les et servez-les à la prochaine occasion.

Religieuses
au chocolat

Pour 6 religieuses
Préparation : 1 h Cuisson : 25 min

La crème pâtissière au chocolat : 400 g de chocolat au lait • 50 g de chocolat noir haché • 50 cl de lait • 4 jaunes d'œufs • 125 g de sucre en poudre • 25 g de farine • 25 g de fécule de maïs • 1 gousse de vanille
La pâte à choux : 100 g de beurre + un peu pour la plaque • 12,5 cl d'eau • 12,5 cl de lait • 3 ou 4 œufs • 150 g de farine • 1 cuil. à café de sucre en poudre • 1 cuil. à café de sel
Le décor : 250 g de fondant pour glaçage (acheté chez le pâtissier) • 30 g de chocolat en poudre

1. Préchauffez le four à 210 °C (th. 7). Préparez la crème pâtissière au chocolat. Portez à ébullition le lait dans une casserole avec la gousse de vanille fendue en deux et grattée, ainsi que le chocolat au lait et le chocolat noir. Battez les jaunes d'œufs et le sucre à l'aide d'un fouet, ajoutez la farine et la fécule de maïs. Quand le lait frémit, enlevez la gousse de vanille, délayez le mélange aux œufs avec un peu de lait, reversez le tout dans la casserole et portez à ébullition en remuant énergiquement avec un fouet. Laissez refroidir.

2. Préparez la pâte à choux. Dans une casserole, portez à ébullition l'eau, le lait, le beurre, le sel et le sucre. Hors du feu, ajoutez la farine en une fois, remuez 1 min avec un fouet, puis incorporez les œufs petit à petit. Sur une plaque recouverte de papier sulfurisé légèrement beurré, déposez à l'aide d'une poche à douille (8 mm) 6 boules de pâte de 5 cm de diamètre qui serviront de base aux religieuses. Sur une autre plaque, déposez 6 petites boules de 3 cm qui feront les têtes. Glissez les 2 plaques en même temps au four et faites cuire environ 25 min les gros choux et de 15 à 20 min les plus petits. Laissez refroidir.

3. Percez tous les choux et garnissez-les de crème pâtissière au chocolat avec une poche à douille (6 mm), puis montez les religieuses. Délayez dans une petite casserole le fondant avec le chocolat en poudre et 1/2 verre d'eau et faites chauffer jusqu'à ce que la température atteigne 30 à 35 °C (utilisez un thermomètre alimentaire). Nappez les religieuses de glaçage et servez frais.

Croquembouches en pyramide

Pour 20 choux

Préparation : 1 h   Repos : 1 h   Cuisson : 45 min

40 g de pralin en poudre
La pâte à choux : 7 cl d'eau • 45 g de beurre • 5 g de sucre • 2 g de sel • 70 g de farine • 2 gros œufs
La chantilly : 20 cl de crème fraîche liquide entière • 50 g de sucre glace
Le caramel : 300 g de sucre
Le décor : 15 g de sucre glace

1. Préparez la pâte à choux (voir p. 10), en prenant soin d'ajouter le pralin, et faites cuire 26 choux. Laissez reposer au moins 1 h avant de les farcir.

2. Préparez la chantilly. Versez la crème fraîche liquide entière dans le bol d'un batteur et fouettez-la jusqu'à obtenir une chantilly bien ferme. Ajoutez le sucre et battez encore jusqu'à ce qu'il soit parfaitement incorporé.

3. Quand les choux sont prêts, mettez la chantilly dans une poche à douille lisse. Percez le fond de chacun des choux, remplissez-les de chantilly et déposez-les sur une grille.

4. Préparez un caramel. Faites chauffer le sucre dans une casserole jusqu'à ce qu'il fonde et prenne une jolie couleur ambrée.

5. Préparez une plaque à pâtisserie couverte de papier sulfurisé. Trempez le sommet des choux dans le caramel, puis déposez-les à l'envers sur la plaque, le côté couvert de caramel sur le papier. Laissez refroidir.

6. Disposez 3 choux en rang et collez-les les uns aux autres sur la tranche avec un peu de caramel. Préparez de la même façon une deuxième rangée de 3 choux. Collez ces deux rangées avec 2 autres choux de manière à obtenir une base carrée de 8 choux. Posez sur celle-ci 4 choux collés entre eux, puis surmontez le tout d'un dernier chou. Répétez l'opération pour obtenir un deuxième croquembouche. Saupoudrez de sucre glace.

Saint-honoré

Pour 4 personnes

Préparation : 1 h 30 Cuisson : 25 min

La pâte à choux : 140 g de farine • 110 g de beurre • 25 cl d'un mélange eau-lait à parts égales • 3 ou 4 œufs • 1 cuil. à soupe de sucre en poudre • 20 g de sucre glace • 1 cuil. à café de sel • 2 rouleaux de pâte feuilletée (achetés chez le boulanger)

Le caramel : 100 g de sucre

La chantilly au chocolat : 90 g de chocolat noir à 70 % • 19 cl de crème fleurette liquide

1. Préchauffez le four à 210 °C (th. 7). Préparez la pâte à choux. Dans une casserole, faites chauffer le mélange eau-lait avec le sel, le sucre et le beurre, puis à l'ébullition, ajoutez d'un seul coup la farine. Faites cuire sur feu doux jusqu'à obtenir une masse compacte. Retirez du feu, mettez la pâte dans un saladier et incorporez les œufs un à un, sans cesser de mélanger, jusqu'à ce qu'ils soient complètement absorbés.

2. Découpez 4 disques d'environ 10 cm de diamètre dans la pâte feuilletée. Posez-les sur une plaque recouverte de papier sulfurisé humidifié et piquez-les avec les dents d'une fourchette. Mettez la pâte à choux dans une poche à douille (8 mm), et déposez, sur chaque disque, une couronne à 5 mm du bord, puis une spirale à l'intérieur. Sur une seconde plaque recouverte de papier sulfurisé, dressez avec la pâte restante une vingtaine de choux de 3 cm de diamètre. Faites cuire les choux 20 min, et les disques 25 min, en maintenant la porte légèrement entrouverte au bout de 5 min.

3. Pendant ce temps, faites fondre le chocolat au bain-marie à 40-45 °C (utilisez un thermomètre alimentaire). Laissez tiédir.

4. Préparez le caramel. Mettez 10 cl d'eau et le sucre dans une casserole en faisant chauffer le tout jusqu'à 155 °C. Retirez la casserole du feu et placez-la dans de l'eau froide pour arrêter la cuisson. Plongez les petits choux à moitié dans le caramel et posez-les sur une feuille de papier sulfurisé, la face caramel sur la feuille. Une fois que le caramel a durci, les choux se détachent parfaitement. Replongez l'autre côté dans le caramel et collez les choux aux disques de manière à obtenir 4 couronnes.

5. Fouettez la crème fleurette bien froide en chantilly et mélangez-la au chocolat fondu tiédi. Garnissez les couronnes de chantilly chocolatée. Servez frais.

Paris-Privas

Pour 15 couronnes de 4 ou 5 cm de diamètre
Préparation : 1 h 30 Réfrigération : 4 h Cuisson : 35 min

La pâte à choux : 25 cl d'eau • 4 œufs + 1 pour la dorure • 80 g de beurre + beurre pour la plaque • 100 g d'amandes effilées • 125 g de farine • 10 g de sucre en poudre • 5 g de sel
La crème pâtissière : 50 cl de lait • 3 œufs • 250 g de crème de marrons • 60 g de farine • 40 g de sucre en poudre
La chantilly : 100 g de crème entière liquide • 10 g de sucre en poudre
Le décor : sucre glace

1. Préparez la pâte à choux (voir p. 10).

2. Préchauffez le four à 180 °C (th. 6). Beurrez une plaque à pâtisserie. Mettez la pâte à choux dans une poche à douille et dressez des couronnes de 6 cm de diamètre environ, puis badigeonnez-les avec un pinceau trempé dans l'œuf battu et saupoudrez d'amandes effilées. Enfournez pour 30 min environ, puis sortez la plaque et déposez les couronnes sur une grille.

3. Préparez la crème pâtissière. Travaillez au fouet le sucre et les œufs puis la farine dans un saladier. Portez le lait à ébullition, versez-le progressivement sur la préparation précédente, sans cesser de mélanger.

4. Reversez la crème pâtissière dans la casserole. Faites-la chauffer sur feu doux jusqu'à l'ébullition, sans cesser de mélanger au fouet afin d'éviter la formation de grumeaux. Versez la crème dans un saladier et incorporez la crème de marrons. Couvrez avec un film alimentaire au contact de la crème et conservez 3 h au réfrigérateur.

5. Montez la crème en chantilly, puis sucrez-la. Incorporez-la délicatement à la crème pâtissière, puis remplissez-en une poche à douille cannelée.

6. Coupez les couronnes en deux dans le sens de la longueur, garnissez-en une moitié de crème, recouvrez avec l'autre et saupoudrez de sucre glace. Conservez au réfrigérateur 1 h avant de déguster.

Babas express

Pour 12 babas individuels
Préparation : 15 min   Cuisson : 20 min

3 œufs (bio ou fermiers, de préférence) • 5 cl de lait (entier ou demi-écrémé) • 150 g de farine • 50 g de sucre en poudre • 2 cuil. à soupe d'huile neutre (arachide, tournesol, maïs...) • 1 sachet de levure chimique • 1 pincée de sel • beurre pour les moules • sirop

1. Préchauffez le four à 180 °C (th. 6). Séparez les blancs des jaunes d'œufs. Battez les jaunes avec le sucre jusqu'à ce que le mélange blanchisse.

2. Versez le lait et l'huile. Mélangez bien, puis ajoutez la farine et la levure chimique.

3. Battez les blancs en neige avec le sel et ajoutez-les délicatement à la pâte. Beurrez les moules (même s'ils sont en silicone, car cette pâte attache très facilement). Remplissez-les aux deux tiers.

4. Mettez les babas au four et laissez cuire 20 min. Démoulez-les chaud et imbibez-les rapidement avec un sirop chaud de votre choix.

Babas marbrés

Pour 12 babas individuels

Préparation : 25 min Cuisson : 20 min Repos : 8 h

La pâte : 3 œufs (bio ou fermiers, de préférence) • 5 cl de lait (entier ou demi-écrémé) • 150 g de farine • 50 g de sucre en poudre • 2 cuil. à café de cacao en poudre • 2 cuil. à soupe d'huile neutre au goût (arachide, tournesol, maïs...) • 1 sachet de levure chimique • 1 pincée de sel

Le sirop : 25 cl de sirop de sucre en bouteille • 2 gousses de vanille • 2 sachets de thé aromatisé à la vanille

La ganache : 25 cl de crème liquide • 150 g de chocolat à pâtisser • Fleur de sel de Guérande

1. Préparez les babas (voir p. 44). Séparez la pâte en deux portions égales, ajoutez le cacao tamisé à une moitié de pâte et mélangez. Répartissez les pâtes blanche et noire en les alternant dans les moules de façon à avoir des babas marbrés, et faites-les cuire selon la même recette.

2. Pendant la cuisson, préparez le sirop. Faites infuser le thé dans 25 cl d'eau bouillante. Grattez les gousses de vanille et prélevez leurs graines. Ajoutez-les ainsi que les gousses vides au thé et au sirop de sucre. Portez le mélange à ébullition et laissez infuser à couvert. Filtrez le sirop et faites-le réchauffer si nécessaire.

3. Démoulez les babas et disposez-les dans un grand plat creux ou, mieux, dans une boîte hermétique. Versez le sirop chaud sur les babas chauds.

4. Couvrez et laissez les babas s'imprégner de sirop pendant au moins 8 h.

5. Préparez la ganache : hachez finement le chocolat et réservez-le dans un grand bol. Faites chauffer la crème et versez-la en deux ou trois fois sur le chocolat, en remuant constamment. La ganache va se former, elle doit avoir la consistance d'une mayonnaise.

6. Garnissez le cœur des babas d'une cuillerée de ganache, poudrez de quelques grains de fleur de sel et servez.

Cupcakes aux pêches

Pour 12 à 15 cupcakes

Préparation : 45 min Repos : 2 h Cuisson : 20 min

180 g de farine avec levure incorporée • 120 g de beurre • 140 g de sucre roux en poudre • 3 œufs • 90 g de yaourt brassé nature • 90 g de compote de pêches • 30 g de poudre d'amande • 3 demi-pêches au sirop • liqueur de pêche

La chantilly : 50 g de mascarpone • 25 cl de crème entière liquide • 50 g de sucre glace

1. Préchauffez le four à 160 °C (th. 5-6). Fouettez le beurre avec le sucre. Incorporez les œufs l'un après l'autre, puis ajoutez le yaourt, la compote de pêches, la poudre d'amande et la farine. Mélangez jusqu'à obtenir une pâte homogène.

2. Répartissez la préparation dans des moules à cupcakes, enfournez et faites cuire 20 min. Au terme de la cuisson, entaillez délicatement les gâteaux et versez dans cette ouverture 1 cuil. à café de liqueur de pêche. Laissez refroidir pendant 2 h avant d'ajouter la garniture.

3. Fouettez ensemble le mascarpone, la crème liquide et le sucre glace jusqu'à obtenir une chantilly bien ferme. Transférez-la dans une poche à douille cannelée, ajoutez un chapeau de crème sur chaque cupcake et décorez d'un petit quartier de pêche et de quelques gouttes de liqueur de pêche.

Red velvet cupcakes

Pour 12 cupcakes environ

Préparation : 30 min   Cuisson : 20 min   Réfrigération : 30 min

La pâte : 1 gros œuf (bio ou fermier, de préférence) • 70 g de beurre mou • 12 cl de lait ribot (lait fermenté) • 100 g de farine • 120 g de sucre en poudre • 20 g de cacao amer non sucré • 1 cuil. à café d'extrait de vanille liquide • 1 cuil. à soupe de colorant alimentaire rouge • 1 cuil. à café de vinaigre blanc ou de vinaigre de cidre • 1 cuil. à café rase de bicarbonate de soude • 1 pincée de sel

Le glaçage au fromage frais : 250 g de fromage frais à tartiner (type Saint-Môret®) • 75 g de beurre doux très mou • 120 g de sucre glace • $^1/_2$ cuil. à café d'extrait de vanille liquide

1. Préchauffez le four à 180 °C (th. 6).

2. Tamisez ensemble la farine, le cacao et le bicarbonate de soude.

3. Battez le beurre et le sucre à l'aide d'un batteur électrique ou d'un robot, jusqu'à ce que le mélange soit mousseux. Ajoutez l'œuf sans cesser de battre, puis les ingrédients tamisés, le sel et le lait ribot. Ajoutez enfin la vanille, le colorant et le vinaigre.

4. Déposez des caissettes de papier dans chaque alvéole de votre moule à muffins et remplissez-les aux deux tiers avec la pâte. Faites cuire 20 min, sortez les caissettes du moule et laissez refroidir.

5. Préparez le glaçage. À l'aide d'un batteur électrique, travaillez le beurre mou avec le sucre glace jusqu'à obtenir un mélange léger et mousseux. Ajoutez la moitié du fromage frais et continuez à travailler le mélange en battant à petite vitesse. Parfumez-le d'extrait de vanille, puis versez peu à peu le reste de fromage frais sans cesser de fouetter. Placez le glaçage au frais pendant 30 min, afin qu'il raffermisse.

6. Glacez les cupcakes à l'aide d'une poche à douille ou d'une spatule.

Mini-gâteaux magiques
citron-coco

Pour 12 mini-gâteaux
Préparation : 10 min   Cuisson : 25 min   Repos : 1 h   Réfrigération : 2 h

2 œufs moyens + 1 blanc • 25 cl de lait entier • 65 g de beurre • 3 citrons • 53 g de farine • 70 g de sucre en poudre • 50 g de noix de coco râpée

1. Préchauffez le four à 160 °C (th. 5-6). Râpez le zeste de 2 citrons. Faites fondre le beurre, réservez. Faites tiédir le lait, puis infusez quelques minutes les zestes de citron, réservez.

2. Séparez les 2 blancs d'œufs des jaunes. Battez les jaunes avec le sucre jusqu'à ce que le mélange blanchisse. Versez-y le beurre fondu, la farine en deux fois, puis le lait. Montez les blancs en neige, incorporez-les à la préparation précédente. La pâte doit être liquide avec les blancs en neige en surface. À l'aide d'une louche, remplissez de pâte chaque alvéole d'un moule en silicone à 12 alvéoles. Veillez à verser de la pâte liquide et des blancs.

3. Enfournez pour 25 min. La surface des gâteaux doit être dorée. À la sortie du four, faites refroidir les gâteaux à température ambiante pendant 1 h, puis conservez-les au réfrigérateur pendant 2 h.

4. Fouettez le blanc d'œuf pour qu'il devienne mousseux. Plongez la moitié d'un gâteau dans le blanc d'œuf, puis roulez cette moitié dans une assiette de noix de coco râpée. Répétez l'opération pour tous les mini-gâteaux magiques. Conservez-les au frais jusqu'au moment de les déguster. Servez décoré de rondelles de citron.

Astuce

Si vous n'avez pas le temps de monter un blanc en neige pour la dernière étape, vous pouvez rouler directement les gâteaux magiques dans la noix de coco râpée.

Cannelés bordelais au rhum

Pour environ 50 mini-cannelés
Préparation : 15 min Cuisson : 1 h 10 Réfrigération : 12 h

50 cl de lait • 1 gousse de vanille • 30 g de beurre • 2 œufs entiers + 2 jaunes • 250 g de sucre • 125 g de farine • 5 cl de rhum

1. Versez le lait dans une casserole, ajoutez la gousse de vanille fendue en deux dans le sens de la longueur et portez à ébullition. Mettez hors du feu, retirez la gousse de vanille, puis ajoutez le beurre par petits morceaux et remuez jusqu'à ce qu'il soit fondu.

2. Fouettez les œufs, les jaunes et le sucre dans un grand bol, puis incorporez la farine. Ajoutez le lait petit à petit et incorporez-le en remuant sans cesse. La consistance de la pâte doit être proche de celle d'une pâte à crêpes. Ajoutez enfin le rhum, couvrez le bol de film plastique alimentaire et laissez reposer au réfrigérateur de 12 à 24 h.

3. Préchauffez le four à 250 °C (th. 8-9). Répartissez la pâte dans des moules à cannelés en silicone, que vous ne remplirez qu'aux trois quarts. Enfournez et laissez cuire pendant 10 min, puis baissez la température du four à 180 °C (th. 6) et continuez la cuisson pendant 1 h. La surface des cannelés doit être brun foncé. Sortez-les du four et laissez-les refroidir avant de les démouler.

Friands aux amandes

Pour 4 personnes
Préparation : 25 min Cuisson : 20 min

4 blancs d'œufs • 100 g de beurre + 20 g pour les moules • 160 g de sucre en poudre + 20 g pour les moules • 50 g de farine • 50 g d'amandes entières • 1 pincée de sel

1. Préchauffez le four à 210 °C (th. 7).

2. Écrasez grossièrement les amandes au pilon dans un mortier : la présence de morceaux donne aux friands une texture plus agréable. Dans un saladier, mélangez la farine, le sucre et les amandes. Battez les blancs d'œufs en neige bien ferme avec le sel. Incorporez-les délicatement au mélange précédent.

3. Beurrez des moules à financiers, à cannelés ou à muffins, et saupoudrez le fond et les parois de sucre : c'est ce qui donnera le croustillant du friand.

4. Faites fondre le beurre 30 s au four à micro-ondes. Versez le beurre fondu sur la préparation et répartissez-la dans des petits moules. Faites cuire 20 min au four.

5. Servez tiède, avec une quenelle de sorbet à la poire par exemple (voir p. 326).

Petits gâteaux au cédrat
et aux raisins secs

Pour 12 gâteaux
Préparation : 30 min Cuisson : 20 min

100 g de petits raisins secs dorés sans pépins • 100 g de farine • 100 g de cédrat confit • 100 g de sucre en poudre • 1 sachet de levure chimique • 80 g de beurre • 3 œufs • 6 cuil. à soupe de rhum ambré • 80 g de sucre glace

1. Coupez le cédrat confit en petits dés dans une terrine, ajoutez les raisins secs et mélangez. Incorporez la farine tamisée puis le sucre. Remuez pendant 5 min, puis ajoutez la levure. Mélangez intimement.

2. Préchauffez le four à 200 °C (th. 6-7). Enduisez de beurre ramolli 12 petits moules à tartelettes ronds ou allongés, ou des moules à cupcakes. Battez les œufs avec 4 cuil. à soupe de rhum et ajoutez-les au mélange à base de raisins secs. Répartissez cette pâte dans les moules. Placez-les sur la tôle du four.

3. Faites cuire les petits gâteaux pendant 20 min environ. Laissez refroidir sur une grille avant de démouler. Pendant ce temps, mélangez le reste de rhum avec le sucre glace en remuant vigoureusement avec une cuillère en bois. Badigeonnez les petits gâteaux démoulés avec ce glaçage et servez aussitôt.

Astuce

La cuisson des gâteaux permettra au rhum de les parfumer sans enivrer.

Madeleines
au cœur de Nutella®

Pour 16 madeleines environ
Préparation : 15 min Réfrigération : 1 h Cuisson : 10 min

1/2 citron non traité • 3 œufs • 150 g de beurre demi-sel fondu • 150 g de farine • 1 cuil. à café rase de levure chimique • 150 g de sucre en poudre • 16 cuil. à café de Nutella®

1. Lavez, essuyez et râpez le zeste du citron.

2. Mélangez la farine et la levure tamisées. Battez les œufs avec le sucre et incorporez la farine avec la levure, le zeste de citron et le beurre fondu. Mélangez jusqu'à obtenir une masse homogène.

3. Laissez reposer au réfrigérateur au moins 1 h.

4. Préchauffez le four à 270 °C (th. 9). Pendant ce temps, répartissez la moitié de la pâte dans des moules à madeleines. Déposez 1 cuil. à café de Nutella® dans chaque moule, enfoncez-la doucement dans la pâte, puis complétez jusqu'aux deux tiers de l'alvéole avec le reste de pâte.

5. Enfournez pendant 4 min. Baissez le four à 210 °C (th. 7) et poursuivez la cuisson 6 min environ, jusqu'à ce que les madeleines soient dorées.

6. Sortez les madeleines du four, attendez quelques minutes pour les démouler et savourez-les à température ambiante.

Madeleines au thé vert matcha

Pour 16 madeleines environ

Préparation : 10 min Réfrigération : 1 h Cuisson : 15 min

3 œufs • 150 g de beurre demi-sel • 150 g de farine • 1 cuil. à café rase de levure chimique • 150 g de sucre en poudre • 1 cuil. à soupe de thé vert matcha • 1 cuil. à café de miel

1. Faites fondre le beurre et le miel sur feu doux. Ajoutez le thé vert matcha et mélangez. Éteignez le feu et réservez.

2. Mélangez la farine et la levure tamisées. Battez les œufs avec le sucre jusqu'à obtenir un mélange mousseux. Incorporez la farine avec la levure, puis le beurre parfumé au miel et au thé. Mélangez jusqu'à obtenir une masse homogène.

3. Laissez reposer au réfrigérateur au moins 1 h.

4. Préchauffez le four à 270 °C (th. 9). Remplissez les moules à madeleines aux deux tiers et enfournez pendant 4 min. Baissez le four à 210 °C (th. 7) et poursuivez la cuisson 6 min environ, jusqu'à ce que les madeleines soient dorées.

5. Sortez les madeleines du four, attendez quelques minutes pour les démouler et savourez-les à température ambiante.

Financiers
framboise-cardamome

Pour 8 financiers
Préparation : 15 min Cuisson : 15-17 min

80 g de framboises • 12 gousses de cardamome verte • 50 g d'amandes en poudre • 30 g de cassonade • 70 g de sucre glace • 2 blancs d'œufs • 20 g de farine • 60 g de beurre fondu • beurre et farine pour les moules

1. Dans une casserole, faites revenir à sec quelques instants les amandes en poudre. Remuez bien et, surtout, ne les laissez pas trop colorer. Mélangez-les ensuite au sucre, à la cassonade et à la farine. Ajoutez les blancs d'œufs détendus à la fourchette, puis le beurre fondu.

2. Préchauffez le four à 240 °C (th. 8). Ouvrez les gousses de cardamome, écrasez les graines dans un mortier et incorporez cette poudre à la pâte.

3. Beurrez et farinez 8 moules à financiers traditionnels. Répartissez-y la pâte, puis les framboises en les enfonçant légèrement et enfournez 5 min. Baissez ensuite à 200 °C (th. 6-7) et poursuivez 10 à 12 min. Laissez refroidir avant de démouler.

Mini-financiers
à la confiture de lait

Pour 16 mini-financiers environ
Préparation : 15 min Cuisson : 12 min

4 blancs d'œufs • 100 g de beurre fondu + un peu pour les moules • 35 g de farine • 90 g de poudre d'amande • 80 g de sucre glace • 16 cuil. à café de confiture de lait (voir p. 58)

1. Préchauffez le four à 180 °C (th. 6). Beurrez 16 moules à mini-financiers (si vos moules ne sont pas en silicone).

2. Fouettez légèrement les blancs d'œufs.

3. Dans un saladier, mélangez la farine tamisée, la poudre d'amande et le sucre glace. Ajoutez les blancs d'œufs en remuant énergiquement, puis le beurre fondu.

4. Remplissez les moules aux trois quarts avec cette préparation. Enfournez pour 12 min. Démoulez juste après la cuisson. Une fois les financiers complètement refroidis, déposez sur chacun d'eux 1 cuil. de confiture de lait.

Scones
aux pépites de chocolat

Pour 16 scones

Préparation : 12 min   Cuisson : 2 h 15

2 œufs • 40 g de beurre froid • 10 cl de lait ribot froid • 250 g de farine + farine pour la finition • 1 cuil. à café de bicarbonate de soude • 40 g de sucre en poudre • 70 g de chocolat noir • 70 g de chocolat blanc • 60 g de chocolat au lait • 1 boîte de lait concentré sucré de 397 g • 1 pincée de sel

1. La veille, préparez la confiture de lait. Portez à ébullition un grand volume d'eau dans un faitout. Mettez la boîte de lait concentré au fond (sans l'ouvrir) et laissez cuire 2 h sur feu doux et à couvert. L'eau doit être en constant frémissement et la boîte toujours recouverte d'eau. Laissez ensuite totalement refroidir hors de l'eau, puis réservez au frais.

2. Préchauffez le four à 220 °C (th. 7-8) avec une plaque de cuisson recouverte de papier sulfurisé. Battez 1 œuf avec le lait et réservez au frais. Avec un couteau, taillez les chocolats en grosses pépites. Mélangez la farine, le sucre, le sel et le bicarbonate. Ajoutez le beurre coupé en dés et mélangez rapidement à la fourchette en l'écrasant grossièrement. Incorporez les pépites, puis l'œuf au lait en mélangeant le moins possible à la fourchette, juste pour amalgamer les ingrédients.

3. Formez une boule de pâte molle. Sur une surface farinée, étalez-la avec la paume de la main farinée sur une épaisseur de 1,5 cm. Avec un emporte-pièce cannelé de 5 cm de diamètre, découpez des scones d'un coup sec, sans tourner. Farinez l'emporte-pièce à chaque fois. Formez une boule avec les chutes de pâte, sans trop la manipuler, et découpez à nouveau des scones.

4. Avec une palette, glissez-les sur la plaque chauffée, badigeonnez le haut des scones avec l'œuf restant battu (évitez de le faire couler) et enfournez 12 à 14 min. Ils doivent être dorés et bien gonflés.

5. Servez les scones dès la sortie du four. Ouvrez-les en deux dans l'épaisseur et tartinez-les de confiture de lait.

Astuce

Vous pouvez réaliser ces scones sans pépites de chocolat et vous en servir de base pour l'accommoder à votre goût du jour : confiture, caramel…

Mini-whoopies pies
moka et praliné

Pour 38 whoopies
Préparation : 35 min Cuisson : 12-15 min

1 gros œuf • 12,5 cl de lait demi-écrémé • 125 g de yaourt brassé • 115 g de beurre mou • 750 g de mascarpone • 250 g de farine • 200 g de sucre en poudre • 150 g de sucre glace • 1 cuil. à café de bicarbonate de soude • 1 cuil. à café de levure • 40 g de cacao amer en poudre • 30 g de café soluble en poudre • 150 g de pralin • 1/2 cuil. à café de sel

1. Au batteur électrique, travaillez le beurre et le sucre en poudre pour obtenir une crème homogène. Mélangez l'œuf, le yaourt et le lait, puis incorporez le tout peu à peu en continuant de battre. Mélangez la farine, le cacao, le bicarbonate, la levure, le sel et 12 g de café, tamisez l'ensemble et ajoutez peu à peu à la pâte en fouettant longuement jusqu'à ce qu'elle devienne lisse.

2. Préchauffez le four à 180 °C (th. 6). À l'aide d'une poche à douille lisse et sur des plaques garnies de papier sulfurisé, dressez des petits tas de pâte, de la taille d'un petit macaron, espacés de 5 cm. Enfournez de 12 à 15 min. Laissez refroidir puis décollez les coques de biscuit.

3. À l'aide d'une cuillère en bois, mélangez délicatement le mascarpone, le sucre glace tamisé et le reste de café. Mélangez doucement sans fouetter au risque de « casser » la texture épaisse du mascarpone.

4. Répartissez un peu de pralin sur la moitié des coques. À l'aide d'une poche à douille cannelée, garnissez les coques bien généreusement de crème au café en mouvements circulaires en partant du centre. Parsemez de pralin, recouvrez des coques restantes et appuyez légèrement. Décorez le dessus des whoopies avec un peu de crème au café et parsemez de pralin.

Petits chaussons au chocolat

Pour 6 personnes
Préparation : 30 min Cuisson : 30 min

350 g de farine + un peu pour le plan de travail • 10 cl de jus d'orange sanguine • 10 cl d'huile d'olive peu fruitée • 6 cuil. à soupe rases de cacao en poudre non sucré • 50 cl de lait • 4 cuil. à soupe de sucre en poudre • 1 cuil. à soupe de cannelle • 2 cuil. à soupe de fécule de maïs • huile d'olive pour la friture • sucre glace pour servir • 1 bonne pincée de bicarbonate de soude • 1 pincée de sel

1. Réunissez dans un bol le jus d'orange, l'huile d'olive, le sel et le bicarbonate de soude, puis mélangez intimement avec un petit fouet.

2. Versez la farine dans une terrine en la tamisant, faites un puits au milieu et versez-y le mélange au jus d'orange. Travaillez la pâte avec une cuillère en bois, puis mettez-la sur le plan de travail fariné et pétrissez-la avec les mains pendant quelques minutes. Abaissez ensuite la pâte le plus finement possible à l'aide d'un rouleau à pâtisserie, puis laissez-la reposer.

3. Versez 40 cl de lait dans une casserole, ajoutez le cacao et la cannelle, mélangez sur feu doux en fouettant. Lorsque le mélange est homogène, ajoutez le sucre et portez à ébullition. Délayez la fécule de maïs dans le reste de lait, puis versez le tout dans la casserole et faites cuire en remuant jusqu'à obtenir une crème assez épaisse. Versez-la dans une jatte et laissez refroidir.

4. Découpez dans la pâte des disques de 12 cm de diamètre. Ramassez les chutes, roulez-les en une boule, abaissez la pâte avec le rouleau à pâtisserie et répétez l'opération pour obtenir le plus de disques possible. Déposez un peu de crème au cacao sur chaque cercle, repliez-les en deux pour former les chaussons et soudez les bords en les pinçant avec une fourchette.

5. Faites chauffer de l'huile dans une grande poêle sur feu moyen, faites-y glisser les chaussons par petites quantités (3 ou 4), et laissez-les dorer 5 ou 6 min en les retournant délicatement.

6. Égouttez les chaussons frits et épongez-les sur du papier absorbant, puis saupoudrez-les de sucre glace et servez-les à température ambiante.

Chaussons
aux mirabelles

Pour 4 personnes
Préparation : 15 min Cuisson : 25-30 min Repos : 15 min

400 g de pâte brisée ou feuilletée (voir p. 6 ou p. 9) • 250 g de confiture de mirabelles • 1 jaune d'œuf • farine pour le plan de travail

1. Étalez la pâte au rouleau sur un plan de travail légèrement fariné, en lui donnant une épaisseur de 2 ou 3 mm. À l'aide d'un emporte-pièce ou d'un bol, découpez 4 disques d'environ 16 cm de diamètre.

2. Préchauffez le four à 180 °C (th. 6). Recouvrez une plaque de papier sulfurisé.

3. Répartissez la confiture au centre des disques de pâte, en laissant une bande libre tout autour. Humidifiez le bord au pinceau et repliez en demi-lune. Soudez bien avec le bout des doigts et découpez le tour à la roulette crantée.

4. Délayez le jaune d'œuf avec un peu d'eau. Avec un pinceau, badigeonnez-en les chaussons sur toute leur surface. Enfournez et faites cuire de 25 à 30 min, jusqu'à ce que la pâte soit bien dorée.

5. Laissez reposer 15 min à la sortie du four et servez tiède.

Moelleux bretons aux morceaux de caramel

Pour 4 personnes

Préparation : 15 min Réfrigération : 30 min Cuisson : 8 min

150 g de chocolat noir à 55 % de cacao • 4 œufs • 110 g de beurre salé + 20 g pour les moules • 4 cuil. à soupe de crème fraîche épaisse • 30 g de farine + 20 g pour les moules • 40 g de poudre d'amande • 50 g de sucre en poudre • 8 caramels mous au beurre salé

1. Faites fondre le chocolat noir avec le beurre salé, au bain-marie ou au four à micro-ondes, puis mélangez pour lisser. Pendant ce temps, fouettez les œufs avec le sucre en poudre jusqu'à blanchiment. Incorporez le mélange beurre-chocolat. Mélangez la farine avec la poudre d'amande et incorporez-les. Réservez au frais 30 min.

2. Préchauffez le four à 200 °C (th. 6-7). Taillez en petits dés les caramels au beurre salé, incorporez-les à la pâte. Mélangez pour bien les répartir. Beurrez et farinez 4 grands moules à muffins. Répartissez-y la pâte et enfournez pour 8 min de cuisson exactement.

3. Sortez du four et laissez tiédir 3 min. Démoulez dans les assiettes et servez accompagné de crème fraîche.

Dominos à la pâte d'amandes et au chocolat

Pour 45 dominos

Préparation : 1 h Cuisson : 20 min Réfrigération : 12 h

La pâte : 2 œufs • 50 g de beurre • 250 g de miel • 50 g de poudre de noix • 3 cuil. à soupe de cacao • 250 g de farine • 50 g de sucre en poudre • $^1/_2$ cuil. à café de cannelle moulue • $^1/_4$ cuil. à café de chaque épice moulue : cardamome, girofle, gingembre • $^1/_2$ sachet de levure chimique (bicarbonate de sodium) • beurre et farine pour la plaque

La garniture : 500 g de chocolat de couverture • 300 g de pâte d'amandes (en confiserie, épicerie fine ou magasin bio) • 200 g de gelée de cerise (ou de groseille) • 1 cuil. à soupe de rhum

1. Préchauffez le four à 180 °C (th. 6). Beurrez et farinez la plaque du four. Dans une casserole, faites fondre sur feu doux le miel, le sucre et le beurre pendant 5 min en remuant, sans laisser bouillir. Versez dans un saladier et laissez refroidir.

2. Incorporez à ce beurre fondu les épices, puis les œufs l'un après l'autre. Mélangez la farine, la levure et le cacao, puis tamisez le tout sur le mélange précédent. Ajoutez la poudre de noix et mélangez pour obtenir une pâte homogène.

3. À l'aide d'une spatule, étalez la pâte sur la plaque du four, en un rectangle régulier de 1 cm d'épaisseur. Enfournez de 12 à 15 min : la pâte doit rester souple. À la sortie du four, laissez refroidir le pain d'épice sur la plaque en le recouvrant d'un torchon. Après refroidissement, faites-le glisser sur une planche et coupez-le en deux dans l'épaisseur.

4. Pétrissez la pâte d'amandes avec le rhum pour l'assouplir, puis abaissez-la entre deux feuilles de papier sulfurisé, en lui donnant les mêmes dimensions que le pain d'épice.

5. Lissez la gelée de cerise au fouet, puis étalez-en la moitié sur le rectangle inférieur de pain d'épice. Placez la pâte d'amandes par-dessus, puis badigeonnez avec la gelée restante. Couvrez du rectangle supérieur de pain d'épice et emballez dans du papier d'aluminium en serrant légèrement. Laissez reposer au frais jusqu'au lendemain.

6. Égalisez les bords du pain d'épice et coupez-le en carrés de 2,5 cm de côté. Faites fondre le chocolat de couverture au bain-marie. À l'aide d'une fourchette, trempez les dominos un à un dans le chocolat fondu, puis laissez-les sécher sur une grille. Rangez les biscuits dans une boîte en fer blanc hermétique et attendez 3 jours avant de les déguster !

Moelleux aux myrtilles

Pour 6 personnes
Préparation : 15 min   Repos : 1 h   Cuisson : 10 min

200 g de myrtilles fraîches ou décongelées • 4 œufs • 30 g de beurre • 100 g de sucre en poudre • 100 g de poudre d'amande • 1 cuil. à soupe de farine

1. Versez les myrtilles dans une jatte, ajoutez le sucre en poudre, mélangez et laissez macérer 1 h. Fouettez ensuite pour homogénéiser et incorporez les œufs un à un.

2. Faites fondre le beurre sur feu doux dans une petite casserole, puis ôtez du feu et laissez refroidir. Incorporez-le à la préparation précédente. Incorporez la poudre d'amande, puis la farine.

3. Préchauffez le four à 190 °C (th. 6-7). Déposez 6 cercles à pâtisserie de 7 cm de diamètre environ sur une plaque, tapissez-les de disques de papier sulfurisé (vous pouvez aussi utiliser des moules à muffins bien beurrés, mais le démoulage sera malaisé). Versez-y la pâte et enfournez pour 10 min exactement.

4. Sortez du four et laissez tiédir 3 min. Déposez les moelleux dans les assiettes de service avant d'ôter délicatement les cercles. Retirez le papier sulfurisé et servez immédiatement.

Muffins au mascarpone et aux fruits rouges

Pour 6 muffins
Préparation : 10 min Cuisson : 20 min

400 g de fruits frais rouges mélangés (fraises, framboises, groseilles...) • 1 œuf • 60 g de beurre + un peu pour le moule (facultatif) • $^1/_2$ pot de yaourt nature • 100 g de farine • $^1/_2$ sachet de levure chimique • 75 g de sucre en poudre
La crème : 150 g de mascarpone • 50 g de sucre en poudre

1. Préchauffez le four à 180 °C (th. 6).

2. Faites fondre le beurre dans une casserole, puis réservez.

3. Beurrez très légèrement le moule à muffins pour faciliter le démoulage ou garnissez chaque alvéole d'une caissette en papier.

4. Dans un saladier ou dans le bol d'un robot, battez le sucre avec l'œuf, jusqu'à obtenir une texture légère et mousseuse. Incorporez la farine et la levure chimique, puis versez le yaourt et le beurre fondu pour assouplir la pâte. Mélangez afin d'obtenir une pâte lisse et homogène.

5. À l'aide d'une cuillère, remplissez les moules aux deux tiers. Enfournez pour 20 min, jusqu'à ce que les muffins soient bien gonflés, dorés à l'extérieur et cuits à l'intérieur. Vérifiez la cuisson avec la pointe d'un couteau : elle doit ressortir sèche.

6. Pendant ce temps, préparez la salade de fruits rouges : coupez les fraises en rondelles, ajoutez les framboises et les groseilles. Mélangez ensuite le sucre en poudre et le mascarpone pour la crème. Réservez.

7. Sortez les muffins du four et laissez-les refroidir sur une grille. Dégustez les muffins accompagnés de la crème de mascarpone et des fruits rouges.

Mini-cakes aux myrtilles
et à la violette

Pour 6 mini-cakes
Préparation : 20 min   Cuisson : 45 min   Repos : 1 h 15

250 g de myrtilles fraîches lavées et essuyées • 3 gros œufs • 75 g de beurre doux + 20 g pour les moules • 5 cuil. à soupe de confiture de violettes (disponible dans les épiceries fines) • 2 cuil. à soupe de sirop de violette • 170 g de farine tamisée • 75 g de sucre de canne en poudre • 1 sachet de levure chimique

1. Préchauffez le four à 180 °C (th. 6). Faites ramollir le beurre jusqu'à ce qu'il devienne pommade. Dans un récipient, incorporez le sucre au beurre et mélangez au batteur électrique. Ajoutez le sirop de violette, puis les œufs un par un. Mélangez bien, puis incorporez la farine et la levure. Ajoutez les myrtilles, puis remuez à la spatule.

2. Beurrez des moules à cakes, puis répartissez la préparation. Enfournez pour 45 min. Enfoncez la pointe d'un couteau pour vérifier qu'ils sont cuits. À la sortie du four, attendez 15 min avant de démouler les mini-cakes, puis laissez-les refroidir.

3. Dans une petite casserole, faites chauffer la confiture de violettes sur feu moyen. Nappez-en le dessus des cakes au pinceau et laissez sécher 1 h à température ambiante.

Mini-kouglofs
aux pralines roses

Pour 6 kouglofs individuels
Préparation : 40 min Cuisson : 20 min Repos : 3 h

150 g de pralines roses • 240 g de farine + un peu pour le plan de travail • 1 œuf • 1/2 cuil. à café de sel • 80 g de lait • 60 g de sucre • 80 g de beurre à température ambiante • 10 g de sucre glace
Le levain : 15 g de levure de boulanger • 70 g de lait à température ambiante • 60 g de farine

1. Préparez le levain. Émiettez la levure de boulanger dans un bol, ajoutez le lait et diluez-la dedans. Incorporez alors la farine et mélangez, puis couvrez le bol d'un torchon propre et laissez le levain pousser pendant 30 min.

2. Concassez grossièrement les pralines. Versez le levain dans la cuve d'un robot, ajoutez la farine, l'œuf, le sel, le lait et le sucre, puis pétrissez pendant 5 min. Coupez 60 g de beurre en petits morceaux, puis pétrissez pendant 5 min. Ajoutez les pralines à la pâte, qui doit être souple, élastique et se détacher de la paroi de la cuve. Couvrez celle-ci d'un torchon propre et laissez la pâte pousser pendant 1 h dans un endroit chaud.

3. Beurrez généreusement 6 petits moules à kouglofs. Farinez le plan de travail et transférez la pâte dessus. Façonnez-la en un gros boudin, en la travaillant le moins possible. Coupez le boudin en 6 portions égales, puis déposez-en une dans chaque moule et tassez légèrement. Couvrez les moules d'un torchon propre et laissez la pâte pousser pendant encore 1 h dans un endroit chaud.

4. Préchauffez le four à 170 °C (th. 6-7). Vérifiez que la pâte dépasse légèrement des moules. Enfournez et laissez cuire pendant 20 min. Dès la fin de la cuisson des kouglofs, démoulez-les sur une grille et laissez-les refroidir complètement.

5. Saupoudrez-les de sucre glace juste avant de les déguster.

Mini-cakes au miel
et aux épices

Pour 6 personnes
Préparation : 30 min Cuisson : 20 min

2 œufs • 18 cl de lait • 50 g de beurre mou • 1 orange • 200 g de miel • 180 g de farine blanche • 125 g de farine de seigle • 125 g de sucre glace • 50 g de sucre en poudre • 1 cuil. à café de levure alsacienne • 1 cuil. à café de cannelle et gingembre en poudre mélangés

1. Réunissez dans une casserole à fond épais le sucre en poudre et le miel. Faites fondre sur feu doux en remuant avec une cuillère en bois, sans laisser bouillir. Retirez la casserole du feu et laissez refroidir.

2. Versez le mélange sucré dans une terrine. Incorporez 125 g de farine blanche, puis la farine de seigle. Mélangez intimement, puis travaillez de nouveau la pâte en ajoutant les œufs et le lait. Mélangez le reste de la farine blanche avec les épices et la levure. Incorporez ce mélange à la pâte, qui doit être assez épaisse.

3. Préchauffez le four à 200 °C (th. 6-7). Beurrez 6 moules ovales de 10 cm de long environ avec le beurre ramolli, puis répartissez la pâte en tassant un peu. Lissez le dessus avec une spatule mouillée. Rangez les moules sur la tôle du four et faites-les cuire 15 min environ.

4. Pressez le jus de l'orange et filtrez-le pour éliminer les pépins. Mélangez ce jus avec le sucre glace dans un bol, jusqu'à obtenir la consistance d'une pâte épaisse et coulante. Démoulez les mini-cakes et étalez ce glaçage sur le dessus avec une spatule, puis laissez refroidir complètement.

Astuce

Vous pouvez ajouter au mélange d'épices (en conservant les mêmes quantités) une pointe d'anis et un clou de girofle en poudre.

Croustillants au citron

Pour 4 personnes

Préparation : 20 min Cuisson : 8-10 min

6 feuilles de brick • 10 cl de jus de citron • 100 g de beurre fondu • 50 cl de lait • 80 g de sucre en poudre • 2 cuil. à soupe de Maïzena® • sucre glace

1. Préchauffez le four à 180 °C (th. 6). Recouvrez une plaque de papier sulfurisé.

2. Étalez les feuilles de brick sur le plan de travail et découpez dans chacune 4 disques identiques de 10 à 12 cm de diamètre. Rangez-les sur la plaque, en les enduisant de beurre au fur et à mesure sur toute leur surface et en les superposant deux par deux. Faites cuire de 8 à 10 min, jusqu'à ce que la pâte soit dorée et croustillante. Procédez en deux fois si nécessaire. Laissez refroidir. Vous obtenez ainsi 12 disques de brick.

3. Dans une casserole, délayez la Maïzena® et le sucre avec un peu de lait, puis versez le lait restant et le jus de citron en remuant. Portez doucement à ébullition et faites épaissir 1 min environ sur feu doux, sans cesser de remuer. Retirez du feu et laissez refroidir.

4. Posez un disque de brick dans un plat et recouvrez-le de crème au citron. Renouvelez l'opération et terminez par un disque. Faites ainsi 4 croustillants et saupoudrez-les de sucre glace.

Pets-de-nonne

Pour une trentaine de pets-de-nonne
Préparation : 15 min Cuisson : 5 min par tournée

Huile de friture • 70 g de beurre • 2 cuil. à soupe d'eau de fleur d'oranger • 1 pincée de sel • 50 g de sucre en poudre • 1 paquet de sucre vanillé • 125 g de farine • $\frac{1}{2}$ sachet de levure • 3 œufs • 2 cuil. à soupe de miel • sucre glace pour saupoudrer

1. Faites chauffer doucement l'huile de friture. Dans une casserole, faites bouillir 25 cl d'eau avec le beurre, coupé en morceaux, 1 cuil. à soupe d'eau de fleur d'oranger, le sel, le sucre en poudre et le sucre vanillé. Lorsque le mélange bout et que le beurre est fondu, ajoutez la farine et la levure en une seule fois, en remuant énergiquement avec une spatule en bois. Travaillez la pâte sur le feu pendant 2 min pour la faire dessécher.

2. Mettez hors du feu, puis incorporez les œufs un par un. La pâte doit être lisse et brillante mais pas liquide ; elle doit se détacher de la paroi de la casserole.

3. Lorsque l'huile est chaude, jetez-y des petites boules de pâte, prélevées à l'aide d'une cuillère à café, et laissez-les cuire 5 min environ ; elles doivent être dorées, gonflées, et remonter à la surface. Sortez-les et réservez-les sur du papier absorbant pour retirer l'excédent d'huile.

4. Faites chauffer dans une petite casserole le miel et le reste d'eau de fleur d'oranger. Trempez-y les beignets, puis saupoudrez-les de sucre glace.

Kanelbullars
à la crème de marrons

Pour 20 kanelbullars
Préparation : 45 min Repos : 1 h Cuisson : 15 min

350 g de farine blanche T45 + un peu pour le plan de travail • 10 g de levure fraîche • 45 g de beurre doux • 9 cl de lait entier • 9 cl de crème entière liquide • 2 jaunes d'œufs • 35 g de sucre roux • 1/2 cuil. à café de sel • 150 g de crème de marrons • 1 cuil. à café de cannelle • 4 cuil. à soupe d'amandes effilées • 2 sachets de sucre roux vanillé

1. Faites chauffer le lait et la crème jusqu'à ce que le mélange atteigne 37 °C. Prélevez-en une bonne cuillerée à soupe, ajoutez la levure fraîche émiettée avec 1 cuil. à soupe de sucre et laissez prendre pendant 20 min.

2. Mettez la farine dans le bol d'un robot. Transférez le lait à la levure dans un saladier. Ajoutez le reste du mélange lait-crème, puis incorporez le reste de sucre, le sel, le beurre et, tout en fouettant, 1 jaune d'œuf. Versez cette préparation sur la farine et pétrissez pendant 5 min, jusqu'à obtenir une pâte souple. Couvrez d'un linge propre et laissez lever la pâte pendant 40 min.

3. Préchauffez le four à 220 °C (th. 7-8). Étalez la pâte au rouleau en un rectangle d'environ 30 x 60 cm sur un plan de travail fariné. Tartinez-la de crème de marrons, parsemez dessus la moitié des amandes effilées et saupoudrez le tout de cannelle à l'aide d'une petite passoire.

4. Pliez le rectangle en deux dans la longueur, puis roulez la pâte de manière à obtenir un long rouleau, que vous débiterez en tronçons de 3 cm d'épaisseur. Posez ces derniers à plat sur une plaque à pâtisserie recouverte de papier sulfurisé, dorez-les au pinceau en les badigeonnant de jaune d'œuf et parsemez-les de sucre roux vanillé et des amandes restantes.

5. Enfournez et faites cuire pendant environ 15 min. Laissez refroidir avant de déguster.

Danish pastries
chocolat-noisettes

Pour 8 danish pastries
Préparation : 20 min Cuisson : 25 min

1 bloc de pâte feuilletée de 250 g • 3 petits-suisses • 30 g de sucre • 40 g de noisettes • 40 g de pépites de chocolat • 1 jaune d'œuf • farine pour le plan de travail

1. Préchauffez le four à 170 °C (th. 5-6).

2. Concassez grossièrement les noisettes et étalez-les sur une plaque allant au four et torréfiez-les pendant 5 min, en les surveillant soigneusement pour éviter qu'elles ne brûlent. Sortez les noisettes, mais n'éteignez pas le four.

3. Mélangez les petits-suisses, le sucre et les pépites de chocolat. Ajoutez les trois quarts des noisettes torréfiées.

4. Étalez la pâte feuilletée sur le plan de travail fariné et découpez 6 carrés de 10 cm de côté. Posez-les sur la plaque du four et tartinez-les de la préparation aux petits-suisses, puis rabattez les quatre angles vers le centre, en évitant que les bords ne se touchent. À l'aide d'un pinceau, badigeonnez la pâte feuilletée de jaune d'œuf.

5. Enfournez les danish pastries et laissez-les cuire pendant 20 min. À la sortie du four, parsemez le reste de noisettes et servez-les tièdes.

Kouign-amann

Pour 6 personnes
Préparation : 30 min Cuisson : 30 min Repos : 1 h 40

220 g de beurre demi-sel + un peu pour le moule • 300 g de farine + un peu pour le plan de travail • 200 g de sucre en poudre • 15 g de levure de boulanger • 1 pincée de sel

1. Faites ramollir le beurre à température ambiante.

2. Dans un bol, délayez la levure dans 12 cl d'eau tiède, et laissez reposer 10 min à température ambiante.

3. Dans un grand saladier, versez la farine, la levure et le sel. Pétrissez à la main en ajoutant la quantité d'eau tiède nécessaire (un petit verre environ) jusqu'à obtenir une pâte souple. Formez une boule. Laissez lever pendant 1 h à l'abri des courants d'air, dans un endroit chaud.

4. Farinez légèrement un plan de travail, et posez la pâte dessus. Étirez-la à la main, puis étalez dessus le beurre mou. Saupoudrez de 150 g de sucre. Pliez la pâte en trois, en emprisonnant bien à l'intérieur le beurre et le sucre. Recouvrez d'un torchon propre et laissez reposer 15 min, à température ambiante.

5. Tournez la préparation d'un quart de tour, étalez la pâte avec les mains et pliez de nouveau en trois. Laissez reposer 15 min. Renouvelez l'opération une dernière fois, mais sans laisser reposer la pâte.

6. Beurrez et farinez légèrement un moule à tarte. Mettez la pâte dans le moule en l'aplatissant avec la paume des mains. Saupoudrez avec le reste de sucre.

7. Faites cuire au four 30 min à 200 °C (th. 6-7). Démoulez et servez tiède ou froid.

Astuce

En fin de cuisson, passez si nécessaire le kouign-amann sous le gril du four pendant 2 min maximum pour bien le caraméliser.

Sachertorte

Pour 8 personnes
Préparation : 40 min   Cuisson : 45 min

210 g de chocolat noir à 70 % • 8 œufs + 2 blancs • 120 g de beurre • 120 g de sucre en poudre • 125 g de farine • 20 g de sucre vanillé • 2 cuil. à soupe de gelée de pomme • sel
La ganache : 300 g de chocolat • 30 cl de crème liquide

1. Préparez la ganache. Hachez le chocolat et mettez-le dans un saladier. Faites bouillir la crème, versez-la sur le chocolat et mélangez.

2. Préchauffez le four à 180 °C (th. 6).

3. Préparez la pâte. Coupez le chocolat en petits morceaux et faites-les fondre au bain-marie avec le beurre. Cassez les œufs en séparant les blancs des jaunes. Hors du feu, ajoutez les jaunes au chocolat, en remuant pour éviter qu'ils ne cuisent, puis la farine, préalablement tamisée. Mélangez. Montez tous les blancs en neige bien ferme avec une pincée de sel, le sucre et le sucre vanillé. Incorporez le tiers des blancs au chocolat, puis ajoutez le reste petit à petit. Versez cette pâte dans un moule de 22 cm de diamètre. Glissez au four et faites cuire 45 min environ.

4. Démoulez le gâteau et laissez-le refroidir sur une grille. Recouvrez alors le dessus et les bords d'une fine couche de ganache et réservez au réfrigérateur.

5. Au moment de servir, mélangez le reste de la ganache à la gelée de pomme que vous aurez passée 30 s au four à micro-ondes à 600 W afin d'obtenir une sauce tiède, lisse et homogène. Présentez avec la sachertorte bien fraîche.

Délice choco-menthe

Pour 8 personnes

Préparation : 45 min Cuisson : 15-20 min Infusion : 15 min

Le biscuit : 5 œufs • 120 g de sucre en poudre • 120 g de farine • 50 g de cacao en poudre • beurre pour le moule

La garniture : 30 cl de lait • 2 jaunes d'œufs • 2 cuil. à soupe de Maïzena® • 3 cuil. à soupe de sucre en poudre • 1 petit bouquet de menthe • 2 cuil. à soupe de liqueur ou d'alcool de menthe • 2 gouttes de colorant alimentaire vert (facultatif) • 7,5 cl de crème liquide très froide

Le glaçage : 150 g de chocolat noir à la menthe • 2 cuil. à soupe de lait • 20 g de beurre

Le décor : feuilles de menthe

1. Préchauffez le four à 210 °C (th. 7). Beurrez un moule à manqué de 24 cm de diamètre ou préparez un moule en silicone.

2. Préparez le biscuit. Mélangez la farine et le cacao dans un bol. Dans un saladier, fouettez les œufs avec le sucre au batteur électrique jusqu'à ce que le mélange double de volume. Incorporez progressivement la farine cacaotée, en remuant à l'aide d'une spatule en bois. Versez la pâte dans le moule et enfournez de 15 à 20 min. Laissez le biscuit tiédir un peu, puis démoulez-le sur une grille et laissez-le refroidir.

3. Préparez la garniture. Faites bouillir le lait, puis ôtez-le du feu, ajoutez le bouquet de menthe et laissez infuser 15 min à couvert. Dans une autre casserole, mélangez les jaunes d'œufs avec la Maïzena® et le sucre. Ajoutez petit à petit le lait mentholé, en le filtrant à travers une passoire. Portez à frémissements sur feu très doux, en remuant à l'aide d'une cuillère en bois, et laissez cuire 2 ou 3 min. Ôtez du feu, ajoutez la liqueur (ou l'alcool) de menthe et, éventuellement, le colorant alimentaire. Laissez refroidir.

4. Fouettez la crème liquide en chantilly ferme, puis incorporez-la délicatement à la crème à la menthe refroidie. Coupez le biscuit en deux. Étalez la crème à la menthe sur le disque inférieur et couvrez avec le disque supérieur.

5. Préparez le glaçage. Faites fondre tous les ingrédients sur feu doux dans une petite casserole, en remuant jusqu'à obtenir une crème lisse et brillante. Nappez-en le dessus et les côtés du gâteau à l'aide d'une palette métallique. Laissez durcir. Décorez de menthe.

Moka

Pour 8 personnes

Préparation : 45 min (la veille) + 20 min Cuisson : 20-25 min

La génoise au café : 3 œufs • 100 g de sucre en poudre • 50 g de farine + un peu pour le moule • 50 g de Maïzena® • 20 g de beurre + un peu pour le moule • 1 cuil. à café de café lyophilisé • 1 cuil. à café d'eau chaude

La crème pâtissière au café : 30 cl de lait • 3 jaunes d'œufs • 1 cuil. à soupe de farine • 1 cuil. à soupe de sucre en poudre • 1 cuil. à café d'extrait de café • 100 g de beurre

Le sirop au café : 10 cl d'eau • 100 g de sucre en poudre • 1 cuil. à soupe de café lyophilisé

Le glaçage : 250 g de sucre glace • 1 cuil. à soupe de café lyophilisé • 7 ou 8 cuil. à café d'eau chaude

1. Préparez la génoise la veille (voir p. 11) en y incorporant la Maïzena® (en même temps que la farine) et le café dissous dans l'eau (en même temps que le beurre fondu). Faites-la cuire dans un moule à manqué beurré et fariné (ou un moule en silicone) de 24 cm de diamètre, de 20 à 25 min au four préchauffé à 180 °C (th. 6).

2. Préparez la crème pâtissière (voir p. 13) et ajoutez-y l'extrait de café, puis le beurre coupé en morceaux, en fouettant. Laissez refroidir.

3. Préparez le sirop au café. Faites bouillir l'eau et le sucre dans une casserole, puis incorporez le café lyophilisé et laissez refroidir.

4. Coupez la génoise en 2 ou 3 disques (selon votre dextérité). Imbibez tous les disques de sirop au café à l'aide d'un pinceau, sur une seule face. Reconstituez le gâteau en alternant des disques de génoise et des couches de crème pâtissière au café. Terminez par un disque de génoise.

5. Préparez le glaçage. Dans un saladier, mélangez les éléments en fouettant vivement et nappez-en le dessus et les côtés du gâteau à l'aide d'une palette métallique. Laissez durcir. Réservez au réfrigérateur jusqu'au moment de servir.

Forêt-noire

Pour 8 personnes

Préparation : 45 min (la veille) + 20 min Cuisson : 20-25 min

La génoise au chocolat : 4 œufs • 60 g de farine + un peu pour le moule • 60 g de Maïzena® • 30 g de cacao en poudre • 30 g de beurre + un peu pour le moule

La garniture : 150 g de griottes au sirop • 30 cl de crème liquide très froide • 2 cuil. à soupe de sucre en poudre • 10 cl de sirop de sucre (voir p. 23) • 5 cl de kirsch

Le décor : 100 g de copeaux de chocolat noir à 70 % de cacao • quelques griottes

1. Préparez la génoise la veille (voir p. 11) en y incorporant la Maïzena® et le cacao (en même temps que la farine). Faites-la cuire dans un moule à manqué beurré et fariné (ou un moule en silicone) de 23 cm de diamètre, de 20 à 25 min au four préchauffé à 180 °C (th. 6).

2. Préparez la garniture. Égouttez soigneusement les griottes, puis épongez-les sur du papier absorbant. Mélangez le sirop de sucre et le kirsch dans un bol. Fouettez la crème liquide en chantilly ferme, en ajoutant le sucre quand elle commence à être bien prise.

3. Coupez la génoise en deux dans l'épaisseur. Posez le disque inférieur sur un plat de service, imbibez-le de sirop au kirsch à l'aide d'un pinceau et recouvrez-le largement de chantilly. Lissez la surface à la spatule, puis répartissez-y les griottes. Imbibez le disque supérieur de sirop et posez-le sur la garniture. Nappez le dessus et les côtés du gâteau du reste de chantilly, à la spatule métallique. Réservez au réfrigérateur jusqu'au moment de servir.

4. Servez décoré des copeaux de chocolat et des griottes.

Paris-brest au chocolat

Pour 6 à 8 pièces

Préparation : 40 min Cuisson : 30 min Réfrigération : 30 min

La pâte à choux : 110 g de beurre + un peu pour la plaque • 12,5 cl d'eau • 12,5 cl de lait • 3 ou 4 œufs • 140 g de farine • 1 cuil. à soupe de sucre en poudre • 1 cuil. à café de sel • 40 g d'amandes hachées • 50 g de sucre glace

La crème au chocolat : 400 g de crème au beurre (voir p. 14) • 300 g de crème pâtissière (voir p. 13) • 120 g de chocolat noir à 70 %

1. Préchauffez le four à 210 °C (th. 7).

2. Dans une casserole, portez à ébullition l'eau, le lait, le beurre, le sel et le sucre en poudre. Hors du feu, ajoutez la farine en une fois, remuez 1 min avec une spatule, puis incorporez les œufs petit à petit.

3. Déposez à l'aide d'une poche à douille (8 mm) des disques de 6 à 8 cm de diamètre sur une plaque légèrement beurrée. Parsemez d'amandes hachées, glissez au four et faites cuire 30 min ; 10 min avant la fin de la cuisson, ouvrez légèrement le four en calant la porte avec une cuillère en bois.

4. Pendant ce temps, préparez la crème au chocolat. Cassez grossièrement le chocolat et faites-le fondre au bain-marie. Mettez la crème au beurre dans un saladier et fouettez-la pour la ramollir, ajoutez le chocolat fondu, mélangez et incorporez le tout à la crème pâtissière.

5. Sortez les couronnes du four, laissez-les refroidir, puis coupez-les en deux horizontalement à l'aide d'un couteau-scie. Garnissez une poche à douille cannelée (6 mm) de crème au chocolat et déposez-en une couche sur la première moitié de couronne en faisant des petits cercles concentriques avec la poche. Recouvrez avec la partie supérieure de la couronne et poudrez de sucre glace. Réservez 30 min au réfrigérateur et sortez 40 min avant de servir.

Astuce

Pour une variante croquante, vous pouvez ajouter 120 g de noisettes grillées et concassées dans la crème au chocolat.

Chiffon cake
au café

Pour 10 à 12 personnes
Préparation : 30 min   Cuisson : 35 min

5 œufs • 500 g de mascarpone • beurre pour le moule • 5 cuil. à café lyophilisé Nescafé® • 125 g de farine T55 • 190 g de sucre en poudre • 1 sachet de levure chimique • 50 g d'huile végétale • 1/2 cuil à café de sel
Le décor : grains de café au chocolat

1. Préchauffez le four à 160 °C (th. 5-6). Placez la grille dans le tiers inférieur du four. Dans un bol, mélangez 1 cuil. à café de Nescafé® dans 6 cl d'eau bouillante et faites refroidir. Séparez les blancs des jaunes d'œufs dans deux saladiers de grande taille. À l'aide d'une passoire, tamisez ensemble la farine, le sel et la levure. Réservez.

2. Préparez la base du chiffon cake. Fouettez les jaunes d'œufs avec 100 g de sucre en poudre jusqu'à ce que le mélange blanchisse, puis incorporez successivement le café, l'huile et la farine tamisée et mélangez jusqu'à ce que la pâte soit homogène, lisse et brillante.

3. Versez la préparation jusqu'aux trois quarts d'un moule à cake de grande dimension ou d'un moule rond à bord haut, au fond légèrement graissé. Égalisez le dessus avec le dos d'une grande cuillère, fendez la pâte avec un couteau pour éliminer les bulles d'air et enfournez pour 35 à 40 min. À la sortie du four, retournez le moule (sans démouler le cake) sur une grille et laissez reposer jusqu'à complet refroidissement.

4. Dans un bol, mélangez le reste de Nescafé® avec 4 cuil. à café d'eau chaude, puis laissez refroidir. Dans un saladier, battez le mascarpone avec 90 g de sucre, puis incorporez le café. Lorsque le cake est froid, décollez-le délicatement avec la lame d'un couteau. Retournez-le sur un plat de présentation et coupez-le en son milieu, dans le sens horizontal. Étalez la moitié de la crème entre les deux, puis reconstituez le chiffon cake et recouvrez avec le reste de crème au café. Donnez un effet de vagues en utilisant le dos d'une grande cuillère et décorez avec des grains de café au chocolat. Réservez au frais jusqu'au service.

Gâteau magique
façon Ispahan

Pour 8 à 10 personnes
Préparation : 10 min Cuisson : 1 h Réfrigération : 3 h

4 œufs moyens • 50 cl de lait entier • 130 g de beurre + un peu pour le moule • 300 g de framboises • 106 g de farine • 160 g de sucre en poudre • 10 g de sucre glace • 6 cuil. à soupe d'eau de rose alimentaire

1. Préchauffez le four à 160 °C (th. 5-6). Beurrez le moule.

2. Préparez le coulis. Mixez les framboises avec 20 g de sucre en poudre et conservez au frais (réservez 6 framboises entières pour le décor et 25 framboises pour l'étape suivante).

3. Faites fondre le beurre, puis laissez-le tiédir. Dans une casserole, faites chauffer le lait. Séparez les blancs des jaunes d'œufs dans deux saladiers. Blanchissez les jaunes avec le reste de sucre en poudre et l'eau de rose jusqu'à ce que le mélange devienne blanc et mousseux. Incorporez les 25 framboises et mixez. Versez le beurre, la farine en deux fois, puis le lait tiède en deux ou trois fois et mélangez. Montez les blancs en neige puis, à l'aide d'une spatule, incorporez-les à la préparation précédente en deux fois et fouettez-les 5 s pour les casser. Versez le mélange dans le moule.

4. Enfournez pour 50 à 55 min. Le dessus du gâteau doit être doré et l'intérieur légèrement tremblotant.

5. Faites refroidir le gâteau à température ambiante, puis conservez-le au réfrigérateur jusqu'à la dégustation (au moins 3 h). Au moment de servir, saupoudrez de sucre glace, décorez avec le reste des framboises fraîches et dégustez accompagné du coulis de framboises.

Gâteau mimosa

Pour 4 à 6 personnes
Préparation : 35 min   Cuisson : 40 min   Réfrigération : 1 h

Le gâteau : 5 œufs • 100 g de farine + un peu pour le moule • 100 g de fécule de pomme de terre • 130 g de sucre en poudre • 1/2 sachet de levure chimique • 1 pincée de sel • beurre pour le moule
La garniture : 30 g de farine • 60 g de sucre en poudre • quelques gouttes d'extrait de vanille • 3 jaunes d'œufs • 25 cl de lait • 20 cl de crème liquide • 250 g de fraises • 75 ml de triple sec (ou autre liqueur à l'orange)
Le décor : 1 cuil. à soupe de sucre glace • quelques feuilles de menthe

1. Préparez la base du gâteau. Cassez les œufs en séparant les jaunes des blancs. Fouettez les jaunes avec le sucre, afin d'obtenir un mélange clair et mousseux. Mélangez la farine, la fécule et la levure, puis ajoutez peu à peu au mélange jaunes-sucre. Préchauffez le four à 160 °C. Battez les blancs d'œufs en neige avec le sel, jusqu'à ce qu'ils soient fermes. Incorporez-les au mélange précédent en remuant délicatement. Versez dans un moule à tarte (25 cm de diamètre) préalablement beurré et fariné (ou recouvert de papier sulfurisé) et faites cuire au four pendant 40 min.

2. Préparez une crème pâtissière. Chauffez 20 cl de lait dans une casserole avec l'extrait de vanille. Éteignez le feu dès que le lait commence à bouillir et laissez refroidir.

3. Pendant ce temps, fouettez légèrement les jaunes d'œufs dans une casserole antiadhésive. Incorporez la farine, puis le sucre. Ajoutez le reste du lait petit à petit, sans former de grumeaux. Incorporez le lait vanillé refroidi. Faites chauffer le mélange sur feu doux, jusqu'à ébullition, en remuant. Dès que la crème est épaisse, éteignez le feu et laissez refroidir.

4. Coupez le gâteau en deux disques dans le sens de l'épaisseur. Découpez l'intérieur d'un des deux disques, à 2 cm du bord, en gardant l'anneau de « croûte » entier. Coupez l'intérieur du disque en petits dés de biscuit de 5 mm.

5. Nettoyez les fraises. Écrasez-en une dizaine à l'aide d'une fourchette ou d'un mixeur, ajoutez le triple sec et étalez les fraises sur le disque plein du gâteau. Posez le bord découpé dessus.

6. Fouettez la crème liquide en chantilly. Mélangez-la à la crème pâtissière refroidie et remplissez le creux du gâteau. Mélangez au reste de la crème le reste des fraises (réservez-en deux pour le décor) coupées en deux et recouvrez-en le gâteau.

7. Recouvrez le dessus du gâteau de petits dés de biscuit. Saupoudrez de sucre glace, décorez avec les fraises réservées et quelques feuilles de menthe. Laissez au réfrigérateur au moins 1 h.

Moelleux au citron

Pour 6 personnes

Préparation : 15 min   Cuisson : 25 min

100 g de sucre de canne blond • 50 g d'amandes en poudre • 50 g de farine de blé T65 • 1 cuil. à café de levure • 80 g de beurre + un peu pour le moule • 4 œufs • 1 citron bio • 2 cuil. à soupe de sucre glace

1. Dans une petite casserole, faites fondre le beurre. Lavez le citron et essuyez-le. Prélevez les zestes du citron à l'aide d'une râpe à micro-lames, puis pressez le citron. Réservez les zestes et le jus. Séparez les blancs des jaunes d'œufs. Battez les blancs en neige jusqu'à ce qu'ils soient fermes.

2. Dans un saladier, mélangez le sucre de canne, les amandes en poudre, la farine et la levure. Ajoutez le beurre fondu, les jaunes d'œufs, les zestes et le jus du citron, puis remuez jusqu'à obtenir une pâte homogène. Incorporez un quart des blancs d'œufs à l'aide d'un fouet pour rendre le mélange lisse, puis ajoutez le reste des blancs et remuez délicatement à l'aide d'une spatule jusqu'à complète incorporation des blancs.

3. Préchauffez le four à 170 °C (th. 5-6). Versez la pâte dans un moule à manqué beurré de 20 cm de diamètre. Enfournez pour 25 min environ. Vérifiez la cuisson : la pointe d'un couteau doit ressortir sèche. À la sortie du four, laissez reposer jusqu'à complet refroidissement.

4. Lorsque le gâteau est froid, démoulez-le délicatement et déposez-le sur un plat de service. Saupoudrez de sucre glace à l'aide d'une petite passoire et dégustez aussitôt.

Pavlova Julia
aux fruits exotiques

Pour 8 personnes
Préparation : 20 min Cuisson : 1 h Repos : 10 h

La meringue : 4 blancs d'œufs • 220 g de sucre en poudre • 2 cuil. à café de Maïzena® • 1 cuil. à café de vinaigre blanc
La garniture : 25 cl de crème fleurette • 1 banane • 2 kiwis • 10 physalis • 1 mangue • 1 fruit de la Passion • petites perles argentées (facultatif)

1. Préparez la meringue la veille. À l'aide d'un fouet électrique, battez les blancs d'œufs en neige. Lorsqu'ils sont bien fermes, versez peu à peu le sucre, ajoutez la Maïzena®. Mélangez et terminez par le vinaigre.

2. Préchauffez le four à 140 °C (th. 4-5). Recouvrez un moule à tarte de papier sulfurisé, versez la masse de meringue et formez à la spatule un cercle de 20 cm de diamètre de 3 ou 4 cm d'épaisseur.

3. Enfournez 1 h environ. Éteignez le four, et laissez-y refroidir la meringue pendant 10 h.

4. Montez la crème fleurette en chantilly et recouvrez-en la meringue. Décorez avec les fruits exotiques que vous aurez préalablement pelés et coupés en dés ou en lamelles selon votre souhait, puis déposez les graines du fruit de la Passion et les perles argentées.

Fraisier

Pour 10 personnes

Préparation : 1 h Cuisson : 20 min Réfrigération : 6 h

La génoise : 5 œufs • 150 g de sucre en poudre • 120 g de farine • 30 g de Maïzena®

La crème diplomate : 50 cl de lait entier • 3 jaunes d'œufs • 150 g de sucre en poudre • 50 g de poudre à flan (type Impérial®) • 1 gousse de vanille • 12 g de gélatine (qualité Or) • 650 g de crème fouettée

Le sirop : 175 g d'eau • 25 g de liqueur de fraise • 100 g de sucre en poudre

La garniture : 500 g de fraises

Le décor : pâte d'amandes

1. Préparez la génoise (voir p. 11) en y incorporant la Maïzena® (en même temps que la farine). Coulez la préparation dans un moule souple et faites cuire pendant 20 min au four préchauffé à 200 °C (th. 6-7).

2. Préparez la crème diplomate. Commencez par confectionner une crème pâtissière (voir p. 13). Ramollissez la gélatine dans un peu d'eau. Essorez-la, ajoutez-la à la crème pâtissière tiède et laissez refroidir. Quand la préparation est froide, mais pas encore prise, incorporez la crème fouettée très mousseuse.

3. Coupez la génoise en deux dans l'épaisseur. Disposez une moitié de biscuit au fond d'un cercle à entremets muni d'un ruban plastique et imbibez-la de sirop (voir p. 23).

4. Coupez quelques fraises en deux. Disposez des demi-fraises verticales tout autour, contre le cercle, de façon à laisser voir la tranche des fruits quand le cercle sera retiré.

5. Posez des fraises à la surface du biscuit, mais sans en mettre au centre. Versez alors la crème diplomate et répartissez dedans le reste de fraises. Recouvrez le tout de la deuxième moitié de génoise, elle aussi imbibée de sirop. Laissez refroidir au réfrigérateur.

6. Décerclez, enlevez le ruban plastique et lustrez si nécessaire pour améliorer la brillance, notamment des côtés, et pour éviter l'oxydation des fraises. Décorez de pâte d'amandes : parchemin, fruits ou fleurs...

Astuce

Choisissez des fraises bien mûres, qui donneront au fraisier tout son goût.

Marquise au chocolat

Pour 6 personnes

Préparation : 45 min Réfrigération : 10 h Cuisson : 5 min

250 g de chocolat • 125 g de beurre + un peu pour le moule • 3 œufs •
100 g de sucre glace • 6 gouttes d'extrait de café

1. Faites fondre le chocolat sur feu doux dans 3 cuil. à soupe d'eau. Dès qu'il est fondu, retirez du feu.

2. Travaillez le beurre à la spatule pour le ramollir jusqu'à consistance de pommade.

3. Séparez les blancs des jaunes d'œufs. Battez les blancs en neige ferme. Ajoutez les jaunes un par un dans le beurre réduit en crème. Incorporez ensuite le sucre glace, l'extrait de café et le chocolat fondu. Travaillez bien la pâte.

4. Laissez complètement refroidir avant d'incorporer les blancs en neige.

5. Versez dans un moule à côtes beurré. Mettez au réfrigérateur pendant 10 h environ.

Dacquoise à la noisette

ganache chocolat et citron vert

Pour 6 personnes
Préparation : 35 min Cuisson : 10 min

200 g de ganache montée au chocolat (voir p. 74) • 220 g de blancs d'œufs • 1 citron vert • 100 g de poudre de noisette • 90 g de poudre d'amande • 80 g de sucre en poudre • 90 g de sucre glace

1. Préparez la ganache au chocolat. Prélevez les suprêmes de citron vert et réservez-les. Préchauffez le four à 180 °C (th. 6).

2. Montez les blancs d'œufs en neige à l'aide d'un batteur électrique. Lorsqu'ils commencent à mousser, versez le sucre en poudre et continuez de fouetter jusqu'à ce qu'ils deviennent bien fermes. Mélangez les poudres d'amande et de noisette avec le sucre glace jusqu'à obtenir une poudre homogène.

3. Versez délicatement les blancs dans le mélange des poudres en plusieurs fois en prenant soin de mélanger délicatement à l'aide d'une maryse afin de ne pas casser les blancs en neige. Étalez la pâte sur une plaque recouverte de papier sulfurisé à l'aide d'une spatule sur environ 2 cm d'épaisseur.

4. Enfournez 10 min à 180 °C (th. 6), puis laissez refroidir sur une grille. Détaillez la dacquoise en rectangles de 10 x 4 cm. Dressez des dômes de ganache au chocolat sur le biscuit à l'aide d'une poche à douille lisse, puis déposez harmonieusement les suprêmes de citron vert en quinconce.

Bûche de Noël

Pour 10 personnes

Préparation : 1 h 30 Cuisson : 10 min Réfrigération : 1 h

Le biscuit : 5 œufs • 150 g de sucre en poudre • 125 g de farine • 25 g de Maïzena® • 1 pincée de sel
La crème au beurre : 250 g de sucre en poudre • 250 g de beurre ramolli + un peu pour la plaque • 6 jaunes d'œufs • parfum au choix
Le sirop : 50 g d'eau • 75 g de sucre en poudre • 25 g de rhum (ou autre alcool)
Le décor : sujets ou motifs géométriques en pâte d'amandes, en sucre, en chocolat ou en plastique

1. Préparez le sirop (voir p. 23). Laissez refroidir. Préchauffez le four à 180 °C (th. 6) et préparez la pâte du biscuit. Séparez les blancs des jaunes d'œufs. Travaillez à la spatule le sucre avec les jaunes d'œufs dans un saladier jusqu'à ce que le mélange fasse le ruban. Fouettez les blancs d'œufs en neige ferme avec le sel, puis ajoutez la farine et la Maïzena®.

3. Étalez le biscuit sur la plaque du four tapissée de papier sulfurisé beurré en une couche de 1 cm d'épaisseur à l'aide d'une spatule métallique. Enfournez et laissez cuire pendant environ 10 min. Dès la sortie du four, roulez sur lui-même le biscuit avec le papier sulfurisé et entourez-le d'un linge humide.

4. Préparez une crème au beurre au sucre cuit. Faites cuire le sucre au petit boulé (116-118 °C) ; mettez les jaunes d'œufs dans la cuve du batteur, versez le sucre cuit sur les jaunes et fouettez rapidement jusqu'à complet refroidissement. Incorporez le beurre ramolli petit à petit en fouettant. Ajoutez le parfum désiré.

5. Déroulez le biscuit et ôtez le papier sulfurisé. Aromatisez le sirop avec le rhum et imbibez-en généreusement le biscuit, puis recouvrez-le d'une fine couche de crème. Roulez le biscuit et laissez figer au réfrigérateur pendant quelques minutes.

6. Garnissez une poche à douille (à bûche si possible) de crème au beurre. Parez les extrémités de la bûche. Vous pouvez poser ces entames sur la bûche pour figurer des départs de branche. Placez le biscuit roulé sur le plat de présentation et répartissez la garniture de façon uniforme, en couchant des lignes de crème au beurre les unes à côté des autres. Laissez reposer au réfrigérateur pendant quelques minutes. Complétez le décor par des étoiles en pâte d'amandes, des sujets en plastique ou en chocolat, des billes de sucre...

Astuce

Si vous n'aviez pas de douille à bûche, simulez les stries du bois à l'aide d'une fourchette.

Cake arc-en-ciel

Pour 12 personnes
Préparation : 1 h 30 Cuisson : 1 h 10 Repos : 1 h

2 œufs + 3 blancs • 25 cl de lait • 125 g de beurre • 1 sachet de 200 g de Smarties® • 2 cuil. à soupe de miel • 380 g de farine • 300 g de sucre en poudre • 280 g de sucre glace • 1 cuil. à soupe de bicarbonate de soude • 1 cuil. à soupe de vanille en poudre • 2 gouttes d'essence d'amande • quelques gouttes de colorants alimentaires liquides violet, bleu, vert, jaune, orange et rouge • sel fin

1. Dans un saladier, mélangez la farine, le bicarbonate et une pincée de sel. Dans une terrine, travaillez le beurre en ajoutant la vanille et le sucre en poudre. Battez pendant 3 min, puis incorporez 2 œufs entiers sans cesser de battre. Ajoutez le mélange avec la farine en trois fois, en alternant avec le lait. Répartissez la pâte obtenue dans 6 bols et incorporez quelques gouttes de colorants différents dans chacun d'eux. Mélangez bien.

2. Préchauffez le four à 180 °C (th. 6). Déposez un cercle de 20 cm de diamètre sur un tapis de cuisson en silicone. Étalez la pâte colorée en violet dans le fond, enfournez et faites cuire 9 ou 10 min. Laissez tiédir et démoulez sur une grille. Lavez le cercle et recommencez la même opération successivement pour toutes les autres pâtes colorées. Laissez refroidir.

3. Dans une grande casserole, mélangez 3 blancs d'œufs, le miel, 1 cuil. à soupe d'eau, le sucre glace et une pincée de sel. Placez cette casserole au bain-marie et fouettez au mixeur pendant 10 min. Posez le fond de la casserole dans de l'eau froide pour stopper la cuisson, ajoutez l'essence d'amande et fouettez pendant 5 min.

4. Placez le rond violet sur un plat rond. Couvrez d'une couche de glaçage. Continuez à superposer les couches (bleue, verte, jaune, orange, puis rouge) en ajoutant une fine couche de glaçage entre chacune. Terminez par une couche de glaçage sur le dessus et les côtés. Décorez le dessus du cake arc-en-ciel avec des Smarties®.

Baba à l'ananas

Pour 1 grand baba

Préparation : 25 min Cuisson : 25 min Repos : 8 h

La pâte : 3 œufs (bio ou fermiers, de préférence) • 5 cl de lait (entier ou demi-écrémé) • 150 g de farine • 50 g de sucre en poudre • 2 cuil. à soupe d'huile neutre au goût (arachide, tournesol, maïs...) • 1 sachet de levure chimique • 1 pincée de sel

Le sirop : 15 cl de jus d'ananas sans sucre ajouté • 15 cl de jus d'orange sans sucre ajouté • 5 cl de jus de citron • 25 cl de sirop de sucre en bouteille

La garniture : 1 ananas Victoria • 2 cuil. à soupe de sucre roux en poudre

1. Préparez la pâte à baba (voir p. 44), puis versez-la dans un grand moule à baba.

2. Pendant la cuisson, préparez le sirop. Dans une casserole, mélangez les jus d'ananas, d'orange et de citron, et le sirop de sucre, puis portez à ébullition.

3. Démoulez le baba et disposez-le dans un grand plat creux ou, mieux, dans une grande boîte hermétique. Versez le sirop chaud sur le baba chaud. Couvrez et laissez le baba s'imprégner de sirop pendant au moins 8 h.

4. Préparez la garniture : pelez l'ananas et découpez-le en dés. Faites-les caraméliser 2 min avec le sucre roux dans une grande poêle en remuant régulièrement.

5. Garnissez le cœur du baba de dés d'ananas et servez.

Baba au calvados
et pommes caramélisées

Pour 8 personnes
Préparation : 25 min la veille + 30 min le jour même Repos : 24 h
Cuisson : 45 min Réfrigération : 2 h

Le baba : 8 œufs • 125 g de beurre ramolli + un peu pour le moule • 250 g de farine • 70 g de sucre en poudre • 30 g de levure de boulanger • 3 cuil. à soupe de miel liquide • 150 g de confiture d'abricots (sans morceaux) • 1 cuil. à café d'extrait de vanille liquide • 1/2 citron • 1 pincée de sel
Le sirop : 1 citron • 1 orange • 250 g de sucre en poudre • 10 cl de calvados • 10 grains de poivre • 1 gousse de vanille
La garniture : 8 pommes • 150 g de sucre en poudre • 40 g de beurre demi-sel
La chantilly : 25 cl de crème fleurette bien froide • 2 sachets de sucre vanillé

1. La veille, préparez le baba. Lavez le citron et râpez le zeste. Émiettez la levure. Dans un grand saladier, fouettez 3 œufs avec le sucre, le zeste de citron, l'extrait de vanille, le miel et le sel, ajoutez la farine et la levure, et remuez 5 min. Ajoutez 3 œufs, puis mélangez les derniers œufs, et battez le tout. Incorporez le beurre ramolli et mélangez. Laissez lever la pâte 30 min à proximité d'une source de chaleur.

2. Préchauffez le four à 210 °C (th. 7). Beurrez légèrement le moule à savarin, versez la pâte et laissez lever jusqu'à ce qu'elle atteigne le bord. Enfournez alors pour 30 min : le gâteau doit être bien doré. Laissez tiédir avant de le démouler sur une grille et laissez rassir 24 h à température ambiante.

3. Le jour même, préparez le sirop. Lavez le citron et l'orange, et prélevez les zestes. Dans une casserole, portez à ébullition 50 cl d'eau avec le sucre, les zestes, les grains de poivre, le calvados et la gousse de vanille fendue en deux. Laissez bouillir 5 min. Posez le gâteau sur un plat de service creux. Réservez les zestes confits et arrosez généreusement le baba, avec le sirop chaud.

4. Faites chauffer la confiture d'abricots sur feu doux pour la liquéfier et badigeonnez-en le dessus du baba avec un pinceau. Réservez au moins 2 h au réfrigérateur.

5. Préparez la garniture. Épluchez les pommes, retirez le cœur, puis émincez-les en lamelles épaisses. Dans une poêle antiadhésive, faites fondre le sucre sans le remuer et, quand il commence à caraméliser, ajoutez le beurre demi-sel. Mélangez à l'aide d'une spatule en bois, puis ajoutez ensuite les pommes et laissez cuire 10 min sur feu moyen, en les retournant de temps à autre pour les enrober de caramel.

6. Dans un grand saladier, fouettez en chantilly la crème bien froide avec le sucre vanillé. Déposez au moment de servir des pommes confites autour du baba et remplissez le centre de chantilly. Décorez avec les zestes confits.

Pain d'épice maison

Pour 8 personnes

Préparation : 20 min Cuisson : 45 min

1 œuf • 10 cl de lait demi-écrémé • 1 noix de beurre pour le moule • 80 g de farine de blé bise T80 ou de farine de seigle • 80 g de farine de blé T65 • 1 sachet de levure biologique • 130 g de miel liquide • 3 cuil. à soupe de sucre blond de canne • 1 cuil. à café rase d'épices à pain d'épice (Cook®, par exemple) • 2 cuil. à soupe d'huile d'olive (ou 40 g de beurre fondu et filtré) • Sel gris

1. Préchauffez le four à 180 °C (th. 6).

2. Dans une casserole, faites tiédir le lait sur feu doux avec le miel et le sucre, en remuant jusqu'à dissolution complète.

3. Dans un saladier, versez les farines tamisées, la levure, les épices et le sel. Cassez l'œuf au centre, puis versez le lait tiédi et l'huile (ou le beurre fondu). Mélangez le tout à la spatule jusqu'à obtenir une pâte homogène.

4. Versez la pâte dans un moule à cake d'une contenance de 1 l préalablement beurré et faites cuire pendant 25 min. Puis baissez la température du four à 150 °C (th. 5) et poursuivez la cuisson 15 min. Démoulez le pain d'épice à la sortie du four et servez-le encore tiède ou froid, selon votre goût.

Carrot cake

Pour 12 personnes (2 cakes)
Préparation : 25 min Cuisson : 1 h Réfrigération : 30 min

4 œufs • 70 g de beurre + un peu pour les moules • 400 g de carottes longues • 1 citron • 150 g de cerneaux de noix • 325 g de farine + un peu pour le moule • 300 g de sucre en poudre • 200 g de sucre glace • 2 cuil. à café de bicarbonate de soude • 2 cuil. à café de cannelle en poudre • 15 cl d'huile de noix • 20 cl d'huile d'arachide

1. Pelez les carottes et râpez-les en utilisant une grille moyenne. Hachez grossièrement les noix.

2. Dans une grande terrine, mélangez le sucre en poudre et les deux huiles, puis ajoutez les œufs un par un et fouettez pendant 2 min. Mélangez à part la farine, le bicarbonate et la cannelle, puis incorporez ce mélange à la pâte. Continuez à battre pendant 2 min. Incorporez enfin les carottes râpées et les noix.

3. Préchauffez le four à 160 °C (th. 5-6). Beurrez deux moules à cake et farinez légèrement. Répartissez la pâte dans les moules et enfournez à mi-hauteur. Faites cuire 1 h environ.

4. Lorsque les gâteaux sont cuits, sortez-les du four, laissez-les refroidir, puis démoulez-les. Dans un grand bol, battez le beurre avec le sucre glace et le jus du citron. Étalez ce mélange en une couche régulière sur les deux cakes et laissez reposer 30 min au réfrigérateur.

Galette des rois

Pour 4 personnes

Préparation : 20 min   Cuisson : 30 min   Réfrigération : 1 h 30

2 pâtes à tarte feuilletées • 40 g de beurre mou • 80 g de sucre en poudre • 2 jaunes d'œufs • 60 g de poudre d'amande • 4 cuil. à soupe de rhum

1. Dans un saladier, malaxez le beurre mou avec le sucre, 1 jaune d'œuf, la poudre d'amande et le rhum.

2. Déroulez les pâtes et découpez dans chacune un disque de 18 cm de diamètre. Humectez légèrement le contour d'un des disques avec de l'eau et étalez la frangipane sur la partie sèche de la pâte. Glissez une fève dans la garniture et posez par-dessus le second disque de pâte, puis fermez hermétiquement en pinçant du bout des doigts les deux bords ensemble sur tout le tour. Réservez pendant environ 1 h au réfrigérateur.

3. Badigeonnez la pâte de jaune d'œuf à l'aide d'un pinceau et tracez un décor sur le dessus avec la lame d'un couteau. Réservez au réfrigérateur pendant 30 min.

4. Préchauffez le four à 210 °C (th. 7). Quand il est chaud, enfournez-y la galette et faites-la cuire pendant 30 min. Laissez-la refroidir avant de la déguster.

Astuce

Pour varier les plaisirs, parfumez la frangipane avec 1 cuil. à café d'eau de fleur d'oranger ; ou remplacez les amandes par 3 cuil. à soupe de pistaches concassées et légèrement grillées.

Biscuit roulé au Nutella®

Pour 6 à 8 parts

Préparation : 12 min   Cuisson : 10 min

3 œufs • 25 cl de crème fraîche liquide • 15 g de beurre fondu • 3 cuil. à soupe de Nutella® • 75 g de cacao non sucré • 60 g de fécule • 60 g de farine • 2 cuil. à café rases de levure chimique • 75 g + 1 cuil. à soupe de sucre en poudre • 1 pincée de sel

1. Montez la crème bien froide en chantilly et incorporez-y le Nutella® tout à la fin. Réservez au frais.

2. Séparez les blancs d'œufs des jaunes. Travaillez les jaunes d'œufs avec 3 cuil. à soupe d'eau chaude et le sucre, en fouettant avec un batteur électrique. Ajoutez le cacao tamisé et mélangez bien. Montez les blancs en neige très ferme avec le sel et incorporez-les au mélange précédent. Dans un bol, mélangez la farine, la fécule et la levure, et tamisez ce mélange au-dessus de la préparation chocolatée en soulevant avec une spatule pour ne pas casser les blancs.

3. Chemisez la plaque à pâtisserie à l'aide de rectangles de papier sulfurisé légèrement beurrés à l'aide d'un pinceau trempé dans le beurre fondu. Versez la pâte en l'étalant sur une épaisseur uniforme de 1 cm environ. Enfournez à 180 °C (th. 6) pour 10 min. Démoulez immédiatement sur un torchon légèrement humide et saupoudré de 1 cuil. à soupe de sucre. Décollez la feuille de papier sulfurisé.

4. Tartinez le biscuit de crème chantilly au Nutella® et roulez-le rapidement sur lui-même. Entreposez au frais avant de servir.

Pudding d'éclairs

Pour 6 à 8 personnes
Préparation : 40 min Repos : 15 min Cuisson : 20 min

Une fournée d'éclairs (ou de petits éclairs, ou de choux) un peu desséchés ou aplatis • 10 cl de lait • 10 cl de crème liquide entière • 2 jaunes d'œufs • 60 g de sucre en poudre • 150 g de chocolat noir • 1 cuil. à café de sucre glace • 1 cuil. à café de cacao en poudre • beurre pour le moule

1. Préchauffez le four à 160 °C (th. 5-6).

2. Beurrez un moule à cake rectangulaire de 12 x 24 cm. Découpez les éclairs ou les choux sans chercher à faire des morceaux réguliers, au contraire, et mettez-les dans le moule.

3. Hachez grossièrement le chocolat. Fouettez les jaunes d'œufs et le sucre en poudre. Faites chauffer le lait et la crème, ajoutez les deux tiers du chocolat haché, puis mélangez bien. Incorporez, en fouettant, la crème chocolatée au mélange de jaunes et de sucre.

4. Versez cette préparation dans le moule et ajoutez le reste du chocolat haché. Posez le moule dans un plat contenant un fond d'eau, puis enfournez et faites cuire pendant 20 min.

5. Sortez le pudding du four, laissez-le tiédir et saupoudrez-le de sucre glace et de cacao en poudre. Il se déguste aussi bien chaud que tiède ou froid.

Cake aux fruits rouges
et à la crème pâtissière

Pour 6 personnes

Préparation : 40 min   Cuisson : 1 h 15   Repos : 2 h

4 œufs + 4 jaunes • 1 l de lait + 20 cl • 150 g de beurre • 200 g de fruits rouges mélangés • 375 g de farine + un peu pour les fruits • 270 g de sucre en poudre • 1 sachet de levure alsacienne • 1 gousse de vanille • 2 cuil. à soupe d'huile d'amande douce

1. Préparez la crème pâtissière. Faites chauffer 1 l de lait dans une casserole avec la gousse de vanille fendue en deux. Cassez 2 œufs dans une terrine, ajoutez les 4 jaunes et battez le tout en omelette. Versez 125 g de sucre et fouettez jusqu'à obtenir une consistance mousseuse. Incorporez 125 g de farine tamisée, puis versez le lait bouillant (sans la gousse de vanille) en remuant sans cesse. Versez le tout dans la casserole et faites cuire en remuant de 15 à 20 min. Retirez la casserole du feu et laissez tiédir. Incorporez alors 50 g de beurre en parcelles. Laissez refroidir complètement en saupoudrant le dessus avec 70 g de sucre.

2. Cassez les 2 œufs restants dans un saladier, ajoutez le reste de lait et fouettez vivement. Incorporez ensuite le reste de farine tamisée, la levure, le reste de sucre et de beurre préalablement fondu. Ajoutez les fruits rouges légèrement farinés.

3. Préchauffez le four à 180 °C (th. 6). Versez la pâte dans un moule à cake huilé dans le fond et sur les côtés. Enfournez à mi-hauteur et faites cuire de 45 à 50 min.

4. Sortez le cake du four, laissez-le tiédir, puis démoulez-le et laissez-le refroidir complètement sur une grille. Servez-le avec la crème pâtissière à part.

Astuce

Les fruits rouges comprennent en général un mélange de framboises, de petites fraises, de groseilles, de myrtilles, de baies de cassis et parfois de cerises. La formule courante des « quatre fruits rouges » se compose de framboises, de groseilles, de cassis et de myrtilles (ou d'airelles). Vous pouvez choisir un simple mélange de fraises des bois et de framboises.

Cheesecake aux myrtilles

Pour 8 personnes

Préparation : 30 min   Cuisson : 30 min   Réfrigération : 4 h

180 g de cookies aux pépites de chocolat • 750 g de fromage frais type Philadelphia® • 125 g de myrtilles • 200 g de sucre en poudre • 75 g de beurre • 4 œufs + 2 blancs • 2 cuil. à soupe de whisky de Speyside (du Braeval 11 ans, par exemple) • sucre glace

1. Préchauffez le four à 180 °C (th. 6).

2. Mixez le beurre et les cookies. Placez le mélange au fond d'un moule à charnière et tassez bien.

3. Fouettez ensemble les œufs entiers et les blancs. Mélangez le Philadelphia® avec le sucre. Mêlez les deux préparations et incorporez le whisky et les myrtilles (réservez-en quelques-unes pour le décor).

4. Versez la préparation dans le moule et enfournez pendant 30 min. Laissez refroidir dans le four éteint puis parsemez de myrtilles et de sucre glace, et réservez 4 h au frais avant de servir.

Cheesecake marbré

Pour 6 à 8 personnes

Préparation : 40 min Réfrigération : 24 h Cuisson : 50 min

600 g de fromage frais de type Philadelphia® • 150 g de sucre en poudre • 20 g de farine • 3 œufs • 15 cl de crème liquide entière • 180 g de chocolat noir • 1 petite tasse de café bien fort

La base : 180 g de biscuits de type digestive biscuits • 80 g de beurre + un peu pour le moule • 30 g de poudre de noisette

1. Préchauffez le four à 180 °C (th. 6). Préparez la base. Écrasez les biscuits et ajoutez la poudre de noisette. Faites fondre le beurre, versez-le sur les biscuits et mélangez jusqu'à obtenir une pâte homogène.

2. Beurrez les bords d'un moule à manqué et recouvrez le fond avec du papier sulfurisé. Déposez la pâte de biscuit dans le moule et tassez.

3. Versez dans un saladier le fromage frais, le sucre et la farine, et mélangez. Incorporez les œufs un à un. Battez la crème liquide sans la monter en chantilly, ajoutez-la à la préparation précédente et mélangez délicatement.

4. Faites fondre le chocolat noir et le café au four à micro-ondes ou au bain-marie, lissez le mélange et laissez tiédir.

5. Séparez la préparation au fromage frais en deux. Versez le chocolat dans une des moitiés et mélangez. Versez dans le moule alternativement un peu de chaque pâte, en donnant un tour de cuillère après chaque ajout. Recommencez autant de fois que nécessaire.

6. Baissez la température du four à 150 °C (th. 5) et faites cuire pendant 50 min, puis éteignez le four et laissez tiédir le cheesecake, porte entrouverte, pendant 30 min. Laissez refroidir et mettez 24 h au réfrigérateur avant de servir.

Kouglof
aux dattes

Pour 6 personnes
Préparation : 40 min Cuisson : 30 min Repos : 2 h 30

150 g de lait • 15 g de levure de boulanger • 300 g de farine + un peu pour le plan de travail • 15 dattes • 1 œuf • $^1/_2$ cuil. à café de sel • 60 g de sucre en poudre • 60 g de beurre + un peu pour le moule • 40 g d'amandes effilées • 10 g de sucre glace

1. Préparez le levain. Diluez la levure de boulanger émiettée dans 70 g de lait à température ambiante. Ajoutez 60 g de farine et mélangez. Recouvrez d'un torchon propre et laissez le levain pousser pendant 30 min dans un endroit chaud.

2. Dénoyautez les dattes et coupez-les en petits morceaux. Versez le levain dans la cuve d'un robot. Ajoutez la farine restante, l'œuf, le sel, le lait restant et le sucre, puis pétrissez pendant 5 min. Détaillez en parcelles le beurre à température ambiante et ajoutez-le dans la cuve et pétrissez 5 min de plus. Ajoutez les dattes à la pâte, qui doit être souple, élastique et se détacher de la paroi de la cuve. Couvrez la pâte d'un torchon propre et laissez-la pousser 1 h dans un endroit chaud.

3. Beurrez généreusement un moule à kouglof de 24 cm de diamètre. Saupoudrez d'amandes effilées toute la surface intérieure du moule. Secouez un peu le moule et retournez-le pour laisser tomber les amandes en excès. Farinez le plan de travail. Transférez la pâte sur le plan de travail et façonnez-la en un gros boudin, en la travaillant le moins possible. Déposez la pâte dans le moule et tassez-la légèrement. Couvrez le moule d'un torchon propre et laissez la pâte pousser pendant encore 1 h dans un endroit chaud. Vérifiez que la pâte dépasse légèrement du moule. Enfournez et laissez cuire pendant 30 min.

4. Dès la fin de la cuisson, démoulez le kouglof sur une grille et laissez-le refroidir complètement. Saupoudrez de sucre glace et dégustez aussitôt.

Gâteau fondant
tutti frutti

Pour 6 personnes
Préparation : 20 min Cuisson : 30 min Repos : 1 h

2 œufs • 35 cl de jus orange-banane • 12 cl de jus de fruits exotiques • 125 g de beurre + un peu pour le moule • 150 g de sucre glace • 120 g de sucre en poudre • 120 g de farine • 1 cuil. à café de levure

1. Travaillez le beurre à la spatule dans une terrine chaude (passée sous l'eau très chaude et essuyée) jusqu'à ce qu'il soit crémeux. Incorporez le sucre en poudre petit à petit, puis les œufs l'un après l'autre en malaxant bien la pâte.

2. Ajoutez ensuite la farine, la moitié du jus de fruits exotiques puis la levure. Mélangez. Versez la pâte dans un moule à manqué bien beurré et faites cuire dans le four à 210 °C (th. 7) pendant 30 min.

3. Faites dissoudre le sucre glace dans le reste de jus de fruits exotiques jusqu'à obtenir une crème épaisse et coulante.

4. Démoulez le gâteau cuit et laissez-le refroidir complètement, puis nappez-le avec le glaçage à l'aide d'une spatule. Découpez-le en 6 portions et déposez-les dans des coupelles où vous aurez réparti le jus orange-banane.

Diplomate
aux fruits confits

Pour 8 personnes
Préparation : 45 min Macération : 12 h Cuisson : 1 h

100 g de raisins secs • 10 cl de rhum • 120 g de fruits confits coupés en petits dés • 300 g de marmelade d'abricots • 500 g de pain brioché • 4 œufs • 150 g de sucre en poudre + un peu pour le moule • 40 cl de lait • beurre pour le moule

1. La veille, mettez les raisins secs dans une petite casserole avec le rhum et le même volume d'eau. Amenez à frémissements, faites cuire doucement pendant 5 min, puis retirez du feu. Transvasez dans un bol, ajoutez les dés de fruits confits et laissez macérer jusqu'au lendemain. Égouttez.

2. Faites mijoter la marmelade d'abricots quelques minutes sur feu doux pour qu'elle réduise et épaississe un peu. Laissez refroidir.

3. Coupez le pain brioché en tranches de 2 cm de largeur. Retirez la croûte et faites-les légèrement griller sur les deux faces.

4. Cassez les œufs dans un grand bol, battez-les avec le sucre, puis délayez lentement avec le lait, en fouettant pour obtenir une crème lisse et fluide.

5. Préchauffez le four à 150 °C (th. 5). Beurrez abondamment un moule à charlotte de 22 cm de diamètre et saupoudrez l'intérieur de sucre. Tapissez le moule de tranches de brioche, recouvrez de marmelade, parsemez de raisins et de fruits confits et couvrez de crème pour imbiber l'ensemble. Continuez de remplir en alternant les ingrédients de la même façon. Terminez par une couche de brioche.

6. Versez lentement le reste de crème aux œufs pour que la brioche s'imprègne au fur et à mesure. Placez le moule dans un bain-marie et enfournez pour 1 h environ de cuisson.

7. Laissez refroidir complètement, démoulez et mettez au réfrigérateur jusqu'au moment de servir.

Fondant choc-orange

Pour 6 personnes
Préparation : 15 min   Réfrigération : 5 h

100 g de beurre doux • 2 grosses oranges à jus • 200 g de sucre glace • 150 g d'amandes en poudre • 200 g de chocolat noir • 1 cuil. à café d'huile de pépins de raisin

1. Lavez les oranges sous l'eau chaude, brossez-les et essuyez-les soigneusement. Prélevez-en les zestes en évitant la peau blanche, puis râpez-les finement.

2. Préparez un bain-marie et posez dessus un saladier. Cassez le chocolat noir dans celui-ci. Pressez les oranges et versez le jus dans le saladier contenant le chocolat. Mélangez jusqu'à obtenir une crème lisse, puis retirez du feu.

3. Incorporez le beurre, mélangez puis ajoutez le sucre glace, les amandes et les zestes d'orange râpés.

4. Versez la préparation dans un moule à manqué, très légèrement huilé. Entreposez au réfrigérateur pendant 5 h. Démoulez et servez avec une crème anglaise (voir p. 16).

Fondant
aux poires et caramel

Pour 6 personnes
Préparation : 20 min Cuisson : 30 min environ

2 œufs • 150 g de beurre doux • 5 poires comice bien mûres ou beurré hardy • 150 g de farine • 2 sachets de sucre vanillé • 90 g de sucre blond de canne + 60 g pour le caramel • 1/2 sachet de levure chimique

1. Sortez le beurre 1 h à l'avance et coupez-le en dés dans un saladier pour qu'il ramollisse.

2. Répartissez les 60 g de sucre dans un moule à manqué. Arrosez le sucre réparti dans le moule d'un bouchon d'eau minérale. Posez le moule sur une plaque électrique ou sur le gaz et allumez le feu. Dès que le caramel est bien doré, arrêtez la cuisson. Laissez-le refroidir.

3. Pendant ce temps, épluchez les poires et coupez-les en quartiers. Disposez-les par-dessus le caramel, en formant une rosace. Dans un saladier, cassez les œufs entiers. Ajoutez le restant de sucre, le sucre vanillé et fouettez au batteur électrique, jusqu'à ce que le mélange blanchisse.

4. Incorporez ensuite le beurre en parcelles, sans cesser de fouetter, puis la farine et enfin la levure.

5. Versez la pâte sur les poires. Enfournez pendant 30 min à 210 °C (th. 7) en surveillant la cuisson. Le dessus doit être bien doré. Sortez le gâteau du four. Laissez-le refroidir quelques minutes, puis démoulez-le sur un plat rond. Servez tiède ou froid.

Gâteau basque

Pour 6 personnes

Préparation : 20 min Cuisson : 40 min Réfrigération : 1 h

200 g de beurre doux + un peu pour le moule • 1 œuf + 3 jaunes • 1 pot de 370 g de confiture de cerises noires • 7 cl de rhum • 200 g de sucre en poudre • 500 g de farine + un peu pour le moule • 1 pincée de sel

1. Faites ramollir le beurre à température ambiante.

2. Préparez la pâte. Dans un saladier, tamisez la farine et creusez un puits. Au centre, cassez l'œuf entier. Ajoutez 2 jaunes d'œufs, le beurre et le sel. Travaillez bien le tout avec les doigts, puis ajoutez le sucre et le rhum. Malaxez encore et réservez 1 h au frais.

3. Préchauffez le four à 180 °C (th. 6). Beurrez et farinez un moule à tarte.

4. Étalez la moitié de la pâte au rouleau sur 1 cm d'épaisseur environ. Tapissez-en le moule en laissant déborder la pâte de 1 cm environ pour former un bourrelet autour du moule. Garnissez avec la confiture de cerises.

5. Étalez le reste de pâte au rouleau et recouvrez-en la garniture. Pressez avec les doigts humides le pourtour des disques pour en souder les bords. Dessinez des motifs sur le dessus de la galette avec une fourchette.

6. Dans un bol, battez le dernier jaune d'œuf avec 1 cuil. à soupe d'eau froide et badigeonnez-en la galette à l'aide d'un pinceau à pâtisserie. Faites cuire au four 40 min. Laissez refroidir avant de démouler sur une grille. Servez froid.

Galette douceur de riz aux amandes

Pour 6 personnes

Préparation : 1 h Cuisson : 1 h 05

500 g de pâte levée ou pâte à croissants (à acheter chez le boulanger) • 1 l de lait entier • 120 g de beurre • 3 œufs • 250 g de riz à grains ronds • 100 g d'amandes effilées • 1 gousse de vanille • 100 g de sucre en poudre • 100 g de sucre glace • $^1/_2$ cuil. à café de sel fin • farine pour le plan de travail

1. Faites ramollir le beurre à température ambiante. Dans une passoire fine, rincez le riz à l'eau froide. Remplissez une casserole avec 1 l d'eau et portez à ébullition. Jetez-y le riz et laissez cuire 2 min, puis retirez du feu et égouttez. Remettez le riz dans la casserole avec le lait et la gousse de vanille fendue en deux dans le sens de la longueur. Faites cuire 30 min environ sur feu très doux, jusqu'à ce que tout le liquide ait été absorbé. Retirez du feu.

2. Incorporez le sucre en poudre et le sel en remuant bien, puis ajoutez 2 jaunes d'œufs et 50 g de beurre. Battez les 2 blancs en neige ferme et ajoutez-les délicatement à la préparation. Réservez.

3. Dans une petite casserole, sur feu très doux, faites fondre le reste de beurre avec les amandes effilées et le sucre glace. Séparez le blanc du jaune du dernier œuf. Battez le blanc en neige ferme et ajoutez-le, hors du feu, au mélange sucre-beurre-amandes.

4. Étalez la pâte levée au rouleau sur une surface légèrement farinée jusqu'à 3 mm d'épaisseur. Garnissez-en un moule à tarte à bord haut.

5. Dans un bol, battez le dernier jaune d'œuf avec 1 cuil. à soupe d'eau froide. Badigeonnez-en les bords de la galette à l'aide d'un pinceau à pâtisserie.

6. À l'aide d'une spatule, répartissez la préparation au riz sur la pâte, et recouvrez de celle aux amandes. Faites cuire au four 15 min à 180 °C (th. 6), puis 20 min à 150 °C (th. 5). La galette doit être dorée. Servez tiède ou froid.

Strudel léger aux pommes

Pour 4 personnes
Préparation : 25 min Cuisson : 30 min

8 feuilles de pâte filo (ou feuilles de brick) • 4 pommes reinettes grises du Canada • 1 cuil. à soupe de cerneaux de noix grossièrement concassés • 2 cuil. à café de chapelure • 2 cuil. à soupe de sucre roux • 2 cuil. à soupe d'huile d'arachide • 1 cuil. à café de cannelle en poudre

1. Préchauffez le four à 200 °C (th. 6-7).

2. Lavez les pommes, puis pelez-les, épépinez-les et coupez-les en petits dés. Mettez-les dans une sauteuse (ou un wok) avec les noix, la moitié du sucre et la cannelle. Faites cuire le tout 10 min en remuant souvent et délicatement.

3. Posez une feuille de pâte filo (ou une feuille de brick) sur le plan de travail. Huilez-la légèrement à l'aide d'un pinceau, puis posez une deuxième feuille dessus. Parsemez du tiers de la chapelure et garnissez du tiers des pommes cuites. Surmontez d'une nouvelle feuille, puis renouvelez les différentes opérations jusqu'à épuisement des ingrédients.

4. Roulez l'ensemble des feuilles garnies sur elles-mêmes de façon à obtenir un rouleau. Disposez-le sur la plaque du four également huilée à l'aide d'un pinceau, puis saupoudrez-le du reste de sucre. Enfournez pour 20 min. Servez chaud ou tiède.

Gâteau d'anniversaire au Nutella®

Pour 6 à 8 personnes
Préparation : 1 h   Réfrigération : 3 h   Cuisson : 30 min

120 g de farine (avec levure incorporée) + un peu pour le moule • 120 g de beurre mou + un peu pour le moule • 120 g de sucre en poudre • 2 œufs • 1/2 cuil. à café de levure chimique • 1 cuil. à café de cacao en poudre • 5 cl de lait
La garniture : 120 g de chocolat au lait • 180 g de crème liquide entière • 180 g de Nutella® • 2 cuil. à café de confiture d'abricots
Le décor : 1 boîte de Smarties®

1. Préparez la garniture. Hachez le chocolat au lait. Portez la crème à ébullition, puis versez-la sur le chocolat haché, couvrez et réservez pendant 3 min. Mélangez cette ganache à l'aide d'une spatule souple, en soulevant la masse, et laissez refroidir. Incorporez alors le Nutella® et lissez. Laissez reposer au réfrigérateur pendant 3 h.

2. Préchauffez le four à 180 °C (th. 6). Battez le beurre et le sucre jusqu'à obtenir un mélange crémeux. Incorporez les œufs un par un, puis ajoutez la farine, la levure et le lait. Battez longuement jusqu'à obtenir une pâte légère et mousseuse. Ajoutez le cacao et mélangez rapidement. Versez la pâte dans un moule rond à bord haut de 15 cm de diamètre, beurré et fariné. Enfournez et faites cuire le gâteau 30 min.

3. Laissez refroidir le gâteau, puis démoulez-le et coupez-le en trois horizontalement. Fouettez la ganache jusqu'à obtenir une mousse légère. Badigeonnez-en chaque disque de gâteau et répartissez dessus la confiture. Reconstituez le gâteau en superposant les disques, couvrez le tout de ganache et décorez avec les Smarties®.

Gâteau pop-anniversaire

Pour 6 personnes

Préparation : 30 min Cuisson : 3 h Réfrigération : 1 h

3 bananes • jus de 1 citron • 60 g de beurre fondu • 150 g de crème fleurette • 220 g de petits-beurre Thé Brun® ou des biscuits de votre choix • 1 grosse boîte de lait concentré Nestlé®

Le pop-corn au caramel : 70 g de grains de maïs à pop-corn • 100 g de beurre • 200 g de sucre en poudre • 1 cuil. à soupe d'huile de tournesol • 1 cuil. à soupe d'eau

1. Préparez le pop-corn au caramel. Préchauffez le four à 160 °C (th. 5-6). Versez l'huile dans une casserole, ajoutez les grains de maïs et recouvrez la casserole. Secouez la casserole toutes les 15 s afin que les grains de maïs éclatent en 3 ou 4 min. Mettez le pop-corn obtenu sur une plaque à pâtisserie. Dans une casserole, faites chauffer sur feu doux le sucre et l'eau, et faites cuire jusqu'à ce que le sucre soit blond caramel. Hors du feu, ajoutez le beurre coupé en morceaux et mélangez. Versez le caramel sur le pop-corn et mélangez. Enfournez la plaque 5 ou 6 min.

2. Préparez le caramel au lait. Percez un trou dans le couvercle de la boîte de lait et placez-la dans une casserole d'eau frémissante. Laissez bouillir sur petit feu pendant 3 h. Ajoutez de l'eau en cours de cuisson pour que la boîte soit toujours immergée. Sortez la boîte de la casserole, ouvrez-la et mélangez le contenu : le lait doit être d'une belle couleur caramel.

3. Préchauffez le four à 180 °C (th. 6). Placez les biscuits dans un sac hermétique et concassez-les. Incorporez-y le beurre fondu. Recouvrez le fond du moule d'une feuille de papier sulfurisé. Tapissez le fond avec la poudre de biscuit et tassez. Enfournez pour 10 min. Tranchez les bananes en fines rondelles et placez-les dans un saladier avec le jus de citron. Disposez les rondelles de banane sur la base et recouvrez de caramel au lait. Mettez au réfrigérateur pendant 1 h. Montez la crème fleurette en chantilly et recouvrez-en le dessert. Répartissez dessus le pop-corn au caramel. Démoulez, retirez le papier sulfurisé et dégustez.

Blondie aux noix et aux cranberries

Pour 6 à 8 personnes
Préparation : 40 min Cuisson : 25 min

240 g de chocolat blanc • 120 g de beurre • 150 g de sucre roux en poudre • 3 œufs • 120 g de farine • 100 g de noix de pécan • 75 g de canneberges (cranberries) • 50 g de pistaches

1. Hachez grossièrement 180 g de chocolat blanc. Mettez-le avec le beurre dans un saladier, faites-les fondre au four à micro-ondes ou au bain-marie, puis lissez le mélange. Battez le sucre roux et les œufs dans un autre saladier jusqu'à obtenir un mélange mousseux. Ajoutez la préparation chocolatée et battez l'ensemble.

2. Tamisez la farine au-dessus du saladier et incorporez-la. Hachez grossièrement le reste de chocolat blanc, les noix de pécan, les canneberges et les pistaches. Ajoutez-les à la pâte et mélangez rapidement.

3. Versez la pâte dans un moule tapissé de papier sulfurisé, puis enfournez et faites cuire pendant 25 min. Laissez refroidir le blondie avant de le déguster.

Brownie
mi-figue mi-raisin

Pour 6 à 8 personnes
Préparation : 30 min   Cuisson : 30 min

180 g de chocolat noir à 70 % de cacao • 120 g de beurre + un peu pour le moule • 180 g de sucre roux en poudre • 3 œufs • 90 g de farine • 275 g de figues fraîches • 50 g de raisins secs • 2 cuil. à soupe de cognac

1. Versez les raisins secs dans un bol, ajoutez le cognac et couvrez d'eau, puis laissez tremper.

2. Préchauffez le four à 175 °C (th. 6).

3. Hachez grossièrement le chocolat noir. Mettez-le avec le beurre dans un saladier, faites-les fondre au four à micro-ondes ou au bain-marie, puis lissez soigneusement le mélange.

4. Battez le sucre roux et les œufs dans un autre saladier jusqu'à obtenir un mélange mousseux. Ajoutez la préparation chocolatée et battez l'ensemble.

5. Tamisez la farine au-dessus du saladier et incorporez-la. Égouttez les raisins secs et ajoutez-les à la préparation en mélangeant délicatement, puis versez le tout dans le moule beurré.

6. Lavez les figues et enlevez le pédoncule, puis coupez les fruits en quatre. Répartissez les quartiers sur le brownie et enfoncez largement les morceaux dans la pâte à l'aide d'une cuillère. Laissez-les juste dépasser un peu. Enfournez et faites cuire pendant 30 min.

7. Laissez refroidir le brownie avant de le déguster.

ORANGINA
à la pulpe
d'Orange

Tartes, flans, clafoutis & co

Tarte tropézienne

Pour 6 personnes

Préparation : 40 min   Cuisson : 40 min   Repos : 2 h

1 œuf entier + 5 jaunes • 50 cl de lait • 10 cl de crème fleurette • 80 g de beurre • 300 g de farine • 15 g de levure de boulanger • 40 g de fécule de maïs • 80 g de sucre en poudre • 3 cuil. à soupe de sucre en grains • 1 cuil. à soupe de rhum • 1 pincée de sel

1. Émiettez la levure dans 10 cl de lait et délayez-la. Dans une terrine, versez la farine, l'œuf entier battu, le sel et 40 g de sucre en poudre. Mélangez, puis incorporez le beurre ramolli et la levure. Pétrissez pendant 5 min, couvrez d'un linge et laissez lever pendant 1 h à température ambiante.

2. Préparez une crème pâtissière. Dans une casserole, mélangez 4 jaunes d'œufs, la fécule de maïs et le reste de sucre. Délayez peu à peu avec le reste de lait et faites cuire doucement pendant 10 min en remuant. Hors du feu, ajoutez le rhum et laissez refroidir.

3. Étalez la pâte en formant un disque de 2 cm d'épaisseur sur une plaque tapissée de papier sulfurisé. Laissez lever 1 h.

4. Badigeonnez le disque de pâte avec le dernier jaune d'œuf et faites cuire au four à 180 °C (th. 6) pendant 25 min. Sortez le disque de pâte du four, recouvrez-le de grains de sucre et laissez refroidir.

5. Mélangez la crème pâtissière avec la crème fleurette en fouettant. Coupez la tarte en deux dans l'épaisseur et fourrez-la avec cette crème. Refermez et servez.

Astuce

Si vous avez des chutes de pâte, mettez-les de côté pour confectionner des petites brioches.

Tarte au citron
meringuée

Pour 6 à 8 personnes

Préparation : 30 min Cuisson : 35 min Réfrigération : 30 min

1 rouleau de pâte brisée ou sablée (ou faite maison, voir p. 6 ou p. 8) • 10 cl de jus de citron fraîchement pressé • le zeste finement râpé de 1 citron • 3 gros œufs + 2 blancs d'œufs • 80 g de beurre + un peu pour le moule • 180 g de sucre en poudre + 50 g • 40 g de Maïzena® + 50 g • farine pour le plan de travail

1. Faites fondre le beurre sur feu doux dans une petite casserole, sans le laisser colorer.

2. Cassez les œufs dans un grand bol et fouettez-les vivement avec le sucre, jusqu'à ce que le mélange blanchisse et soit mousseux. Sans cesser de fouetter, incorporez successivement la Maïzena®, le beurre fondu, le jus et le zeste de citron.

3. Beurrez un moule à tarte de 26 cm de diamètre. Étalez la pâte au rouleau sur le plan de travail légèrement fariné en lui donnant la forme d'un disque un peu plus grand que le moule, d'une épaisseur de 3 mm. Garnissez le moule, recoupez nettement les bords et piquez régulièrement le fond à l'aide d'une fourchette. Laissez reposer 30 min au réfrigérateur.

4. Préchauffez le four à 180 °C (th. 6). Versez la crème au citron dans le fond de tarte, enfournez et faites cuire de 30 à 35 min, jusqu'à ce que les bords de la pâte soient dorés et la crème prise.

5. Sortez la tarte du four, démoulez-la aussitôt et mettez-la à refroidir sur une grille.

6. Battez les 2 blancs d'œufs en neige ferme, en saupoudrant à la fin les 50 g de sucre en poudre. Mettez cette meringue obtenue dans une poche à douille et recouvrez-en la tarte refroidie. Faites dorer 2 ou 3 min sous le gril du four bien rouge.

Tartelettes au citron

Pour 6 personnes
Préparation : 30 min Cuisson : 30 min Réfrigération : 30 min

2 citrons à peau fine • 5 œufs • 200 g de beurre • 250 g de farine • 150 g de sucre • 1 cuil. à soupe d'eau de fleur d'oranger • 2 cuil. à soupe d'écorce de cédrat confit hachée

1. Sur le plan de travail, tamisez la farine, faites une fontaine, versez 60 g de sucre, cassez 2 œufs entiers et ajoutez 130 g de beurre en parcelles. Mélangez rapidement et ramassez la pâte en boule. Laissez reposer au frais pendant 30 min.

2. Lavez les citrons et coupez-les en fines rondelles, retirez les pépins, puis hachez les rondelles (peau et pulpe). Mélangez la purée de citron avec le reste de beurre fondu, de sucre et d'œufs, et l'eau de fleur d'oranger.

3. Abaissez la pâte et garnissez-en un moule de 26 cm de diamètre. Versez le mélange au citron dessus, lissez et faites cuire dans le four à 180 °C (th. 6) pendant 30 min.

4. À la sortie du four, garnissez la tarte de cédrat confit et servez aussitôt.

Tarte renversée
à l'ananas et caramel au rhum

Pour 6 personnes
Préparation : 15 min   Cuisson : 30 min

8 tranches d'ananas frais (ou en conserve, sans sucre ajouté) • 1 rouleau de pâte brisée ou feuilletée (ou faite maison, voir p. 6 ou p. 9) • 70 g de beurre • 50 g de sucre en poudre • 5 cl de rhum

1. Déroulez la pâte sur une plaque, piquez-la avec une fourchette et mettez-la au réfrigérateur pendant la préparation de la garniture.

2. Placez un moule à Tatin (ou un moule à manqué épais) sur feu moyen et faites fondre 40 g de beurre. Quand il commence à mousser, saupoudrez de sucre et laissez caraméliser le mélange, jusqu'à ce qu'il soit bien doré. Retirez du feu, ajoutez le reste du beurre et le rhum, et mélangez doucement.

3. Posez une tranche d'ananas dans le caramel, au centre du moule, puis rangez les autres en cercle autour. Si elles sont assez fines, faites-les se chevaucher pour recouvrir toute la surface.

4. Sortez la pâte du réfrigérateur, posez-la sur les fruits et glissez le bord à l'intérieur des parois du moule. Enfournez et faites cuire 30 min.

5. Laissez reposer 5 min à la sortie du four, puis démoulez en retournant la tarte sur un plat. Servez tiède.

Tatin de mirabelles
aux amandes

Pour 4 personnes
Préparation : 20 min Cuisson : 20 min

40 g de beurre fondu • 800 g de mirabelles • 4 feuilles de brick • 3 cuil. à soupe de sucre en poudre • 2 cuil. à soupe d'amandes effilées

1. Préchauffez le four à 180 °C (th. 6). Rincez et séchez les mirabelles. Retirez les noyaux en fendant légèrement les fruits, sans séparer les deux moitiés.

2. Mettez la moitié du beurre dans un moule à manqué de 24 cm. Saupoudrez-le de sucre et faites cuire sur feu modéré. Retirez du feu quand le mélange commence à caraméliser. Parsemez les amandes, puis étalez les mirabelles, en les rangeant si possible en cercle et en les serrant bien.

3. Détachez les feuilles de brick de leur support en papier. Découpez des disques de 28 cm de diamètre et enduisez-les de beurre sur toute leur surface. Posez-les l'un après l'autre sur les mirabelles et glissez le bord à l'intérieur des parois du moule.

4. Enfournez et faites cuire 20 min environ. Sortez du four, laissez reposer 5 min, puis démoulez la tarte en la retournant sur un plat.

Tarte Tatin

Pour 8 personnes

Préparation : 20 min Cuisson : 50 min Réfrigération : 2 h

La pâte : 175 g de beurre • 250 g de farine + un peu pour la finition • 80 g de sucre en poudre • 1/2 cuil. à café de sel
La garniture : 2 kg de pommes (reinettes, boskoop) • 200 g de beurre • 200 g de sucre en poudre • sel

1. Sortez le beurre à l'avance du réfrigérateur et coupez-le en lamelles pour qu'il ramollisse plus vite. Dans le bol du robot, réunissez la farine, le sucre, le sel et les lamelles de beurre, et mélangez à petite vitesse. Une fois que la pâte est à peu près homogène, versez 2 ou 3 cuil. à soupe d'eau et continuez de mélanger jusqu'à obtenir une belle boule. Farinez-la légèrement, enveloppez-la dans un film alimentaire et laissez-la reposer 2 h dans le bas du réfrigérateur : elle sera moins élastique.

2. Pelez les pommes, coupez-les en quatre et retirez le cœur. Préchauffez le four à 210 °C (th. 7).

3. Faites fondre sur feu doux le beurre dans un moule à manqué, ajoutez le sucre, une pincée de sel et mélangez. Disposez les morceaux de pomme en serrant bien, côté bombé en dessous, et faites cuire environ 20 min sur feu doux, en secouant le moule de temps en temps. Au besoin, intégrez d'autres morceaux de pomme en cours de cuisson pour que le moule soit bien rempli.

4. À l'aide d'un rouleau à pâtisserie, étalez la pâte en un disque d'un diamètre supérieur à celui du moule, et posez-la sur les pommes en rentrant les bords à l'intérieur. Enfournez pour 30 min.

5. À la sortie du four, retournez la tarte sur un plat de service. Servez tiède avec de la crème fraîche épaisse ou de la glace à la vanille (voir p. 20).

Astuce

Pour donner un petit goût épicé, poudrez les pommes de cannelle pendant leur cuisson. Effet garanti !

Tarte fine aux fraises
et caramel balsamique

Pour 6 personnes
Préparation : 10 min Cuisson : 20 min

1 rouleau de pâte feuilletée (ou faite maison, voir p. 9) • 600 g de petites fraises (gariguette) • 200 g de crème fraîche épaisse • 2 cuil. à soupe de sucre en poudre + un peu pour saupoudrer
Le caramel : 5 cl de vinaigre balsamique • 50 g de sucre en poudre

1. Préparez le caramel. Mélangez le sucre et le vinaigre balsamique dans une petite casserole, portez doucement à ébullition et faites cuire 4 ou 5 min, pour obtenir un caramel très fluide. Laissez refroidir.

2. Préchauffez le four à 200 °C (th. 6-7).

3. Déroulez la pâte feuilletée, posez-la sur une plaque recouverte de papier sulfurisé et piquez-la avec une fourchette. Recouvrez-la d'une autre feuille de papier sulfurisé et d'une poignée de légumes secs et faites-la cuire 15 min à blanc. Retirez le papier sulfurisé et les légumes secs, et laissez refroidir.

4. Rincez les fraises à l'eau fraîche dans une passoire, séchez-les dans du papier absorbant, puis équeutez-les.

5. Fouettez légèrement la crème avec le sucre. Étalez-la uniformément sur le fond de tarte, presque jusqu'au bord, saupoudrez de sucre, puis disposez les fraises.

6. Faites couler le caramel sur les fruits, en tenant la casserole assez haut au-dessus de la tarte et en dessinant des zébrures ou une spirale partant du centre.

Tarte
pomme-rhubarbe

Pour 4 personnes
Préparation : 10 min Repos : 30 min Cuisson : 45 min

500 g de rhubarbe • 3 pommes • 60 g de beurre • 170 g de farine • 130 g de sucre en poudre • sel

1. Versez la farine dans un saladier avec une pincée de sel et 30 g de sucre, ajoutez le beurre et un peu d'eau, et travaillez jusqu'à obtenir une pâte. Formez une boule et laissez-la reposer.

2. Pelez les tiges de rhubarbe, rincez-les, coupez-les en tronçons dans une casserole. Ajoutez 80 g de sucre et laissez macérer 30 min. Faites cuire ensuite la rhubarbe 15 min sur feu doux.

3. Préchauffez le four à 180 °C (th. 6). Étalez la pâte dans un moule. Piquez-la avec une fourchette, couvrez d'un papier sulfurisé et de légumes secs, et faites cuire 5 min à blanc. Retirez les légumes et le papier.

4. Répartissez la compotée de rhubarbe sur le fond de pâte. Pelez les pommes, épépinez-les, coupez-les en lamelles, et déposez-les dessus. Saupoudrez du reste de sucre, enfournez et laissez cuire 25 min.

5. Servez tiède ou froid.

Mini-tartelettes aux fruits rouges

Pour 30 mignardises
Préparation : 1 h Cuisson : 15 min Réfrigération : 2 h

10-15 fraises • 40 framboises • 15 branches de groseilles • 3 œufs • 250 g de beurre • 2 cuil. à soupe de confiture de fraises ou de framboises • 1 gousse de vanille • 250 g de farine + un peu pour le plan de travail • 100 g de sucre en poudre • 90 g de sucre glace • 130 g de poudre d'amande

1. Fendez la gousse de vanille en deux dans le sens de la longueur et grattez-la pour en extraire les graines. Dans le bol d'un robot, mélangez 150 g de beurre à température ambiante et le sucre glace pour l'assouplir, puis ajoutez 30 g de poudre d'amande, les graines de vanille, un œuf et la farine. Dès que la pâte forme une boule, arrêtez l'appareil. Récupérez la pâte et enveloppez-la d'un film, puis conservez-la au frais pendant 2 h.

2. Dans le bol d'un robot, malaxez le reste de beurre ramolli avec le sucre en poudre, ajoutez le reste de poudre d'amande et incorporez les œufs restants un par un. Versez cette crème dans un saladier et conservez-la au frais. Préchauffez le four à 180 °C (th. 6).

3. Sur un plan de travail fariné, étalez la pâte sur 2 mm d'épaisseur. Découpez des ronds de pâte au diamètre des alvéoles du moule. Déposez un rond de pâte sur chaque alvéole et appuyez légèrement pour faire adhérer. Placez sur chaque pâte une grosse noix de crème amandine, enfournez et faites cuire de 12 à 15 min, jusqu'à ce que le dessus soit légèrement doré.

4. À l'aide d'un pinceau, badigeonnez les mini-tartelettes encore chaudes de confiture. Sur dix d'entre elles, déposez une fraise à l'envers, sur dix autres, recouvrez de framboises et sur les dix dernières, une petite branche de groseilles. Servez.

Linzertorte

Pour 6 personnes

Préparation : 30 min Repos : 1 h Cuisson : 45 min

La pâte : 250 g de farine + un peu pour la planche • 150 g de beurre + un peu pour le moule • 1 œuf • 50 g de sucre en poudre • 2 sachets de sucre vanillé • 30 g de poudre d'amande • 1 cuil. à soupe rase de cannelle • 1 bonne pincée de sel

La garniture : 250 g de compote de pommes sans sucre ajouté • 250 g de confiture de framboises

1. Préparez la pâte un peu à l'avance. Dans une jatte, réunissez la farine, le sucre, le sucre vanillé, la poudre d'amande, la cannelle et le sel. Ajoutez le beurre en morceaux et travaillez du bout des doigts jusqu'à obtenir un sable grossier. Ajoutez l'œuf préalablement battu et mélangez pour lier le tout en une pâte homogène. Façonnez la pâte en boule, enveloppez-la dans du film alimentaire et laissez-la reposer.

2. Préchauffez le four à 180 °C. Mélangez bien la confiture et la compote. Beurrez le moule.

3. Étalez la pâte sur une planche farinée. Tapissez-en le moule. Répartissez la garniture de pommes et de framboises dessus (sur une épaisseur de 2 cm). Récupérez les chutes de pâte, étalez-les et découpez des bandelettes de 1,5 cm de large avec une roulette cannelée. Disposez-les en croisillons sur la garniture en fixant les extrémités légèrement humectées sur les bords de la tarte. Enfournez et faites cuire 45 min environ. Laissez refroidir avant de déguster.

Tarte Bourdaloue
aux noisettes

Pour 6 personnes
Préparation : 45 min Cuisson : 35 min Réfrigération : 2 h

1 rouleau de pâte brisée (ou faite maison, voir p. 6) • 2 œufs + 3 jaunes • 50 cl de lait • 40 g de beurre fondu + un peu pour le moule • 500 g de sucre en poudre • 1 gousse de vanille Bourbon • 50 g de poudre de noisette • 2 cuil. à soupe de sucre glace • 6 macarons de Nancy un peu rassis • 1/2 verre à liqueur d'eau-de-vie de poire • 6 grosses poires un peu fermes

1. Étalez la pâte et foncez un moule à manqué à fond amovible, beurré. Piquez la pâte à l'aide d'une fourchette, puis recouvrez-la d'un rond de papier sulfurisé et de haricots secs. Faites-la cuire 20 min à 210 °C (th. 7). Puis enlevez les haricots secs et le papier. Réservez.

2. Préparez le sirop. Dans une casserole, mettez 400 g de sucre et 1 l d'eau. Posez sur feu doux, puis portez à ébullition. Laissez bouillir doucement 5 min.

3. Épluchez et coupez les poires en deux, ôtez le cœur. Faites-les pocher 10 min dans le sirop bouillant. Retirez-les à l'aide d'une écumoire avant qu'elles se défassent et égouttez-les, côté bombé sur le dessus.

4. Dans une casserole, chauffez ensemble le lait et la vanille. Retirez du feu avant l'ébullition et ôtez la gousse de vanille. Dans un bol, mélangez les œufs, les jaunes et le sucre restant. Puis versez peu à peu le lait en tournant sans arrêt. Mettez le mélange dans une casserole sur feu doux et tournez à l'aide d'une cuillère en bois jusqu'à ce qu'il épaississe. Hors du feu, ajoutez la poudre de noisette et l'eau-de-vie de poire.

5. Remettez le fond de tarte au four à 210 °C (th. 7) pendant 10 min, pour terminer la cuisson. Versez un tiers de la frangipane aux noisettes sur la tarte. Posez dessus la moitié des demi-poires égouttées, côté bombé en haut. Couvrez du deuxième tiers de crème, puis du reste de poires. Versez enfin le reste de la crème.

6. Parsemez de miettes de macarons et poudrez de sucre glace. Arrosez de beurre fondu et placez 4 ou 5 min sous le gril du four. Laissez refroidir et réservez 2 h au réfrigérateur avant de démouler et de servir.

Astuce

Pour éviter que la pâte étalée dans le moule ne se rétracte à la cuisson, placez-la 30 à 45 min au réfrigérateur.

Tarte aux framboises et chocolat blanc

Pour 6 à 8 personnes

Préparation : 30 min Cuisson : 25 min Réfrigération : 1 h 15

1 rouleau de pâte sablée (ou faite maison, voir p. 8) • 400 g de framboises fraîches • 200 g de chocolat blanc • 15 cl de crème liquide • 5 cl de lait concentré non sucré

1. Préchauffez le four à 180 °C (th. 6). Étalez la pâte au rouleau en un disque un peu plus grand que le moule, de 2 ou 3 mm d'épaisseur. Soulevez-la délicatement et posez-la dans un moule. Appuyez bien du bout des doigts dans les angles pour la faire adhérer, puis découpez nettement les bords. Piquez le fond avec une fourchette. Faites cuire 15 min à blanc. Laissez refroidir et démoulez délicatement.

2. Versez la crème dans un petit saladier et mettez-la de 10 à 15 min au congélateur. Cassez le chocolat en petits morceaux dans un grand bol, placez-les au-dessus d'un bain-marie à peine frémissant et faites-les fondre doucement avec le lait concentré, en remuant de temps en temps pour obtenir une crème bien lisse.

3. Fouettez la crème en chantilly, puis incorporez-la délicatement au chocolat encore tiède. Mélangez doucement jusqu'à ce que la consistance soit homogène.

4. Étalez uniformément la mousse au chocolat blanc dans le fond de tarte et mettez au réfrigérateur pendant 1 h. Disposez les framboises sur la tarte et remettez au frais jusqu'au moment de servir.

Tarte aux abricots

Pour 4 personnes
Préparation : 10 min   Cuisson : 30 min

1 rouleau de pâte sablée (ou faite maison, voir p. 8) • 500 g d'abricots • 80 g de sucre en poudre roux • 50 g de poudre d'amande • 80 g de pignons de pin (facultatif)

1. Préchauffez le four à 210 °C (th. 7). Lavez les abricots, dénoyautez-les et coupez-les en quartiers.

2. Étalez la pâte, déposez-la dans un moule à tarte recouvert de papier sulfurisé et piquez le fond à l'aide d'une fourchette. Saupoudrez le fond de pâte de la moitié du sucre et de la poudre d'amande. Étalez dessus les abricots bien serrés les uns contre les autres et parsemez du reste de sucre et de poudre d'amande.

3. Enfournez et faites cuire pendant 30 min (si vous utilisez les pignons, sortez la tarte au bout de 20 min, répartissez-les dessus et prolongez la cuisson de 10 min).

Tartelettes au chocolat

Pour 6 personnes
Préparation : 30 min   Cuisson : 30 min

1 rouleau de pâte sablée (ou faite maison, voir p. 8) • 350 g de chocolat noir à 75 % de cacao • 25 cl de lait • 25 cl de crème liquide • 4 jaunes d'œufs • 40 g de sucre en poudre

1. Préchauffez le four à 180 °C (th. 6). Étalez la pâte, découpez 6 cercles et déposez-les dans des mini-moules. Recouvrez les fonds de pâte de papier sulfurisé et déposez dessus des haricots secs. Enfournez et faites cuire à blanc pendant 15 min. Puis enlevez les haricots secs et le papier. Laissez-les refroidir.

2. Hachez le chocolat. Versez le lait et la crème dans une casserole, puis portez le mélange à ébullition. Fouettez les jaunes d'œufs avec le sucre. Incorporez-leur petit à petit le lait et la crème, en mélangeant vivement. Transférez cette crème dans la casserole et faites-la cuire sans cesser de remuer jusqu'à ce qu'elle épaississe.

3. Versez la crème sur le chocolat, en plusieurs fois, en fouettant jusqu'à obtenir une crème homogène. Versez cette crème sur les fonds de tarte cuits et laissez refroidir.

Tarte Banoffee

Pour 6 personnes

Préparation : 10 min   Cuisson : 15 min

1 rouleau de pâte sablée (ou faite maison, voir p. 8) • 400 g de confiture de lait • 2 belles bananes • le jus de 1/2 citron • 1 bombe de chantilly • 20 g de chocolat noir

1. Préchauffez le four à 200 °C (th. 6-7).

2. Étalez la pâte. Garnissez un moule à tarte, piquez le fond à l'aide d'une fourchette et coupez nettement le bord à ras du moule. Recouvrez d'un papier sulfurisé et de légumes secs et faites cuire à blanc 10 min. Retirez le papier et les légumes secs, et remettez à cuire 5 min. Laissez refroidir.

3. Étalez la confiture de lait uniformément sur le fond de tarte.

4. Pelez les bananes, coupez-les en rondelles et arrosez-les de jus de citron pour éviter qu'elles noircissent. Disposez-les sur la confiture de lait.

5. Recouvrez la tarte d'une couche épaisse de chantilly, puis faites des petits copeaux de chocolat au couteau Économe et parsemez-en la surface.

Tarte au chocolat
à la fève tonka

Pour 6 à 8 personnes

Préparation : 35 min Cuisson : 40 min Repos : 2 h

1 rouleau de pâte sablée (ou faite maison, voir p. 8) • 2 œufs + 1 jaune • 30 g de beurre • 100 g de lait entier • 250 g de crème fleurette • 250 g de chocolat noir • $^1/_2$ fève tonka

1. Préchauffez le four à 180 °C (th. 6). Râpez ou concassez finement le chocolat. Râpez la fève tonka. Tapissez un plat à tarte de pâte. Piquez-la à l'aide d'une fourchette. Découpez un cercle de papier sulfurisé du même diamètre que le fond du moule. Posez le papier sulfurisé sur la pâte puis versez des légumes secs. Enfournez à blanc pendant 20 min.

2. Dans une casserole, réunissez la crème, le lait, le beurre et la fève tonka râpée. Faites bouillir ce mélange puis versez-le sur le chocolat râpé. Mélangez délicatement à l'aide d'une maryse. Dans un petit saladier, mélangez à l'aide d'une fourchette les œufs et le jaune puis ajoutez-les à la préparation au chocolat. Mélangez bien (passez au chinois si nécessaire).

3. Versez la crème au chocolat sur le fond de pâte précuit et enfournez à 150 °C (th. 5) pendant 20 min. Démoulez la tarte tiède sur une grille et laissez-la complètement refroidir avant de la déguster.

Astuce

Pour plus de croquant, faites torréfier dans une petite poêle 30 g de pistaches non salées, puis concassez-les grossièrement. Disposez-les sur la tarte refroidie et saupoudrez légèrement de sucre glace.

Tarte napolitaine

Pour 6 personnes
Préparation : 45 min Cuisson : 30 min

1 pâte sablée (ou faite maison, voir p. 8) • 320 g de ricotta • 230 g de sucre en poudre • 230 g de blé concassé (boulgour) cuit • 50 g d'écorce d'orange confite • 50 g d'écorce de cédrat confite • 60 cl de lait • 30 g de beurre • 1 jaune d'œuf + 3 blancs d'œufs • 3 gouttes d'essence de vanille • 1 cuil. à soupe d'eau de fleur d'oranger • le zeste râpé de 1 citron • 1 bonne pincée de cannelle en poudre

1. Mélangez le blé, le beurre, le lait et la moitié du zeste de citron dans une casserole. Faites cuire jusqu'à obtenir une pâte crémeuse.

2. Dans un bol, battez les blancs d'œufs et le jaune avec le sucre. Ajoutez la ricotta, l'essence de vanille, l'eau de fleur d'oranger, la cannelle, les écorces confites et le reste du zeste de citron. Incorporez-y la préparation précédente.

3. Préchauffez le four à 180 °C (th. 6). Étalez la pâte sablée dans un moule rond et coupez ce qui dépasse. Ramassez l'excédent de pâte, étalez-le et découpez-y des bandelettes de 1 cm de largeur.

4. Versez la préparation dans le moule. Décorez avec les bandelettes, de façon à créer un motif entrecroisé. Faites cuire pendant 30 min. Servez froid.

Tarte-galette
aux mendiants

Pour 6 personnes

Préparation : 20 min   Cuisson : 35 min   Repos : 2 h

La pâte : 150 g de beurre demi-sel • 1 œuf + 1 jaune • 12 cl de cognac • $^1/_2$ sachet de levure chimique • 300 g de farine + un peu pour le plan de travail • beurre pour le moule

La garniture : 12 dattes moelleuses dénoyautées • 1 cuil. à soupe de crème fraîche épaisse • 1 grosse cuil. à soupe de raisins secs • 12 cerneaux de noix + 8 pour le décor • 2 écorces d'orange confites • 1 cuil. à soupe de cognac • 12 amandes mondées pour le décor • 15 g de cassonade

1. Préparez la pâte. Dans un grand saladier, versez la farine et le beurre coupé en petits morceaux. Ajoutez l'œuf, la levure chimique, et mélangez pour obtenir une pâte grumeleuse. Ajoutez le cognac et un demi-verre d'eau en finissant de travailler la pâte rapidement. Recouvrez-la d'un torchon et laissez reposer 2 h.

2. Préparez la garniture. Dans le bol d'un mixeur, placez les dattes dénoyautées, les cerneaux de noix et les écorces d'oranges. Hachez le tout grossièrement. Versez la préparation dans un saladier et ajoutez les raisins secs, la cassonade et le cognac. Mélangez bien et liez avec la crème fraîche. Réservez au frais.

3. Étalez au rouleau la moitié de la pâte sur une planche farinée. Découpez-y un disque aux dimensions d'un moule à tarte. Déposez le disque de pâte à plat dans le moule beurré. Piquez-le à la fourchette. Répartissez-y la garniture jusqu'à 1 cm du bord environ. Humectez le bord à l'aide de vos doigts mouillés.

4. Découpez un second disque dans le reste de la pâte étalée. Recouvrez-en la garniture et pressez avec les doigts le pourtour des disques pour en souder les bords. Dans un bol, battez le jaune d'œuf et badigeonnez-en la galette à l'aide d'un pinceau à pâtisserie. Parsemez le dessus de la galette de cerneaux de noix et d'amandes mondées.

5. Faites cuire au four de 35 à 40 min à 180 °C (th. 6). Servez tiède de préférence.

Tartelettes mangue-frangipane

Pour 6 personnes

Préparation : 25 min Réfrigération : 2 h 30 Cuisson : 1 h

La pâte sablée aux amandes : 150 g de farine + un peu pour le plan de travail • 100 g de beurre bien froid • 1 jaune d'œuf • 50 g de sucre glace • 50 g de poudre d'amande

La garniture : 1 mangue bien mûre de 500 à 600 g • le zeste de 1 citron • 2 œufs • 140 g de beurre mou • 120 g de poudre d'amande • 20 g d'amandes effilées • 120 g de sucre glace • 15 g de sucre en poudre • 1 sachet de sucre vanillé • 1/2 cuil. à café d'arôme liquide d'amande amère • 6 cuil. à café de confiture de myrtilles

1. Préparez la pâte. Mélangez la farine, le sucre, la poudre d'amande et le beurre coupé en dés. Malaxez entre vos doigts jusqu'à obtenir un sable grossier. Incorporez le jaune d'œuf et 2 cuil. à soupe d'eau fraîche, puis formez une boule. Couvrez-la et réservez 2 h au réfrigérateur.

2. Étalez la pâte au rouleau. Découpez 6 disques de 14 cm de diamètre, piquez-les à l'aide d'une fourchette et garnissez-en 6 moules à tartelettes. Réservez 30 min au réfrigérateur.

3. Préchauffez le four à 240 °C (th. 8). Épluchez la mangue, découpez la chair autour du noyau et coupez-la en dés. Mettez-les dans un plat avec le zeste de citron, 20 g de beurre, le sucre en poudre et le sucre vanillé. Enfournez pour 30 min. Remuez jusqu'à ce que la préparation soit fondante. Écrasez-la ensuite à la fourchette et laissez refroidir.

4. Baissez la température du four à 210 °C (th. 7). Travaillez le reste de beurre mou avec le sucre glace et la poudre d'amande. Incorporez les œufs, l'amande amère et battez le tout. Répartissez la confiture sur les fonds de pâte, versez dessus la frangipane et parsemez d'amandes effilées. Enfournez pour 10 min. Baissez la température à 180 °C (th. 6) et poursuivez la cuisson 20 min environ. Laissez refroidir avant de démouler. Déposez 1 cuil. à soupe bombée de compotée de mangue au centre de chaque tartelette et servez.

Tartelettes aux abricots
florentins et amaretti

Pour 4 personnes
Préparation : 25 min Réfrigération : 4 h Cuisson : 28 min

La pâte aux amaretti : 150 g d'amaretti (petits macarons italiens) • 60 g de beurre + un peu pour les moules • farine pour les moules
La garniture : 6 abricots • le zeste de 1 orange • 300 g de crème fraîche • 1 noix de beurre • 75 g de sucre en poudre • 45 g de chocolat noir • 3 cuil. à café de miel • 45 g d'amandes effilées • 90 g de figues sèches • 30 g de noisettes • 30 g de pistaches salées décortiquées + quelques-unes pour le décor • 10 cl de muscat ou de vin blanc moelleux

1. Préparez la pâte. Au mixeur, réduisez les amaretti en poudre. Mélangez-les avec le beurre coupé en dés et malaxez entre vos doigts pour obtenir une pâte granuleuse homogène. Beurrez et farinez 4 moules à tartelettes antiadhésifs de 10 cm de diamètre. Garnissez le fond et les bords de pâte en appuyant avec le dos d'une petite cuillère pour l'étaler régulièrement. Réservez au congélateur.

2. Dans une casserole, chauffez doucement le sucre, le miel et 1 cuil. à café d'eau. Au premier bouillon, ajoutez la crème, les amandes, les figues coupées en dés, les noisettes et les pistaches grossièrement concassées. Faites épaissir sur feu doux environ 10 min sans cesser de remuer.

3. Préchauffez le four à 210 °C (th. 7). Dans le fond des tartelettes, répartissez le chocolat taillé en grosses pépites, puis la préparation précédente et enfournez pour 15 min. Laissez ensuite refroidir et réservez au moins 4 h au réfrigérateur.

4. Au dernier moment, faites fondre le beurre dans une poêle, ajoutez les abricots ouverts en deux et dénoyautés et laissez cuire 2 min sur feu vif. Ajoutez le zeste finement râpé, le muscat et poursuivez la cuisson 1 min.

5. Démoulez les tartelettes en passant le fond des moules 1 s dans de l'eau chaude. Disposez trois oreillons d'abricot encore chauds sur chaque tartelette, parsemez de quelques pistaches concassées et servez aussitôt.

Tarte « british » à la rhubarbe

Pour 6 personnes

Préparation : 40 min Cuisson : 45 min Repos : 2 h

750 g de tiges de rhubarbe • 150 g de beurre + un peu pour le moule • 1 jaune d'œuf • 6 galettes bretonnes pur beurre • jus de 1 citron • 250 g de farine + un peu pour le plan de travail • 180 g de sucre blond en poudre • 1 pincée de sel fin

1. Faites ramollir le beurre à température ambiante et travaillez-le à la spatule jusqu'à ce qu'il prenne la consistance d'une pommade. Versez la farine dans un grand saladier et creusez un puits. Déposez-y le beurre pommade et le sel. Mélangez à la main, en ajoutant peu à peu 2 cuil. à soupe d'eau froide. Formez une boule, recouvrez-la d'un torchon et laissez reposer 2 h dans un endroit frais.

2. Épluchez les tiges de rhubarbe, de la base vers le haut, afin de les débarrasser de leur membrane rougeâtre. Coupez-les en tronçons de 3 ou 4 cm de long. Préchauffez le four à 200 °C (th. 6-7). Beurrez un moule à tarte à bord haut.

3. Divisez la boule de pâte en deux parts égales. Étalez-les au rouleau à pâtisserie, sur une surface légèrement farinée. Tapissez le fond et les parois du moule avec un premier disque de pâte. Piquez le fond à l'aide d'une fourchette. Disposez-y les tronçons de rhubarbe. Saupoudrez de sucre et arrosez de jus de citron. Écrasez les galettes bretonnes au rouleau à pâtisserie, et parsemez-en la garniture à la rhubarbe. Recouvrez le tout du reste de pâte. Pressez avec les doigts le pourtour des disques pour en souder les bords. Humectez-les avec un pinceau à pâtisserie trempé dans de l'eau froide.

4. Dessinez des motifs sur le dessus de la galette avec la pointe d'un couteau et formez une cheminée au centre de la pâte à l'aide d'un petit tube de carton. Dans un bol, battez le jaune d'œuf avec 1 cuil. à soupe d'eau froide et badigeonnez-en la galette à l'aide d'un pinceau à pâtisserie.

5. Faites cuire au four 45 min environ. Servez tiède avec de la crème fouettée ou un coulis de framboises (voir p. 24).

Astuce

Si vous en avez le temps, épluchez et coupez la rhubarbe en tronçons la veille. Saupoudrez-la de sucre et arrosez-la de jus de citron : elle n'en sera que meilleure.

Tarte au citron
rapide

Pour 6 personnes
Préparation : 30 min   Cuisson : 10 min

La pâte : 150 g de biscuits Thé Brun® • 120 g de beurre fondu • 3 cuil. à soupe de sucre brun
La crème au citron : 200 g de sucre en poudre • 40 g de farine • 50 g de Maïzena® • 1 pincée de sel • 3 jaunes d'œufs • 5 citrons verts non traités • 1 cuil. à soupe de crème fleurette ou de beurre

1. Préchauffez le four à 180 °C (th. 6). Préparez la pâte. Dans le bol d'un robot, mixez les biscuits pour les réduire en miettes, puis ajoutez le beurre fondu et le sucre. Mélangez pour obtenir une pâte d'une jolie couleur brune. Tapissez-en le fond (sur 1 cm d'épaisseur) et les côtés d'un moule à fond amovible, en tassant bien. Faites cuire 10 min au four.

2. Préparez la crème au citron. Râpez le zeste des citrons et pressez leur jus. Mélangez dans une casserole le sucre, la farine, la Maïzena® et le sel, ajoutez 40 cl d'eau et portez à ébullition, en tournant constamment jusqu'à épaississement. Ôtez du feu, incorporez les jaunes d'œufs, ajoutez le jus et le zeste des citrons, mélangez, versez 1 cuil. à soupe de crème fleurette ou de beurre. Répartissez ce mélange sur le fond de pâte et laissez refroidir.

3. Dégustez ce dessert bien froid. Attention, la pâte est très friable... Ne démoulez qu'au moment de servir !

Tartelettes
au fromage blanc

Pour 8 tartelettes
Préparation : 30 min Réfrigération : 3 h Cuisson : 45 min

La pâte : 250 g de farine • 1 cuil. à café de sucre • 1 pincée de sel • 150 g de beurre • 1 œuf • 6 cuil. à soupe de lait
La garniture : 400 g de fromage frais (de type Saint-Florentin®) • 4 œufs • 160 g de sucre en poudre • 100 g de raisins secs blonds • 2 cuil. à soupe de rhum ambré • 20 cl de lait • 2 cuil. à soupe de Maïzena® • 1 cuil. à soupe de farine + un peu pour le plan de travail • 1 citron non traité • 1 cuil. à soupe de sucre glace • beurre pour les moules

1. Préparez la pâte. Mettez la farine, le sucre, le sel et le beurre, préalablement coupé en morceaux, dans le bol d'un robot, puis mixez jusqu'à obtenir un mélange sableux. Ajoutez l'œuf et le lait, et mixez par à-coups jusqu'à ce que la pâte forme une boule. Enveloppez celle-ci de film alimentaire et mettez-la au frais pendant 3 h (ou dans le congélateur pendant 30 min).

2. Beurrez 8 moules individuels ou utilisez une plaque de cuisson pour muffins en silicone. Brossez le citron sous l'eau chaude, essuyez-le et râpez finement son zeste. Faites bouillir les raisins avec 4 cuil. à soupe d'eau et le rhum jusqu'à ce que le liquide se soit évaporé. Mettez hors du feu et réservez.

3. Fouettez les œufs avec le sucre, ajoutez la Maïzena®, la farine, le fromage et le lait, puis les raisins et le zeste de citron, en remuant jusqu'à ce que la préparation soit lisse.

4. Préchauffez le four à 180 °C (th. 6). Étalez la pâte sur le plan de travail fariné, découpez 8 disques à l'aide d'un bol retourné, piquez-les de plusieurs coups de fourchette et mettez-les dans les moules. Répartissez la préparation au fromage blanc dans les fonds de pâte, enfournez et laissez cuire pendant 45 min environ.

5. Démoulez les tartelettes, laissez-les tiédir sur une grille et saupoudrez-les de sucre glace avant de les servir.

Tarte moelleuse aux pommes

Pour 6 personnes
Préparation : 15 min Cuisson : 40 min

1 rouleau de pâte feuilletée (ou faite maison, voir p. 9) • 1 kg de pommes à cuire (golden) • 10 cl de lait • 30 cl de crème liquide • 3 œufs • 50 g de sucre en poudre • sucre glace pour le décor

1. Préchauffez le four à 180 °C (th. 6). Étalez la pâte, soulevez-la délicatement et posez-la dans un moule. Appuyez bien du bout des doigts dans les angles pour la faire adhérer, puis découpez nettement les bords. Piquez le fond à l'aide d'une fourchette et réservez au réfrigérateur.

2. Cassez les œufs dans un petit saladier. Fouettez-les d'abord avec le sucre, puis avec la crème et le lait.

3. Épluchez les pommes, coupez-les en quatre ou en six, retirez le cœur et les pépins, puis disposez-les en cercles concentriques dans le fond de tarte, en plaçant le côté bombé vers le haut.

4. Versez la crème aux œufs sur les pommes et enfournez. Faites cuire 40 min environ, jusqu'à ce que la garniture soit prise et la surface bien dorée. Sortez la tarte du four et laissez tiédir un peu. Démoulez et saupoudrez de sucre glace.

Tartelettes moelleuses
chocolat et framboises

Pour 8 personnes

Préparation : 45 min Marinade : 24 h Repos : 1 h Cuisson : 6 min

50 g de framboises • 225 g de farine • 200 g de beurre • 100 g de sucre glace • 110 g de chocolat • 75 g de sucre en poudre • 10 cl de whisky des îles (type île de Jura ou Tobermory) • 1 œuf + 4 jaunes + 1 blanc

1. Laissez mariner les framboises dans le whisky pendant 24 h.

2. Mélangez dans un saladier 100 g de beurre ramolli et le sucre glace. Ajoutez l'œuf et 200 g de farine, puis malaxez le tout. Laissez reposer la pâte pendant 1 h puis beurrez 8 moules à tartelettes d'environ 9 cm de diamètre. Étalez la pâte, découpez-y des disques au format des moules et posez-les dans les moules.

3. Préchauffez le four à 240 °C (th. 8). Faites fondre le chocolat et le reste de beurre au bain-marie. Dans un saladier, fouettez les jaunes d'œufs et 50 g de sucre en poudre jusqu'à ce que le mélange blanchisse puis ajoutez la farine restante. Montez le blanc d'œuf en neige ferme et ajoutez le reste de sucre en continuant à battre. Incorporez le chocolat à la préparation à base de jaunes d'œufs et ajoutez délicatement le blanc monté en neige puis les framboises égouttées.

4. Versez dans les moules et enfournez pendant 6 min. Servez chaud accompagné d'une glace à la vanille (voir p. 20).

Tourte aux prunes

Pour 4 personnes

Préparation : 35 min Cuisson : 30-35 min Macération : 1 h Repos : 12 h

1 rouleau de pâte brisée (ou faite maison, voir p. 6) • 750 g de quetsches ou de reines-claudes • 60 g de sucre en poudre • 1 jaune d'œuf • Beurre pour le moule

1. La veille, rincez et essuyez les prunes, coupez-les en deux et dénoyautez-les. Mettez-les dans un saladier, saupoudrez-les de sucre et laissez macérer 1 h. Versez le tout dans une casserole, faites chauffer doucement et laissez cuire 20 min sur feu doux, en remuant souvent, pour les réduire en compote épaisse. Laissez refroidir complètement.

2. Le jour même, préchauffez le four à 180 °C (th. 6). Beurrez un moule de 22 cm de diamètre. Étalez 2 disques de pâte de 2 ou 3 mm d'épaisseur, le premier un peu plus grand que le moule, le second, sensiblement de même taille.

3. Garnissez le moule avec le plus grand disque de pâte, en le laissant dépasser. Piquez le fond avec une fourchette et humidifiez le tour au pinceau. Étalez uniformément les prunes sur le fond de tarte, puis recouvrez du second disque de pâte. Soudez bien les bords en pinçant avec les doigts. Recoupez nettement le tour et dorez la surface au jaune d'œuf délayé dans l'eau. Enfournez et faites cuire de 30 à 35 min, jusqu'à ce que la pâte soit bien dorée.

4. Laissez reposer 10 min à la sortie du four avant de servir.

Astuce

Si vous avez des chutes de pâte, vous pouvez les utiliser pour décorer votre tourte. Soyez créatif !

PRUNE

Tarte aux figues

Pour 6 personnes

Préparation : 30 min Cuisson : 1 h 35

250 g de pâte brisée (ou faite maison, voir p. 6) • 1 kg de petites figues violettes • 250 g de fraises • 4 blancs d'œufs • 2 cuil. à soupe de crème fraîche • beurre pour le moule • 200 g de miel de Provence liquide • 80 g de sucre en poudre

1. Lavez et essuyez délicatement les figues, puis rangez-les dans une casserole basse sur une seule couche, debout. Versez le miel dessus et laissez confire doucement à couvert pendant 1 h, puis retirez du feu et laissez refroidir complètement.

2. Abaissez la pâte et garnissez un moule à tarte beurré de 26 cm de diamètre. Réservez au frais.

3. Dans une casserole, faites chauffer les fraises équeutées avec 50 g de sucre pendant 10 min. Retirez du feu, ajoutez la crème et réduisez le tout en purée.

4. Sortez le fond de tarte du réfrigérateur et faites-le cuire à blanc au four à 180 °C (th. 6) pendant 20 min. Étalez sur le fond la purée de fraises, puis prélevez les figues de leur sirop et disposez-les par-dessus.

5. Montez les blancs d'œufs en neige ferme avec le reste de sucre et étalez-les sur le dessus. Passez au four 5 min, juste pour dorer la meringue.

Tartelettes tropicales

Pour 6 personnes

Préparation : 30 min   Cuisson : 40 min   Réfrigération : 15 min

1 rouleau de pâte brisée (ou faite maison, voir p. 6) • 6 œufs • 20 cl de jus de fruits exotiques • 100 g de sucre roux en poudre • 50 g de fécule de maïs • beurre pour le moule • farine pour le moule + un peu pour le plan de travail

1. Étalez la pâte brisée au rouleau sur le plan de travail fariné, découpez 6 ronds et garnissez-en 6 moules à tartelettes beurrés et farinés. Piquez les fonds avec une fourchette, recouvrez-les de papier sulfurisé, puis d'une couche de haricots secs. Laissez reposer dans le réfrigérateur pendant 15 min, puis faites cuire à blanc dans le four pendant 10 min à 200 °C (th. 6-7). Retirez les haricots et le papier, puis laissez les fonds de tartelettes dans le four pendant encore 5 min.

2. Cassez les œufs en séparant les blancs des jaunes. Pendant le repos de la pâte, mélangez dans une casserole la fécule de maïs avec le sucre et 5 cl d'eau. Lorsque le mélange est homogène, ajoutez 20 cl d'eau et mélangez intimement. Portez à ébullition sur feu doux et laissez cuire pendant 1 bonne min.

3. Retirez du feu et incorporez les jaunes d'œufs sans cesser de remuer, puis ajoutez ensuite le jus de fruits. Mélangez intimement et versez le tout sur les fonds de tartelette cuits à blanc.

4. Fouettez les blancs d'œufs en neige bien ferme et étalez-les sur le dessus des tartelettes. Repassez celles-ci dans le four (après avoir baissé la température à 150 °C, th. 5) et faites dorer 25 min environ. Laissez refroidir avant de servir.

Tarte-tiramisu aux pêches

Pour 8 personnes

Préparation : 30 min Cuisson : 15 min Réfrigération : 3 h

1 rouleau de pâte sablée (ou faite maison, voir p. 8) • 8 demi-pêches au sirop léger • 300 g de mascarpone • 4 œufs • 80 g de biscuits aux amandes • 80 g de sucre en poudre

1. Préchauffez le four à 180 °C (th. 6). Étalez la pâte au rouleau en un disque un peu plus grand que le moule, de 2 ou 3 mm d'épaisseur. Soulevez-la délicatement et posez-la dans le moule. Appuyez bien du bout des doigts dans les angles pour la faire adhérer, puis découpez nettement les bords. Piquez le fond avec une fourchette. Faites cuire 15 min à blanc. Laissez refroidir et démoulez délicatement.

2. Égouttez les pêches sur du papier absorbant et recoupez chaque moitié en quartiers. Broyez les biscuits au mixeur ou écrasez-les à la main en chapelure assez fine. Étalez-les sur le fond de tarte.

3. Cassez les œufs en séparant les blancs des jaunes. Fouettez les jaunes avec le sucre, jusqu'à ce qu'ils blanchissent et deviennent mousseux, puis ajoutez le mascarpone et mélangez vivement pour bien homogénéiser l'ensemble. Fouettez les blancs en neige très ferme, puis incorporez-les délicatement à la crème au mascarpone.

4. Étalez la moitié du mélange sur les biscuits, puis disposez les quartiers de pêche en rosace. Recouvrez-les du reste de crème au mascarpone et mettez au moins 3 h au réfrigérateur. Servez très frais.

Tartelettes à l'orange

Pour 4 personnes
Préparation : 30 min   Cuisson : 10-12 min

3 oranges non traitées • 1 rouleau de pâte sablée (ou faite maison, voir p. 8) • 180 g de beurre fondu • 4 œufs + 4 jaunes • 250 g de sucre glace • 40 g de Maïzena®

1. Brossez 2 oranges sous l'eau froide, essuyez-les, puis frottez-les contre une râpe fine et récupérez le zeste. Pressez les 3 fruits pour obtenir 20 cl de jus. Si nécessaire, complétez avec du jus d'orange frais.

2. Préchauffez le four à 160 °C (th. 5-6). Préparez 4 moules à tartelettes de 10 à 12 cm de diamètre. Étalez la pâte et découpez 4 disques un peu plus grands que les moules. Garnissez les moules. Recoupez nettement les bords et piquez les fonds de pâte avec une fourchette. Couvrez-les de papier sulfurisé et de légumes secs, et faites cuire à blanc de 10 à 12 min. Sortez du four et laissez refroidir.

3. Dans un saladier, réunissez les œufs, les jaunes, le sucre glace et la Maïzena®, et fouettez vivement jusqu'à ce que le mélange blanchisse et devienne mousseux. Sans cesser de remuer, délayez avec le jus d'orange, puis incorporez le beurre fondu et les zestes.

4. Versez la préparation dans une casserole, portez doucement à frémissements et faites épaissir 5 min, en remuant constamment. Laissez tiédir un peu, puis remplissez les fonds de pâte. Réservez au réfrigérateur avant de servir.

Tarte feuilletée
aux myrtilles

Pour 8 personnes
Préparation : 30 min Cuisson : 35 min

1 rouleau de pâte feuilletée (ou faite maison, voir p. 9) • 300 g de myrtilles • 3 œufs • 2 ou 3 gouttes de jus de citron • 120 g de poudre d'amande • 50 g de Maïzena® • 120 g de sucre en poudre

1. Étalez la pâte au rouleau en un disque un peu plus grand que le moule, de 2 ou 3 mm d'épaisseur. Soulevez-la délicatement et posez-la dans le moule. Appuyez bien du bout des doigts dans les angles pour la faire adhérer, puis découpez nettement les bords. Piquez le fond avec une fourchette et réservez au réfrigérateur.

2. Préchauffez le four à 180 °C (th. 6). Cassez les œufs en séparant les blancs des jaunes. Versez-les dans deux saladiers. Faites blanchir les jaunes en les fouettant avec le sucre en poudre. Ajoutez la poudre d'amande, puis saupoudrez la Maïzena® en surface et remuez vivement pour obtenir un mélange lisse et homogène.

3. Battez les blancs en neige très ferme avec le jus de citron. Incorporez-les délicatement à la préparation précédente, en même temps que les myrtilles. Mélangez rapidement, sans insister, et en soulevant bien de bas en haut pour ne pas les briser.

4. Versez sur le fond de tarte et enfournez aussitôt. Faites cuire de 35 à 40 min. Sortez du four et laissez tiédir avant de démouler. Servez à température ambiante ou froid.

Astuce

Si vous réalisez la pâte vous-même, préparez-en assez pour deux tartes.
Cette tarte s'accommode aussi très bien d'une pâte sablée.

Tartelettes cappuccino
aux éclats de noisettes

Pour 6 personnes
Préparation : 25 min Réfrigération : 5 h 20 Cuisson : 35 min

La pâte sablée aux noisettes : 150 g de farine + un peu pour le plan de travail • 100 g de beurre bien froid • 1 jaune d'œuf • 50 g de sucre glace • 50 g de noisettes
La garniture : 6 jaunes d'œufs + un peu de blanc d'œuf • 20 cl de lait • 38 cl de crème liquide entière • 55 g de sucre en poudre • 20 g de café soluble • 150 g de chocolat blanc haché • 15 g de noisettes • 10 g de noix de coco râpée

1. Préparez la pâte. Mélangez la farine, le sucre, les noisettes mixées en fine poudre et le beurre coupé en dés. Malaxez entre vos doigts jusqu'à l'obtention d'un sable grossier. Incorporez le jaune d'œuf et 2 cuil. à soupe d'eau fraîche, puis formez une boule. Couvrez-la et réservez 2 h au réfrigérateur.

2. Étalez la pâte au rouleau sur une surface farinée. Découpez 6 disques de 14 cm de diamètre, piquez-les à la fourchette et garnissez-en 6 moules à tartelettes. Placez 20 min au congélateur.

3. Préchauffez le four à 210 °C (th. 7). Placez une feuille d'aluminium dans chaque tartelette en la faisant bien adhérer à la pâte et couvrez de haricots secs pour éviter que la pâte ne gonfle. Enfournez et faites cuire à blanc 10 min. Ôtez l'aluminium et les haricots secs et poursuivez la cuisson 5 min. Baissez la température du four à 180 °C (th. 6). Hors du four, badigeonnez les fonds de pâte au blanc d'œuf. Battez les jaunes d'œufs au fouet avec 40 g de sucre. Chauffez le lait avec 30 cl de crème et le café. Versez-le sur les jaunes en fouettant, filtrez au travers d'un chinois et répartissez dans les tartelettes. Enfournez pour 13 à 15 min. Laissez tiédir.

5. Chauffez le reste de crème et versez-la sur le chocolat haché. Laissez fondre, puis mélangez et lissez le chocolat. Répartissez-le sur les tartelettes comme un nappage. Faites dorer les noisettes coupées en deux dans une casserole. Ajoutez la noix de coco, laissez dorer, puis ajoutez le reste de sucre. Laissez caraméliser, mélangez et parsemez ce mélange sur les tartelettes. Réservez 3 h au frais avant de déguster.

Tartelettes
au caramel

Pour 4 personnes
Préparation : 15 min Cuisson : 10-15 min

1 rouleau de pâte sablée (ou faite maison, voir p. 8) • 50 g de beurre • 10 cl de crème liquide • 100 g de sucre en poudre • 30 g de chocolat noir

1. Préchauffez le four à 180 °C (th. 6). Étalez la pâte et découpez 4 disques un peu plus grands que les moules à tartelettes de 10 à 12 cm de diamètre. Garnissez les moules. Recoupez nettement les bords et piquez les fonds de pâte avec une fourchette. Couvrez de papier sulfurisé et de légumes secs et faites cuire à blanc de 10 à 12 min. Dès que la pâte est juste dorée, sortez les moules du four et laissez refroidir.

2. Faites fondre le beurre et le sucre dans une petite casserole et laissez cuire sur feu doux jusqu'à obtenir un caramel ambré. Délayez lentement avec la crème en remuant, puis retirez du feu et ajoutez le chocolat coupé en petits morceaux. Laissez fondre et mélangez à nouveau.

3. Versez le caramel chaud dans les fonds de tarte, puis laissez refroidir sans mettre au réfrigérateur. Servez à température ambiante.

Tarte-crumble
aux marrons

Pour 8 personnes
Préparation : 20 min Cuisson : 35 min

1 rouleau de pâte sablée (ou faite maison, voir p. 8) • 140 g de beurre • 3 œufs • 2 ou 3 gouttes de jus de citron • 500 g de crème de marrons vanillée • 50 g de poudre d'amande • 80 g de farine • 80 g de sucre en poudre

1. Préchauffez le four à 190 °C (th. 6-7). Étalez la pâte au rouleau en un disque un peu plus grand que le moule, de 2 ou 3 mm d'épaisseur. Soulevez-la délicatement et posez-la dans le moule. Appuyez bien du bout des doigts dans les angles pour la faire adhérer, puis découpez nettement les bords. Piquez le fond avec une fourchette. Faites cuire 10 min à blanc.

2. Coupez 80 g de beurre en petits morceaux dans un saladier, ajoutez le sucre, la farine et la poudre d'amande, puis mélangez du bout des doigts, sans travailler la pâte, pour obtenir de grosses miettes. Réservez au réfrigérateur.

3. Laissez ramollir le reste du beurre. Cassez les œufs, en séparant les blancs des jaunes. Fouettez les jaunes en incorporant progressivement la crème de marrons, puis ajoutez le beurre mou en continuant de remuer vivement pour bien homogénéiser. Battez les blancs en neige très ferme avec le jus de citron. Incorporez-les délicatement à la préparation aux marrons, en soulevant de bas en haut pour ne pas les briser. Versez le mélange dans le fond de tarte et recouvrez du crumble. Enfournez et faites cuire de 25 à 30 min, jusqu'à ce que la surface soit bien dorée. Sortez du four et laissez refroidir. Servez tiède ou à température ambiante.

Tarte aux p'tits-suisses passionnés

Pour 8 personnes

Préparation : 45 min Réfrigération : 1 h Cuisson : 25 min

La pâte : 180 g de farine + un peu pour le moule • 30 g de poudre d'amande • 110 g de beurre + un peu pour le moule • 70 g de sucre glace • 1 œuf • 30 g de noisettes hachées finement

La garniture : 360 g de petits-suisses • 150 g de crème liquide entière • 100 g de jus de citron • 100 g de sucre en poudre

Le coulis : 4 fruits de la Passion • 4 cuil. à soupe de sucre en poudre

1. Préchauffez le four à 180 °C (th. 6). Préparez la pâte. Mélangez du bout des doigts la farine, la poudre d'amande, le beurre, le sucre glace et les noisettes hachées jusqu'à obtenir une pâte sablée, puis incorporez l'œuf. Étalez la pâte dans un grand moule beurré et fariné, enfournez et laissez cuire pendant 20 min en surveillant. Laissez refroidir complètement.

2. Préparez la garniture. Versez le jus de citron et le sucre dans une petite casserole. Portez sur feu moyen et faites cuire jusqu'à obtenir un sirop assez épais. Retirez du feu et laissez refroidir. Fouettez la crème liquide en chantilly bien ferme. Mélangez les petits-suisses avec le sirop de citron, puis incorporez délicatement la chantilly. Garnissez de cette préparation le fond de tarte cuit et refroidi, et réservez au frais pendant 1 h.

3. Préparez le coulis. Versez la pulpe des fruits de la Passion et le sucre dans une petite casserole, portez sur feu moyen et faites chauffer pendant 3 min. Retirez du feu et laissez refroidir.

4. Nappez le tarte de coulis aux fruits de la Passion et servez.

Tarte-flan
aux mirabelles

Pour 6 à 8 personnes
Préparation : 30 min Cuisson : 45 min Réfrigération : 1 h

1 rouleau de pâte brisée (ou faite maison, voir p. 6) • 2 œufs + 2 jaunes • 40 cl de crème liquide entière • beurre pour le moule • 500 g de mirabelles • 100 g de sucre en poudre • 3 cuil. à soupe de poudre d'amande

1. Rincez les mirabelles à l'eau fraîche, puis essuyez-les. Dénoyautez-les.

2. Préchauffez le four à 180 °C (th. 6). Beurrez généreusement un moule à tarte de 24 cm de diamètre. Étalez la pâte sur 3 mm d'épaisseur et garnissez-en le moule. Recouvrez-la d'un papier sulfurisé et de légumes secs et faites-la cuire à blanc 15 min. Sortez-la sans éteindre le four.

3. Pendant ce temps, cassez les œufs dans un grand bol et battez-les avec les jaunes et le sucre. Sans cesser de remuer, versez progressivement la crème. Saupoudrez de poudre d'amande le fond de tarte, disposez les mirabelles, puis versez la préparation.

4. Enfournez pour 30 min environ : le flan doit être pris. Pour dorer la surface, augmentez la température à 210 °C (th. 7) pendant les 10 dernières min.

5. Laissez tiédir. Démoulez et mettez au moins 1 h au réfrigérateur avant de servir.

Astuce

La saison des mirabelles étant courte, n'hésitez pas à utiliser des fruits surgelés. Laissez-les d'abord revenir à température ambiante sur du papier absorbant, puis séchez-les soigneusement.

Flans nappés de caramel

Pour 6 pots

Préparation : 10 min   Cuisson : 10 min   Réfrigération : 3 h

Le caramel : 100 g de sucre en poudre • 1 cuil. à café de miel liquide • 1/2 cuil. à café de jus de citron

La crème : 70 cl de lait demi-écrémé • 60 g de sucre en poudre • 15 g de Maïzena® • 1 cuil. à soupe d'extrait de vanille liquide • 1 sachet de 2 g d'agar-agar

1. Préparez le caramel. Dans une grande poêle, versez le sucre en une seule fine couche. Faites chauffer sans toucher ni mélanger le sucre : il va fondre puis caraméliser. Inclinez la poêle de tous côtés pour que la caramélisation soit homogène. Lorsque le caramel est d'un blond soutenu, ajoutez hors du feu le miel et le jus de citron. Laissez tiédir 2 min avant de verser dans les pots. Mettez le tout au congélateur le temps de préparer la crème.

2. Mixez tous les ingrédients de la crème à l'aide d'un robot plongeant ou dans un blender.

3. Versez le tout dans une casserole, portez à ébullition sans cesser de mélanger. Laissez cuire à petits frémissements 2 min, en remuant toujours. Versez dans les pots, puis couvrez-les de film étirable ou avec leur couvercle.

4. Mettez-les 3 h au réfrigérateur avant de servir. Démoulez alors chaque flan dans une assiette individuelle et savourez.

Flan à l'orange

Pour 4 personnes
Préparation : 20 min   Cuisson : 50 min environ

1 orange non traitée • 4 gros œufs • 50 cl de lait • 100 g de sucre en poudre
Le caramel : 3 cuil. à soupe de jus d'orange frais • quelques gouttes de jus de citron • 80 g de sucre en poudre

1. Brossez l'orange sous l'eau froide, essuyez-la, puis frottez-la contre une râpe fine et récupérez le zeste. Pressez-la et réservez le jus.

2. Préparez le caramel. Dans une petite casserole, faites chauffer le sucre sur feu doux avec le jus d'orange et le citron, en secouant la casserole d'avant en arrière pour répartir la chaleur. Quand il est fondu, laissez cuire 1 ou 2 min sans remuer, pour obtenir un caramel doré. Versez-le dans le moule et inclinez celui-ci dans tous les sens pour bien recouvrir le fond. Laissez refroidir.

3. Préchauffez le four à 160 °C (th. 5-6). Faites bouillir le lait.

4. Cassez les œufs dans un saladier et fouettez-les avec le sucre. Incorporez ensuite le lait très chaud, puis le jus et le zeste de l'orange sans cesser de remuer, jusqu'à l'obtention d'une crème bien lisse. Versez-la dans le moule caramélisé, placez celui-ci dans un bain-marie, enfournez et faites cuire 50 min environ. Vérifiez que la crème est prise en y piquant une pointe fine.

5. Laissez refroidir complètement à la sortie du four et démoulez en renversant le flan sur un plat.

Flan aux raisins et au rhum

Pour 4 personnes

Préparation : 20 min Cuisson : 1 h environ

120 g de raisins secs • 60 cl de lait • 30 cl de crème liquide • 4 œufs + 2 jaunes • 50 g de sucre en poudre blond • 60 g de Maïzena® • 10 cl de rhum brun • beurre pour le moule

1. Mettez les raisins dans une petite casserole, versez-y les trois quarts du rhum et complétez avec juste assez d'eau pour les recouvrir. Amenez doucement à petite ébullition et laissez mijoter 10 min à feu très doux pour les attendrir. Égouttez-les, puis séchez-les sur du papier absorbant.

2. Battez les œufs entiers et les jaunes avec le sucre et la Maïzena®. Versez progressivement le lait et la crème sans cesser de fouetter, jusqu'à obtenir une consistance lisse et onctueuse. Ajoutez le reste du rhum et mélangez bien.

3. Préchauffez le four à 150 °C (th. 5). Beurrez un moule rond ou un joli plat à four.

4. Répartissez les raisins dans le fond du moule, versez la crème aux œufs par-dessus et enfournez. Faites cuire de 40 à 50 min, jusqu'à ce que le flan soit pris.

5. Laissez refroidir et mettez au réfrigérateur.

Flan pâtissier
chocolat blanc-framboises

Pour 6 à 8 personnes
Préparation : 30 min   Cuisson : 35-40 min

1 rouleau de pâte brisée (ou faite maison, voir p. 6) • 1 œuf + 3 jaunes • 20 cl de crème entière liquide • 30 cl de lait • beurre pour le moule • 300 g de framboises • 150 g de chocolat blanc à cuire • 2 cuil. à soupe de sucre en poudre • farine pour le plan de travail

1. Beurrez largement un cercle ou un moule rond de 24 cm de diamètre. Préchauffez le four à 180 °C (th. 6).

2. Sur le plan de travail légèrement fariné, étalez la pâte au rouleau en un grand disque de 3 mm d'épaisseur. Garnissez-en le moule, recouvrez de papier sulfurisé et de légumes secs et faites cuire 10 min à blanc. Sortez-le sans éteindre le four, retirez les légumes secs et le papier, puis laissez refroidir.

3. Cassez le chocolat en petits morceaux dans un bol et faites-le fondre au bain-marie.

4. Battez l'œuf entier avec les jaunes et le sucre, jusqu'à ce que le mélange commence à devenir blanc et mousseux. Faites chauffer le lait et la crème jusqu'à la limite de l'ébullition. Retirez du feu et versez lentement sur le chocolat fondu, sans cesser de remuer. Ajoutez les œufs au sucre et continuez de remuer.

5. Répartissez les framboises dans le fond de la pâte et recouvrez-les de la crème au chocolat blanc. Faites cuire de 25 à 30 min : le flan doit être juste ferme.

6. Sortez du four, laissez refroidir à température ambiante et démoulez.

Flan parisien

Pour 6 à 8 personnes

Préparation : 30 min Cuisson : 40 min Réfrigération : 2 h

1 rouleau de pâte brisée fraîche ou décongelée (ou faite maison, voir p. 6) • 40 cl de lait entier • 20 cl de crème liquide entière • 2 œufs + 4 jaunes • beurre pour le moule • 1 gousse de vanille • 120 g de sucre en poudre • 60 g de Maïzena® • farine pour le plan de travail

1. Faites bouillir le lait et la crème dans une casserole, avec la gousse de vanille fendue en deux dans la longueur. Retirez du feu, couvrez et laissez infuser 15 min.

2. Beurrez largement un moule rond et haut, de 24 cm de diamètre (moule à manqué). Sur le plan de travail légèrement fariné, étalez la pâte au rouleau en un grand disque de 3 mm d'épaisseur. Garnissez-en le moule et réservez au réfrigérateur pendant la préparation du flan. Préchauffez le four à 180 °C (th. 6).

3. Grattez l'intérieur de la gousse de vanille au-dessus du lait pour récupérer les graines et jetez l'écorce. Réchauffez le lait pour qu'il atteigne à nouveau la température de l'ébullition. Cassez les œufs dans un grand bol, ajoutez les jaunes et battez-les vivement avec le sucre et la Maïzena®. Sans cesser de fouetter, versez lentement le lait bouillant. Reversez le mélange dans la casserole et faites cuire 3 ou 4 min sur feu moyen, tout en remuant. Dès que la préparation épaissit, retirez du feu, versez dans un grand bol et laissez refroidir.

4. Versez la préparation dans le fond de pâte et lissez la surface à la spatule. Enfournez pour 40 min : le flan doit être pris.

5. Sortez du four, laissez tiédir, puis mettez au moins 2 h au réfrigérateur. Démoulez et coupez en parts.

Astuce

Pour un flan bien doré, augmentez la température du four à 240 °C (th. 8) pendant les 10 dernières min de cuisson ou passez le flan quelques instants sous le gril avant de le laisser refroidir.

Flans aux raisins

Pour 4 personnes
Préparation : 30 min Cuisson : 25-30 min

1 grappe de raisin noir à gros grains (250 g environ) • 3 œufs + 2 jaunes • 30 cl de crème liquide • 70 g de sucre en poudre • 3 cuil. à soupe de rhum • beurre pour les moules

1. Beurrez 4 ramequins individuels. Égrappez le raisin, puis, avec la pointe d'un petit couteau, pelez et épépinez les grains un à un.

2. Faites chauffer le rhum et 1 cuil. à soupe de sucre dans une petite poêle, ajoutez les grains de raisin et faites-les cuire 2 ou 3 min. Roulez-les régulièrement dans le jus de cuisson, simplement en faisant tourner et en inclinant la poêle. Laissez tiédir et répartissez-les dans les ramequins.

3. Préchauffez le four à 160 °C (th. 5-6). Cassez les œufs dans un saladier, battez-les avec les jaunes et le reste du sucre, puis, sans cesser de remuer, ajoutez la crème liquide et le jus de cuisson des raisins.

4. Versez le mélange dans les ramequins, enfournez et faites cuire 30 min environ, ou jusqu'à ce que la crème soit prise. Sortez du four et laissez refroidir.

Flan d'ananas à l'anis

Pour 4 personnes
Préparation : 30 min Cuisson : 40 min

400 g de chair d'ananas • 4 œufs • 2 cuil. à soupe de sucre en poudre blond • 1 cuil. à café de graines d'anis
Le caramel : Quelques gouttes de jus de citron • 120 g de sucre en poudre • 1 cuil. à café de graines d'anis

1. Préparez le caramel. Mettez le sucre dans une petite casserole avec les graines d'anis et 3 cuil. à soupe d'eau. Portez à ébullition sans remuer. Retirez du feu dès l'obtention d'un caramel doré et ajoutez quelques gouttes de jus de citron pour qu'il ne durcisse pas. Versez-le dans un moule rond profond et inclinez celui-ci dans tous les sens pour bien en napper le fond.

2. Préchauffez le four à 160 °C (th. 5-6).

3. Coupez l'ananas en cubes, mettez-les dans le bol d'un robot électrique avec le sucre blond et mixez le tout en purée épaisse. Ajoutez les œufs battus, les graines d'anis et donnez encore quelques impulsions pour que le mélange soit parfaitement homogène.

4. Versez la préparation dans le moule caramélisé sans le remplir complètement. Placez-le dans un bain-marie et enfournez 50 min environ, jusqu'à ce que le flan soit bien ferme. Laissez tiédir avant de démouler.

Flan au Nutella®

Pour 4 ou 5 personnes
Préparation : 40 min Réfrigération : 2 h Cuisson : 40 min

La pâte brisée : 250 g de farine • 125 g de beurre • 38 g de sucre en poudre • 1 pincée de sel
La crème à flan : 80 g de Nutella® • 75 g de chocolat noir • 3 jaunes d'œufs • 40 cl de lait • 10 cl de crème entière liquide • 45 g de farine + un peu pour le plan de travail • 125 g de sucre en poudre

1. Préparez la pâte. Dans le bol d'un robot, versez la farine, puis le sucre, le beurre coupé en morceaux, le sel et 5 cl d'eau. Mélangez jusqu'à obtenir une boule de pâte. Enveloppez-la dans un film alimentaire et laissez-la reposer 2 h au réfrigérateur.

2. Préparez la crème à flan. Faites fondre le chocolat, le Nutella®, le lait et la crème, puis amenez à ébullition.

3. Pendant ce temps, dans un saladier, fouettez les jaunes d'œufs avec le sucre jusqu'à ce que le mélange blanchisse et ajoutez la farine. Versez par-dessus la crème au chocolat petit à petit et mélangez de manière à obtenir un ensemble lisse et homogène. Reversez la crème dans la casserole et faites-la épaissir sur feu doux sans cesser de remuer, afin d'éviter la formation de grumeaux.

4. Préchauffez le four à 180 °C (th. 6).

5. Étalez finement la pâte brisée sur un plan de travail fariné, recouvrez-en le fond d'un moule à manqué, piquez la pâte avec une fourchette et faites-la cuire à blanc. Lorsqu'elle est légèrement dorée, sortez le moule du four, versez la crème à flan, baissez la température du four à 160 °C (th. 5-6) et cuisez 30 min.

6. Sortez le flan du four et laissez-le refroidir avant de le déguster.

Petits clafoutis
poire-amandes

Pour 4 personnes
Préparation : 10 min Cuisson : 25 min

2 belles poires • 2 œufs • 30 cl de lait demi-écrémé (ou de lait d'amande) • 40 g de farine complète T80 • 2 cuil. à soupe de sucre blond de canne • 25 g de poudre d'amande • quelques amandes effilées (facultatif) • 2 gouttes d'extrait d'amande amère (facultatif) • 1 filet d'huile pour les moules • 1 pincée de sel gris

1. Préchauffez le four à 180 °C (th. 6). Lavez les poires, pelez-les, épépinez-les et émincez-les en lamelles. Huilez au pinceau 4 moules individuels de 10 cm de diamètre, puis répartissez-y les lamelles de poire.

2. Dans un saladier, mélangez la farine, la poudre d'amande et le sel gris. Cassez les œufs au centre, ajoutez le sucre et mélangez à la spatule en bois. Délayez avec le lait et, si vous le souhaitez, incorporez l'extrait d'amande.

3. Versez cette préparation sur les poires, puis parsemez éventuellement de quelques amandes effilées. Enfournez pour 25 min. Servez les clafoutis tièdes ou froids.

Far breton
revisité

Pour 6 personnes

Préparation : 15 min Cuisson : 15 min

400 g de pruneaux moelleux, dénoyautés • 2 œufs + 1 blanc • 120 g de beurre + un peu pour le moule • 15 cl de crème liquide entière • 2 cuil. à soupe de Maïzena® • 120 g de sucre glace + un peu pour servir • 120 g de poudre d'amande • 1 pincée de sel

1. Faites fondre le beurre sur feu très doux et laissez-le refroidir. Battez les œufs, le blanc et le sel dans un bol.

2. Préchauffez le four à 180 °C (th. 6). Beurrez largement un moule rond de 5 cm de haut et 26 cm de diamètre. Disposez les pruneaux dans le fond.

3. Mettez le sucre glace, la poudre d'amande et la Maïzena® dans un grand bol et mélangez bien. Incorporez progressivement les œufs, puis la crème et le beurre fondu, en continuant de remuer avec un fouet pour que l'ensemble soit bien homogène.

4. Versez la frangipane précédemment obtenue sur les pruneaux, enfournez et faites cuire de 15 à 20 min, jusqu'à ce que la surface soit légèrement dorée. Saupoudrez de sucre glace et servez tiède ou froid.

Astuce

Parsemez 30 g d'amandes effilées sur le clafoutis avant d'enfourner.

Clafoutis pommes-citron

Pour 4 personnes
Préparation : 20 min   Cuisson : 40-45 min

4 pommes • 1 citron non traité • 3 œufs • 40 cl de lait • 60 g de beurre fondu + un peu pour le plat • 150 g de sucre en poudre + un peu pour servir • 80 g de farine

1. Brossez le citron sous l'eau froide, essuyez-le, puis frottez-le contre une râpe fine et récupérez le zeste. Pressez-le. Pelez les pommes, retirez le cœur et les pépins, et coupez-les en petits quartiers. Mettez-les au fur et à mesure dans le jus de citron, saupoudrez-les de 50 g de sucre et remuez.

2. Cassez les œufs dans un saladier et battez-les avec le reste du sucre. Ajoutez la farine, puis versez le lait et le beurre fondu, sans cesser de fouetter. Ajoutez le zeste de citron et mélangez.

3. Préchauffez le four à 200 °C (th. 6-7). Beurrez largement un plat à four. Déposez les pommes dans le plat, en récupérant le jus de citron et le sucre, versez régulièrement la pâte et enfournez. Faites cuire de 40 à 45 min. Laissez tiédir à la sortie du four et saupoudrez de sucre avant de servir.

Clafoutis aux pêches
et au gingembre frais

Pour 6 à 8 personnes
Préparation : 20 min Cuisson : 45 min

4 œufs • 4 belles pêches • 20 cl de lait entier • 15 cl de crème liquide • 120 g de farine • 100 g de sucre en poudre • 1 morceau de gingembre frais • 2 sachets de sucre vanillé • 10 g de beurre pour le plat

1. Pelez le gingembre et râpez-le très finement à l'aide d'une petite râpe, de façon à obtenir 20 g de pulpe de gingembre. Réservez.

2. Placez la farine, le sucre en poudre et le sucre vanillé dans une jatte. Creusez un puits. Cassez les œufs dans un bol à part, battez-les à la fourchette, puis versez dans le puits. Mélangez bien le tout au fouet à main. Ajoutez ensuite le lait et la crème. Incorporez le gingembre dans la pâte et mélangez.

3. Beurrez un plat à gratin. Préchauffez le four à 180 °C (th. 6).

4. Lavez les pêches. Coupez-les en lamelles de 1 cm d'épaisseur environ.

5. Versez la pâte dans le moule et répartissez les lamelles de pêche. Enfournez et laissez cuire de 30 à 45 min, jusqu'à ce que le cœur du clafoutis soit pris.

6. Dégustez tiède ou bien frais.

Clafoutis de bananes flambées au coco

Pour 6 personnes

Préparation : 25 min Cuisson : 45 min Repos : 10 min

4 bananes • 3 œufs + 2 jaunes • 70 g de beurre + un peu pour le moule • 20 cl de lait • 25 cl de crème ou de lait de coco • 50 g de Maïzena® • 120 g de sucre en poudre • 50 g de noix de coco râpée • 5 cl de rhum • 1 pincée de sel

1. Épluchez les bananes et coupez-les en rondelles.

2. Faites fondre 30 g de beurre dans une grande poêle. Quand il commence à mousser, ajoutez les bananes et faites-les dorer 2 ou 3 min. Saupoudrez 3 cuil. à soupe de sucre, laissez caraméliser légèrement, puis versez le rhum chaud et flambez. Retirez du feu et laissez tiédir.

3. Préchauffez le four à 160 °C (th. 5-6). Beurrez un plat à four de 4 ou 5 cm de haut (30 x 20 cm ou 26 cm de diamètre). Étalez les bananes dans le fond.

4. Mélangez bien le reste du sucre, la Maïzena® et le sel dans un grand bol, et creusez le centre. En remuant vivement, incorporez progressivement les œufs entiers et les jaunes. Délayez ensuite avec le lait de coco et le lait, sans cesser de remuer, jusqu'à l'obtention d'une pâte onctueuse et lisse. Versez-la sur les bananes, enfournez et faites cuire 30 min.

5. Faites fondre le reste du beurre et mélangez-le à la noix de coco râpée. Sortez le clafoutis du four, recouvrez-le du mélange et remettez à cuire 10 min environ. À la sortie du four, laissez reposer 10 min avant de servir.

Petits clafoutis
meringués à la rhubarbe

Pour 4 personnes
Préparation : 25 min Cuisson : 27 min

500 g de petites tiges de rhubarbe • 3 œufs • 40 cl de crème entière liquide • beurre pour les ramequins • 2 cuil. à soupe de farine • 100 g de sucre en poudre + 2 cuil. à soupe pour les ramequins
La meringue : 2 blancs d'œufs • 2 cuil. à soupe de sucre glace

1. Rincez et épongez la rhubarbe. Coupez les extrémités des tiges. Fendez-les en deux dans la longueur, puis taillez-les en petits cubes.

2. Préchauffez le four à 180 °C (th. 6). Beurrez largement 4 ramequins ou poêlons individuels et saupoudrez l'intérieur de sucre en poudre.

3. Dans un grand bol, battez les œufs avec le sucre, puis ajoutez successivement la farine et la crème, en fouettant vivement pour obtenir une pâte lisse et fluide.

4. Étalez la rhubarbe dans les plats, versez la pâte et enfournez. Faites cuire de 25 à 30 min, ou jusqu'à ce que la crème soit prise.

5. Confectionnez la meringue. Battez les blancs d'œufs en neige. Quand ils commencent à monter, saupoudrez progressivement de sucre glace, sans cesser de fouetter, jusqu'à ce qu'ils soient bien fermes.

6. Quand les clafoutis sont cuits, sortez-les du four et allumez le gril. Recouvrez les clafoutis de meringue et glissez-les 2 ou 3 min sous la résistance, en surveillant attentivement la coloration. Servez dès que la meringue commence à dorer.

Clafoutis aux quetsches et aux amandes

Pour 6 personnes

Préparation : 10 min Cuisson : 40 min

300 g de quetsches dénoyautées (soit 500 g brut environ) • 3 œufs • 30 cl de lait demi-écrémé (ou boisson aux amandes type Bjorg®) • 1 noix de margarine spécial cuisson • 80 g de farine de blé (T65 ou de farine de riz complet) • 50 g de sucre blond de canne • 30 g de poudre d'amande • quelques gouttes d'extrait d'amande amère (facultatif) • 2 cuil. à soupe d'amandes effilées

1. Préchauffez le four à 180 °C (th. 6).

2. Dans une terrine, fouettez les œufs avec le sucre. Ajoutez la farine, la poudre d'amande et, si vous le souhaitez, l'extrait d'amande. Mélangez bien. Puis incorporez progressivement le lait.

3. Graissez un moule à gratin avec la margarine. Disposez les oreillons de quetsche sur le fond, côté bombé dessus. Recouvrez-les de la préparation aux amandes. Parsemez d'amandes effilées. Enfournez pour 40 min environ : le clafoutis est cuit lorsque le pourtour est pris et que le centre commence à prendre. Servez tiède ou froid.

Astuce

Ce clafoutis a un faible apport caloriques. Sans faire d'excès, n'hésitez pas à vous en servir une part généreuse.

Clafoutis aux cerises noires

Pour 6 personnes
Préparation : 10 min Cuisson : 35 min

500 g de cerises noires • 4 œufs • 60 g de beurre + un peu pour le plat • 10 cl de crème entière liquide • 30 cl de lait • 100 g de farine • 140 g de sucre en poudre • 20 g de sucre vanillé • 1 pincée de sel

1. Rincez et séchez les cerises. Équeutez-les, sans les dénoyauter. Cassez les œufs dans un bol et battez-les à la fourchette avec la crème. Faites fondre le beurre.

2. Préchauffez le four à 180 °C (th. 6). Beurrez un plat à gratin de 4 cm de haut (30 x 20 ou 28 cm de diamètre).

3. Mélangez la farine, le sel et les sucres dans un grand bol, creusez le centre et versez progressivement les œufs en remuant vivement. Délayez lentement avec le lait, puis ajoutez le beurre fondu, sans cesser de remuer, jusqu'à l'obtention d'une pâte lisse et onctueuse.

4. Versez la pâte dans le plat, puis répartissez les cerises et enfournez. Faites cuire de 35 à 40 min.

Crumble
de fruits exotiques

Pour 6 personnes
Préparation : 30 min Cuisson : 30 min

400 g d'ananas (frais ou décongelé) • 2 bananes • 2 mangues bien mûres • le jus de 1 citron vert • 15 cl de lait de coco • 40 g de beurre + un peu pour le plat • 40 g de sucre vanillé
La pâte à crumble : 100 g de beurre ramolli • 80 g de noix de coco râpée • 80 g de sucre en poudre blond • 80 g de farine

1. Épluchez l'ananas, les mangues et les bananes, puis taillez-les en cubes ou en lamelles. Arrosez-les du jus de citron.

2. Faites fondre le beurre dans une grande poêle. Quand il commence à mousser, saupoudrez-le de sucre vanillé, puis ajoutez les fruits. Faites-les cuire 3 ou 4 min sur feu assez vif en remuant souvent pour les caraméliser légèrement en les gardant fermes.

3. Préchauffez le four à 180 °C (th. 6). Beurrez un plat à gratin.

4. Étalez les fruits dans le plat et versez le lait de coco.

5. Préparez la pâte à crumble. Mélangez le sucre, la farine et la noix de coco râpée dans un bol, puis incorporez le beurre coupé en petits morceaux, en mélangeant les ingrédients du bout des doigts pour obtenir une consistance granuleuse. Recouvrez les fruits de cette pâte.

6. Faites cuire de 20 à 25 min, jusqu'à ce que la surface forme une belle croûte dorée.

7. Laissez reposer 10 min à la sortie du four et servez dans le plat de cuisson.

Crumble aux fruits rouges à la banane et à la pomme

Pour 8 personnes

Préparation : 20 min Cuisson : 1 h

450 g de fruits rouges mélangés (framboises, groseilles, myrtilles, cerises dénoyautées...) • 3 bananes • 3 pommes • 80 g de sucre en poudre • 1 gousse de vanille

La pâte : 250 g de farine • 150 g de beurre froid • 80 g de cassonade • 65 g de poudre d'amande • 1 bonne pincée de sel

1. Préchauffez le four à 200 °C (th 6-7).

2. Préparez la pâte. Dans une jatte, placez la farine, la cassonade, la poudre d'amande et le sel. Mélangez. Ajoutez le beurre coupé en petits morceaux et incorporez-le au mélange du bout des doigts, de façon à obtenir de grosses miettes de pâte.

3. Épluchez les pommes et les bananes, découpez-les en dés et en rondelles. Réunissez tous les fruits dans un saladier. Ajoutez le sucre en poudre et les grains de la gousse de vanille. Mélangez. Répartissez les fruits dans un grand plat à gratin.

4. Parsemez les miettes de pâte sur les fruits. Glissez au four et laissez cuire 1 h environ, en couvrant en cours de cuisson le dessus d'une feuille de papier sulfurisé pour éviter que la pâte ne fonce trop.

5. Dégustez légèrement tiède avec un peu de glace à la vanille (voir p. 20).

Crumble de prunes
au miel et au gingembre

Pour 4 personnes
Préparation : 10 min Cuisson : 35 min Repos : 5 min

800 g de prunes • 40 g de miel toutes fleurs • 1 cuil. à soupe de gingembre confit • beurre pour le plat
La pâte à crumble : 100 g de farine • 50 g de vergeoise blonde • 50 g de poudre d'amande • 50 g de beurre ramolli • 1/2 cuil. à café de gingembre en poudre

1. Rincez les prunes et séchez-les délicatement. Coupez-les en deux et retirez les noyaux. Hachez très finement le gingembre confit.

2. Beurrez largement un plat à gratin.

3. Faites chauffer le miel à feu moyen dans une grande poêle, avec le gingembre. Ajoutez les prunes et faites-les revenir quelques instants, en les retournant délicatement pour bien les enrober et les caraméliser légèrement. Étalez-les dans le plat avec tout le jus de cuisson.

4. Préchauffez le four à 180 °C (th. 6).

5. Préparez la pâte à crumble. Mettez la farine, la poudre d'amande, la vergeoise, le gingembre et le beurre coupé en petits morceaux dans une jatte et mélangez du bout des doigts pour obtenir une pâte granuleuse. Recouvrez-en les prunes.

6. Faites cuire 25 min environ, jusqu'à ce que la surface forme une belle croûte dorée. Laissez reposer 5 min à la sortie du four avant de servir.

Crumble
à la rhubarbe

Pour 4 personnes
Préparation : 15 min Réfrigération : 30 min Cuisson : 35 min

5 tranches de pain d'épice rassis (60 g) • 600 g de tiges de rhubarbe • 75 g de beurre • 70 g de farine • 70 g de sucre roux en poudre • 2 cuil. à soupe de sucre en poudre

1. Mixez le pain d'épice pour le réduire en chapelure. Dans un saladier, mélangez celle-ci avec la farine et le sucre roux. Ajoutez le beurre coupé en dés et travaillez du bout des doigts pour obtenir une pâte sableuse. Couvrez et laissez reposer 30 min au frais.

2. Nettoyez et lavez les tiges de rhubarbe. Épluchez-les si vous le souhaitez (ce n'est pas obligatoire), puis coupez-les en morceaux. Répartissez la rhubarbe dans un plat à gratin en couche épaisse et saupoudrez du sucre en poudre.

3. Préchauffez le four à 200 °C (th. 6-7). Recouvrez uniformément la rhubarbe du crumble au pain d'épice et enfournez de 35 à 40 min. Si le crumble dore trop vite, couvrez-le de papier sulfurisé.

4. Servez le crumble tiède ou froid, éventuellement accompagné de chantilly (voir p. 15) ou de crème fraîche.

Astuce

Selon la saison, remplacez la rhubarbe par des pommes acidulées ou des fruits rouges.

Crumble de figues
à la vanille

Pour 4 personnes

Préparation : 10 min Infusion : 15 min Cuisson : 32-37 min

12 à 16 figues violettes (selon la taille) • 200 g de sucre en poudre • 1 gousse de vanille • beurre pour le plat

La pâte à crumble : 120 g de farine • 100 g de beurre ramolli • 80 g de sucre

1. Faites un sirop avec le sucre, 20 cl d'eau et la gousse de vanille fendue en deux. Amenez à ébullition puis retirez du feu, couvrez et laissez infuser au moins 15 min.

2. Rincez les figues et séchez-les délicatement. Coupez leur queue et incisez-les légèrement en croix du côté du pédoncule.

3. Préchauffez le four à 180 °C (th. 6). Beurrez un plat à gratin.

4. Amenez à nouveau le sirop à ébullition, plongez-y les figues et faites-les cuire à très petits frémissements pendant 2 min. Sortez-les délicatement à l'aide d'une écumoire et rangez-les dans le plat.

5. Conservez 10 cl de sirop pour en arroser les figues. Coupez la gousse de vanille en petits tronçons et glissez-les entre les fruits.

6. Préparez la pâte à crumble. Réunissez la farine, le sucre et le beurre coupé en petits morceaux dans une jatte et mélangez du bout des doigts pour obtenir une consistance granuleuse. Recouvrez-en les figues.

7. Enfournez et faites cuire de 20 à 25 min, jusqu'à ce que la surface soit bien dorée. Laissez reposer à la sortie du four et servez tiède.

Crumble aux pommes
raisins au whisky et amandes

Pour 4 personnes

Préparation : 30 min Repos : 24 h Cuisson : 30 min

500 g de pommes acidulées (type boskoop) • 50 g de farine de blé • 50 g de farine d'avoine • 50 g de beurre • 75 g de sucre en poudre • 50 g de raisins de Corinthe • 30 g de poudre d'amande • 1 cuil. à café de cannelle • 5 cl de whisky type Glengoyne® 17 ans (Highlands)

1. Laissez mariner les raisins dans le whisky pendant 24 h.

2. Pelez et coupez les pommes en petits morceaux. Mélangez les pommes avec la moitié du sucre, les raisins secs préalablement égouttés, la cannelle et la poudre d'amande, et disposez la préparation dans un plat à four.

3. Réunissez les farines de blé et d'avoine, le reste de sucre et le beurre ramolli coupé en petits morceaux dans un saladier, et malaxez du bout des doigts jusqu'à obtenir une texture granuleuse.

4. Recouvrez les fruits de cette préparation et enfournez à 150 °C (th. 5) pendant 30 min.

5. Servez accompagné d'une boule de glace à la vanille (voir p. 20) ou de crème fraîche.

Crumble de flocons d'avoine aux poires

Pour 8 personnes

Préparation : 20 min Cuisson : 30 min

100 g de farine de blé (T65) • 100 g de sucre de canne blond • 100 g de flocons d'avoine • $^1/_2$ cuil. à café de cannelle en poudre • 1 pincée de sel • 100 g de beurre + un peu pour le moule • 800 g de poires

1. Pelez les poires et coupez-les en petits morceaux. Répartissez-les dans un moule à gratin beurré rectangulaire de 28 x 22 cm.

2. Dans un saladier, mettez la farine, le sucre, les flocons d'avoine, la cannelle et le sel. Ajoutez le beurre froid coupé en morceaux et mélangez du bout des doigts. Lorsque la pâte commence à s'amalgamer, travaillez-la de manière à conserver de petits morceaux. Parsemez le crumble ainsi obtenu sur les poires.

3. Préchauffez le four à 180 °C (th. 6). Enfournez pour 30 min. Dégustez tiède ou froid.

Crumble abricot-Orangina® à la noix de coco

Pour 4 personnes

Préparation : 15 min Cuisson : 55 min

800 g d'abricots • 100 g de beurre • 4 boules de glace coco • 50 g de noix de coco râpée • 100 g de farine • 80 g de sucre roux • 4 sachets de sucre vanillé • 60 cl d'Orangina®

1. Préchauffez le four à 220 °C (th. 7-8). Coupez les abricots en deux, dénoyautez-les et mettez-les dans un plat. Saupoudrez-les de sucre vanillé et arrosez d'Orangina®. Enfournez pour 30 min et retournez les abricots de temps en temps.

2. Malaxez du bout des doigts la farine, le sucre roux, la noix de coco et le beurre coupé en dés, jusqu'à obtenir un sable grossier et granuleux.

3. Répartissez les abricots légèrement égouttés dans des ramequins ou des petits plats. Faites réduire le jus de cuisson à l'Orangina® pendant 5 min sous le gril du four, puis versez ce jus caramélisé sur les abricots.

4. Préchauffez le four à 200 °C (th. 6-7). Recouvrez les abricots de pâte à crumble et enfournez pour 20 min. Dégustez tiède ou froid, accompagné d'une boule de glace à la vanille par exemple (voir p. 20).

Crumble de fruits à coque
aux nectarines et aux framboises

Pour 8 personnes
Préparation : 20 min Cuisson : 30 min

80 g d'amandes, noisettes et pistaches • 100 g de sucre de canne blond • 120 g de farine de blé (T65) • 1/2 cuil. à café de cannelle en poudre • 1 pincée de sel • 100 g de beurre + un peu pour le moule • 6 nectarines • 250 g de framboises

1. Lavez les nectarines et coupez-les en petits cubes de 1 cm de côté. Répartissez-les avec les framboises dans un moule à manqué beurré de 22 cm de diamètre.

2. Mixez au hachoir électrique les amandes, les noisettes et les pistaches jusqu'à obtenir une poudre. Mettez-la dans un saladier avec le sucre, la farine, la cannelle, le sel puis ajoutez le beurre froid coupé en morceaux et mélangez le tout du bout des doigts. Lorsque la pâte commence à s'amalgamer, travaillez-la de manière à conserver de petits morceaux.

3. Parsemez le crumble ainsi obtenu sur les fruits.

4. Préchauffez le four à 180 °C (th. 6). Enfournez pour 30 min.

5. Dégustez tiède ou froid.

Astuce

Pour un crumble plus aromatique, ajoutez 2 cuil. à café de grains d'anis vert dans la pâte à crumble.

Crumble aux pommes
figues et miel

Pour 6 personnes

Préparation : 20 min Cuisson : 25 min

5 pommes golden • 9 figues fraîches • 50 g de beurre salé • 2 cuil. à soupe de miel

La pâte à crumble : 80 g de beurre doux en morceaux + un peu pour le plat • 150 g de farine • 100 g de sucre cassonade

1. Préchauffez le four à 180 °C (th. 6). Coupez les figues en quatre, disposez-les dans une poêle, avec le miel. Faites cuire 5 ou 6 min sur feu doux. Pelez les pommes et coupez-les en morceaux. Faites-les caraméliser doucement dans une poêle avec le beurre salé.

2. Préparez la pâte à crumble. Dans un grand bol, mélangez le sucre et la farine, ajoutez le beurre et malaxez du bout des doigts pour former une pâte sableuse grossière. Beurrez un plat, étalez-y les fruits, et répartissez dessus la pâte à crumble. Faites cuire au four 20 min.

Crumble aux mirabelles et aux amandes

Pour 4 personnes
Préparation : 15 min Cuisson : 20 min

750 g de mirabelles • le jus de 1 citron (facultatif) • 3 cuil. à soupe de sucre en poudre • beurre pour le plat
La pâte à crumble : 12 petits-beurre Lu® • 80 g de beurre ramolli • 50 g de poudre d'amande • 2 cuil. à soupe d'amandes effilées • 2 cuil. à soupe rases de farine • 50 g de sucre en poudre

1. Préchauffez le four à 180 °C (th. 6). Beurrez un grand plat à gratin ou 4 poêlons individuels.

2. Rincez les mirabelles à l'eau fraîche, puis essuyez-les délicatement. Retirez les noyaux en ne faisant qu'une petite fente sur le côté avec la pointe d'un couteau pour les garder entières. Étalez-les dans le plat puis, si vous le souhaitez, arrosez-les du jus de citron et saupoudrez-les du sucre.

3. Préparez la pâte à crumble. Mettez les petits-beurre dans un sac à congélation et brisez-les assez finement au rouleau à pâtisserie. Dans un saladier, mélangez tous les ingrédients du crumble (à l'exception des amandes effilées) du bout des doigts pour obtenir une texture granuleuse.

4. Recouvrez les fruits de pâte, parsemez d'amandes effilées et glissez le plat dans le four. Faites cuire de 20 à 25 min, jusqu'à ce que la surface forme une belle croûte dorée. Laissez reposer 5 min à la sortie du four et servez tiède ou froid.

Crumble
saveurs de Provence

Pour 4 personnes
Préparation : 10 min Cuisson : 25 min + 30 s

400 g d'abricots • 400 g de brugnons • 2 ou 3 cuil. à soupe de miel de lavande • 2 ou 3 pincées de fleurs de lavande fraîches ou séchées • beurre pour le plat
La pâte à crumble : 100 g de farine • 80 g de vergeoise blonde • 100 g de beurre ramolli

1. Préchauffez le four à 210 °C (th. 7). Beurrez largement un plat à gratin.

2. Plongez les abricots et les brugnons 30 s dans une casserole d'eau bouillante, puis égouttez-les et pelez-les. Coupez-les en quatre en retirant les noyaux. Rangez-les dans le plat.

3. Faites doucement chauffer le miel pour le liquéfier, puis arrosez-en régulièrement les fruits.

4. Parsemez les fleurs de lavande sur tout le plat.

5. Préparez la pâte du crumble. Mettez la farine, la vergeoise et le beurre coupé en petits morceaux dans un bol, et mélangez du bout des doigts pour obtenir une texture granuleuse.

6. Recouvrez les fruits de crumble, enfournez et faites cuire 25 min environ, jusqu'à ce que la surface forme une belle croûte dorée. Sortez du four et laissez refroidir.

Mug crumble poire-chocolat

Pour 1 mug

Préparation : 7 min Cuisson : 2 min

1 poire • 2 cuil. à soupe de pépites de chocolat • 1 biscuit • 1 cuil. à soupe rase de sucre blanc

1. Épluchez et découpez la poire en petits morceaux, puis placez ceux-ci dans un mug et faites cuire 1 min au four à micro-ondes.
2. Ajoutez 1 cuil. à soupe de pépites de chocolat et mélangez.
3. Écrasez le biscuit, puis mélangez-le avec le sucre blanc et le reste de chocolat.
4. Versez le mélange précédent sur le dessus du mug et mettez-le 1 min au four à micro-ondes.

Les petits-fours sucrés

Petits-beurre

Pour 30 biscuits

Préparation : 15 min Réfrigération : 30 min Cuisson : 15 min

40 g de crème fraîche épaisse • 80 g de beurre • 200 g de farine + un peu pour le plan de travail • 50 g de sucre en poudre • 1/2 cuil. à café de levure chimique • 1/2 cuil. à café d'extrait de vanille • 1/4 cuil. à café de sel

1. Dans un saladier, mélangez la farine, le sucre, la levure chimique et le sel. Ajoutez le beurre coupé en petits morceaux et mélangez du bout des doigts jusqu'à obtenir une texture sableuse.

2. Ajoutez la crème fraîche et l'extrait de vanille, et pétrissez le mélange avec les mains jusqu'à obtenir une boule de pâte. Vous pouvez également utiliser un robot pâtissier. Emballez la pâte dans du film étirable et réservez-la au réfrigérateur pendant 30 min.

3. Préchauffez le four à 180 °C (th. 6). Sur un plan de travail fariné, étalez la pâte sur une épaisseur de 8 mm. Découpez-la en rectangles de 6 cm de long sur 5 cm de large, ou à l'aide d'un emporte-pièce, et posez-les sur une plaque à pâtisserie recouverte de papier sulfurisé.

4. Piquez les petits-beurre à l'aide d'une fourchette, puis enfournez pour 15 min environ, jusqu'à ce qu'ils soient blonds.

5. Laissez refroidir les biscuits sur une grille avant de les déguster.

Astuce

Pour des petits-beurre au chocolat, faites fondre le chocolat de votre choix et versez-le dans des moules à mini-tablettes. Laissez durcir 1 h, puis fixez la tablette avec 2 gouttes de chocolat fondu sur le petit-beurre. Laissez sécher encore 1 h.

Spéculoos

Pour 20 à 30 biscuits (selon la taille)
Préparation : 20 min Cuisson : 12 min Réfrigération : 12 h

1 œuf • 1 cuil. à soupe de lait • 250 g de beurre ramolli • 2 cuil. à café de cannelle en poudre • 500 g de farine + un peu pour le plan de travail • 250 g de vergeoise brune • 50 g de sucre en poudre • 1 sachet de levure chimique • 1 grosse pincée de sel

1. Dans un bol, battez l'œuf et le lait. Tamisez la farine dans un grand bol avec la levure, la cannelle et le sel, puis mélangez bien.

2. Coupez le beurre en morceaux dans un second bol et mélangez-le avec la vergeoise et le sucre, en malaxant vivement à l'aide d'une spatule en bois. Ajoutez l'œuf, puis saupoudrez la farine en surface et incorporez-la au fur et à mesure. Pétrissez cette pâte jusqu'à ce qu'elle soit bien homogène, puis ramassez-la en boule et enveloppez-la de film alimentaire. Laissez reposer 12 h au frais.

3. Préchauffez le four à 180 °C (th. 6). Recouvrez la plaque de papier sulfurisé.

4. Partagez la pâte en plusieurs morceaux. Étalez-les l'un après l'autre au rouleau, sur le plan de travail légèrement fariné, en donnant à la pâte une épaisseur de 3 à 5 mm. Découpez des biscuits rectangulaires de 3 ou 4 cm de long, ou des formes variées avec plusieurs emporte-pièce. Posez-les délicatement sur la plaque et faites cuire de 12 à 15 min.

Biscuits à la cuillère

Pour 30 biscuits

Préparation : 15 min Repos : 10 min Cuisson : 20 min

6 œufs • 130 g de farine • 70 g de Maïzena® • 150 g de sucre en poudre • 50 g de sucre glace • 1 pincée de sel

1. Dans un bol, réservez 2 cuil. à soupe de sucre glace et 1 cuil. à soupe de sucre en poudre.

2. Clarifiez les œufs. Avec un batteur électrique, fouettez les jaunes avec le sucre en poudre et le sucre glace restants, jusqu'à obtenir un mélange dense et crémeux. Dans un saladier, mettez les blancs et le sel et montez-les en neige ferme.

3. Incorporez la farine tamisée à la préparation jaunes d'œufs-sucres, puis la Maïzena® et les blancs d'œufs en neige, en mélangeant avec des mouvements de haut en bas pour ne pas les casser.

4. Transférez l'appareil dans une poche à douille et formez des bâtonnets de 10 x 1 cm sur une plaque recouverte de papier sulfurisé, en prenant soin de les espacer suffisamment.

5. Préchauffez le four à 170 °C (th. 5-6).

6. Saupoudrez avec le mélange réservé sucre en poudre-sucre glace et laissez reposer pendant 10 min environ.

7. Enfournez les biscuits pendant 20 min. Puis laissez refroidir les biscuits et détachez-les du papier sulfurisé avec une spatule.

Shortbread

Pour 20 biscuits

Préparation : 15 min Réfrigération : 30 min-2 h Cuisson : 20 min

220 g de beurre demi-sel • 3 cuil. à soupe de lait • 250 g de farine • 125 g de farine de riz • 125 g de sucre en poudre + 2 cuil. à soupe environ pour le saupoudrage

1. Mélangez le sucre et les farines dans un saladier. Ajoutez le beurre, le lait et travaillez la pâte jusqu'à ce que les ingrédients soient liés.

2. Déposez la pâte sur un plan de travail, formez une boule et enveloppez-la dans du film alimentaire. Réfrigérez pendant 30 min minimum (idéalement 2 h).

3. Préchauffez le four à 190 °C (th. 6-7).

4. Abaissez la pâte à un peu moins de 1 cm entre deux feuilles de papier sulfurisé et découpez 20 rectangles d'environ 7 cm (vous pouvez également utiliser des emporte-pièce ronds).

5. Transférez les biscuits sur une lèchefrite recouverte de papier sulfurisé et saupoudrez-les de sucre.

6. Faites cuire 20 min environ, jusqu'à ce que les shortbread soient dorés. Laissez refroidir complètement avant de les déguster.

Sablés bretons

Pour 30 à 40 sablés

Préparation : 25 min   Cuisson : 15 min

1 œuf • 125 g de beurre • 250 g de farine • 125 g de sucre • 1/4 cuil. à café de sel

1. Cassez l'œuf dans une terrine et battez-le. Ajoutez le sel, le sucre et travaillez le mélange jusqu'à ce qu'il soit mousseux et jaune pâle.

2. Tamisez la farine et ajoutez-la d'un seul coup. Commencez à travailler à la spatule, puis prenez la pâte par poignées et écrasez-la entre les doigts pour l'effriter en petits grains. Mettez-la sur le plan de travail et incorporez le beurre en pétrissant avec les mains. La pâte ne doit pas coller aux doigts mais former une boule compacte.

3. Abaissez la pâte au rouleau et découpez des ronds de 8 cm de diamètre environ. Déposez-les sur la plaque du four tapissée de papier sulfurisé et faites cuire 15 min environ à 180 °C (th. 6). Décollez-les dès qu'ils sont cuits et laissez-les refroidir sur une grille.

Biscuits princiers

Pour 12 biscuits

Préparation : 25 min   Réfrigération : 2 h   Repos : 1 h   Cuisson : 20-25 min

La pâte : 1 jaune d'œuf • 50 g de crème fraîche épaisse • 125 g de beurre mou • 200 g de farine • 25 g de farine complète • 25 g de farine de seigle • 70 g de sucre en poudre • 1 pincée de sel • 1 pincée de levure chimique

Le fourrage chocolat : 30 g de beurre • 40 g de chocolat noir à pâtisser • 40 g de chocolat au lait à pâtisser • 1 cuil. à café de cacao en poudre • 1 cuil. à café de miel liquide

Le fourrage vanille : 1 cuil. à soupe de lait • 30 g de beurre • 100 g de sucre glace • 1 cuil. à café d'extrait de vanille

1. Préparez les sablés. Mélangez dans un saladier les farines, le sucre, le sel et la levure chimique. Ajoutez le beurre mou coupé en morceaux et travaillez la pâte du bout des doigts jusqu'à obtenir un sable grossier.

2. Ajoutez la crème et pétrissez rapidement pour obtenir une boule de pâte. Recouvrez-la de film alimentaire et laissez-la reposer 2 h au réfrigérateur.

3. Préchauffez le four à 160 °C (th. 5-6). Étalez la pâte entre deux feuilles de papier sulfurisé sur une épaisseur d'environ 6 mm. Découpez des cercles de 7,5 cm de diamètre.

4. Déposez-les sur une plaque à pâtisserie recouverte de papier sulfurisé. Piquez les ronds avec une fourchette et badigeonnez-les de jaune d'œuf battu. Enfournez pour 20 min, puis laissez refroidir sur une grille.

5. Préparez la garniture au chocolat. Faites fondre les chocolats avec le miel. Hors du feu, ajoutez le beurre et le cacao, puis mélangez. Posez 1 cuil. à café de cette pâte au centre d'un biscuit, puis recouvrez d'un autre biscuit. Renouvelez l'opération pour 5 autres biscuits. Appuyez légèrement pour que la crème se répartisse et laissez raffermir 1 h à température.

6. Préparez la garniture à la vanille. Fouettez le beurre avec le sucre, la vanille et le lait jusqu'à obtenir une crème. Garnissez les biscuits restants de la même façon qu'avec la crème au chocolat.

Astuce

Si vous avez une boîte en métal hermétique et qu'il vous reste quelques gâteaux, mettez-les dedans : vous pouvez les conserver 1 semaine !

Sablés à l'anis

Pour 20 sablés

Préparation : 20 min   Réfrigération : 1 h   Cuisson : 15-20 min

220 g de farine + un peu pour le plan de travail • 120 g de sucre en poudre • 100 g de beurre • 1 œuf • $^1/_2$ cuil. à soupe de graines d'anis • $^1/_2$ cuil. à soupe de pastis • 1 pincée de sel

1. Coupez le beurre en morceaux dans un grand bol et laissez-le ramollir à température ambiante. Ajoutez le sucre, le sel, les graines d'anis, le pastis et l'œuf battu, puis mélangez jusqu'à obtenir un ensemble homogène. Saupoudrez progressivement la farine en surface, et incorporez-la au fur et à mesure pour former une pâte, sans la travailler. Ramassez-la en boule, enveloppez-la de film alimentaire et laissez reposer 1 h au réfrigérateur.

2. Préchauffez le four à 180 °C (th. 6). Recouvrez une plaque de papier sulfurisé.

3. Étalez la pâte au rouleau sur le plan de travail légèrement fariné en lui donnant une épaisseur de 5 à 8 mm. Avec un ou plusieurs emporte-pièce, découpez des formes de votre choix. Soulevez les sablés avec une spatule et rangez-les sur la plaque, en les espaçant un peu. Faites cuire de 15 à 20 min selon leur taille et leur épaisseur, en surveillant la coloration : les biscuits ne doivent pas brunir.

4. Sortez du four et laissez refroidir. Ces sablés se conservent plusieurs jours dans une boîte hermétique.

Linzer sablés

Pour 40 biscuits

Préparation : 20 min Réfrigération : 2 h Cuisson : 17 min

2 œufs • 200 g de farine + un peu pour le plan de travail • 190 g de beurre mou • 50 g de sucre glace • 35 g de poudre d'amande • 1 pincée de sel • 2 cuil. à café de cannelle en poudre • 2 cuil. à café de levure • 1 petite cuil. à soupe de rhum brun • 200 g de confiture de framboises

1. Faites chauffer de l'eau dans une casserole, mettez-y les œufs et laissez-les cuire 10 min pour qu'ils soient durs. À la fin de la cuisson, passez-les sous l'eau froide pour les écaler facilement, puis séparez les blancs des jaunes et tamisez finement ces derniers.

2. Travaillez le beurre et le sucre glace pour obtenir un mélange crémeux. Incorporez la poudre d'amande, le sel, la cannelle, les jaunes d'œufs tamisés, la farine et la levure. Ajoutez le rhum pour finir et continuez à travailler la pâte jusqu'à ce qu'elle soit homogène mais sans trop la malaxer. Enveloppez-la dans du film alimentaire et laissez-la reposer 2 h au frais.

3. Préchauffez le four à 180 °C (th. 6). Sur le plan de travail fariné, étalez finement la pâte et découpez dedans des biscuits avec un emporte-pièce cannelé de 3 cm de diamètre. Formez un petit trou dans la moitié d'entre eux à l'aide d'un petit emporte-pièce en forme de cœur ou d'étoile, puis disposez-les tous sur la plaque du four recouverte de papier sulfurisé.

4. Enfournez et laissez cuire pendant 7 min. Au terme de la cuisson, laissez les biscuits refroidir avant de les décoller car ils sont cassants à la sortie du four. Déposez un peu de confiture au centre de chaque biscuit plein et recouvrez-le par un biscuit troué.

Choc'orange

Pour 20 biscuits

Préparation : 40 min Réfrigération : 1 h Cuisson : 20 min Congélation : 1 h

La garniture : 180 g de marmelade d'oranges • 2 g d'agar-agar
La génoise : 3 œufs bio • 75 g de farine • 70 g de sucre en poudre • 1 cuil. à café d'huile (tournesol, colza) • 1 pincée de sel
Le nappage : 200 g de chocolat noir à pâtisser

1. Préparez la garniture. Mixez la marmelade avec 5 cl d'eau, puis portez à ébullition dans une casserole. Saupoudrez d'agar-agar, mélangez vivement et laissez frissonner 2 min. Versez 1 cuil. à café de cette préparation dans chaque alvéole d'un moule à tartelettes en silicone posé sur un plateau. Laissez refroidir, puis mettez 1 h au réfrigérateur.

2. Préchauffez le four à 180 °C (th. 6).

3. Préparez la génoise. Séparez les blancs des jaunes d'œufs. Dans un grand saladier, battez les blancs en neige avec le sel à l'aide d'un fouet électrique. Versez le sucre en pluie et fouettez encore 1 min. Ajoutez un à un les jaunes d'œufs, sans cesser de battre. Finissez par la farine, en fouettant toujours. Ajoutez l'huile et mélangez délicatement.

4. Versez la préparation sur une plaque à génoise ou une lèchefrite recouverte de papier sulfurisé et étalez-la sur une épaisseur de 4 mm environ. Faites cuire 10 min, puis laissez tiédir.

5. À l'aide d'un emporte-pièce, découpez dans la génoise des cercles de 5 cm de diamètre, le plus serré possible pour limiter les chutes. Déposez-les sur une plaque recouverte de papier sulfurisé et faites à nouveau cuire 5 min, pour légèrement sécher la pâte.

6. Déposez une pastille de gelée d'orange sur chaque biscuit. Posez le tout sur un plateau et mettez au congélateur pour 1 h.

7. Préparez le nappage. Faites fondre le chocolat au bain-marie, puis, à l'aide d'une spatule souple, recouvrez chaque biscuit d'une fine couche de chocolat. Posez-les sur une grille au fur et à mesure de leur préparation. Attendez que le chocolat durcisse avant de les croquer.

Amaretti cacao
et noix de macadamia

Pour 25 biscuits
Préparation : 25 min   Cuisson : 12-15 min   Repos : 30 min

2 blancs d'œufs • 100 g de vergeoise • 100 g de noix de macadamia • 3 gouttes d'essence d'amande amère • 1 cuil. à soupe rase de Maïzena® • 1 cuil. à soupe bombée de cacao • 1 pincée de sel

1. Battez légèrement les blancs d'œufs, la vergeoise, le cacao et le sel au fouet électrique. Ajoutez la Maïzena® et l'essence d'amande amère. Mélangez à la spatule. Hachez les noix de macadamia. Incorporez-les à la pâte, mais réservez-en 1 cuil. à soupe environ.

2. Préchauffez le four à 150-180 °C (th. 5-6). Sur une plaque à pâtisserie recouverte de papier sulfurisé, déposez des petits tas de pâte à l'aide d'une cuillère à café, en les espaçant suffisamment (ils vont légèrement s'étaler). Décorez la surface avec les noix de macadamia hachées réservées.

3. Enfournez de 12 à 15 min, en baissant le four à 120 °C (th. 4) à mi-cuisson. Disposez les amaretti sur une grille, laissez-les refroidir, puis rangez-les dans une boîte hermétique.

Lunettes à la gelée de framboise

Pour 18 biscuits

Préparation : 45 min Cuisson : 15 min Réfrigération : 1 h 30 Repos : 30 min

90 g de beurre • $^1/_2$ citron bio • 150 g de gelée de framboise • 180 g de farine blanche + un peu pour le plan de travail • 60 g de sucre en poudre • 50 g de poudre d'amande • 40 g de sucre glace • 1 pincée de sel

1. Versez la farine, les amandes et le sucre en poudre avec le sel dans un saladier. Lavez le citron, râpez très finement une partie de sa peau pour obtenir une pincée de zeste. Ajoutez-le au contenu du saladier. Mélangez et incorporez le beurre coupé en petits dés. Travaillez du bout des doigts jusqu'à obtenir un mélange sableux. Formez une boule, enveloppez-la de film alimentaire et placez-la au frais pour 1 h.

2. Préchauffez le four à 150 °C (th. 5). Étalez la pâte sur un plan de travail fariné, sur une épaisseur de 2 ou 3 mm. Découpez des biscuits de forme ovale avec un emporte-pièce cranté. Sur la moitié d'entre eux, pratiquez deux découpes rondes au centre avec un petit emporte-pièce. Disposez les biscuits sur une plaque à pâtisserie recouverte de papier sulfurisé. Placez la plaque au réfrigérateur pendant 30 min.

3. Versez la gelée de framboise dans une casserole et faites bouillir sur feu vif pendant 5 min. Laissez tiédir. Enfournez les biscuits et laissez cuire de 10 à 12 min, sans laisser colorer. Disposez les biscuits sur une grille et laissez refroidir.

4. Garnissez les biscuits sans trou de gelée de framboise. Saupoudrez les autres de sucre glace. Placez un biscuit troué sur chaque biscuit garni de confiture.

Astuce

Remplacez la gelée de framboise par du caramel au beurre salé et nappez-en tous les biscuits. Saupoudrez les biscuits troués d'amandes effilées, grillées et hachées.

Tuiles
aux amandes

Pour 20 pièces

Préparation : 10 min   Réfrigération : 1 h   Cuisson : 7-10 min par fournée

40 g de beurre • 30 g de farine • 185 g de sucre en poudre • 200 g d'amandes effilées • 3 blancs d'œufs

1. Faites fondre doucement le beurre dans une casserole, puis mettez hors du feu et laissez tiédir. Dans un saladier, mélangez la farine, le sucre, les amandes, les blancs d'œufs et le beurre tiède, mélangez afin d'obtenir une préparation homogène et réservez 1 h au frais.

2. Préchauffez le four à 180 °C (th. 6). Sur la plaque recouverte de papier sulfurisé, disposez des petits tas de pâte bien espacés les uns des autres, puis aplatissez-les avec le dos d'une cuillère pour faire des disques de 6 ou 7 cm de diamètre.

3. Enfournez et laissez cuire de 7 à 10 min, en surveillant bien la cuisson. À la sortie du four, détachez les tuiles du papier avec une spatule et déposez-les sur une bouteille ou un rouleau à pâtisserie afin de leur donner une forme incurvée.

Cookies

framboises et fèves de cacao

Pour 18 cookies

Préparation : 20 min Congélation : 30 min Cuisson : 13 min

130 g de beurre mou • 2 cuil. à soupe de zestes de citron finement râpés • 200 g de chocolat noir aux éclats de fèves de cacao • 50 g de cacao amer en poudre • 180 g de farine • 1 cuil. à café de levure • 80 g de sucre roux • 200 g de confiture de framboises

1. Avec un grand couteau, coupez le chocolat en petites pépites. À l'aide d'une cuillère en bois, mélangez le beurre, le sucre et les zestes. Incorporez 60 g de confiture. Ajoutez en une seule fois la farine préalablement mélangée à la levure et au cacao amer, et les pépites de chocolat. Mélangez sans trop travailler la pâte.

2. Mettez un peu de pâte au creux de votre main, ajoutez au centre 1 cuil. à café de confiture (avec les 140 g restants), recouvrez généreusement de pâte et façonnez une boule de façon à emprisonner hermétiquement la confiture au cœur du cookie. Formez ainsi 17 autres boules, aplatissez-les légèrement et réservez 30 min au congélateur.

3. Préchauffez le four à 180 °C (th. 6). Placez les cookies sur la plaque du four garnie de papier sulfurisé en les espaçant de 5 cm et enfournez à mi-hauteur. Ils doivent rester très moelleux.

4. Laissez-les reposer 2 min hors du four. Décollez les cookies et refroidissez-les sur une grille.

Barres chocolat-pâte d'amandes et mandarines

Pour 12 barres environ

Préparation : 20 min Cuisson : 5 min Réfrigération : 1 h

Le zeste râpé de 2 mandarines bio • 500 g de pâte d'amandes de très bonne qualité • 200 g de chocolat noir

1. Coupez la pâte d'amandes en petits morceaux et travaillez ceux-ci avec le zeste des mandarines jusqu'à obtenir une pâte homogène. Formez des boudins avec la pâte et mettez-les dans des moules rectangulaires. Laissez figer au réfrigérateur pendant 30 min.

2. Démoulez les barres et posez-les sur une grille recouverte de papier sulfurisé.

3. Dans une casserole, sur feu moyen, faites fondre le chocolat noir.

4. Nappez les barres du chocolat noir fondu. Laissez figer au réfrigérateur pendant 30 min.

Barres gourmandes chocolat-caramel

Pour 15 barres

Préparation : 15 min Cuisson : 1 h Réfrigération : 4 h

125 g de beurre • 1 boîte de 400 g de lait concentré sucré • 20 cl de lait concentré non sucré • 200 g de pastilles de chocolat au lait • 100 g de farine + un peu pour le plan de travail • 60 g de sucre en poudre

1. Mélangez la farine et 75 g de beurre, puis ajoutez le sucre, jusqu'à obtenir une boule de pâte. Laissez reposer 1 h au réfrigérateur. Farinez le plan de travail, puis travaillez et étalez la pâte proportionnellement au moule. Piquez à la fourchette toute la surface. Préchauffez le four à 180 °C (th. 6), puis faites cuire de 20 à 25 min.

2. Dans une casserole, faites fondre le reste de beurre, ajoutez les laits, remuez sur feu doux jusqu'à ce que la crème épaississe (20 à 30 min). Versez et répartissez rapidement le caramel au lait sur la pâte à biscuit et laissez refroidir.

3. Faites fondre les pastilles de chocolat sur feu très doux, puis versez sur le caramel refroidi. Inclinez la plaque pour répartir le chocolat sur toute la surface du dessert. Réservez au frais pendant 3 h. À la sortie du réfrigérateur, à l'aide d'un couteau, détaillez le dessert en barres individuelles.

Cookies
à l'orange

Pour 12 cookies

Préparation : 30 min   Réfrigération : 15 min   Cuisson : 18 min

120 g de beurre mou • 120 g de sucre brun • 90 g de miel • 1 œuf • 220 g de farine tamisée • 30 g de poudre d'amande • 2 cuil. à soupe de Cointreau® • 60 g d'écorces d'orange confites • 5 g de levure • Zestes d'orange râpés

Le glaçage : 1 blanc d'œuf • 2 cuil. à café d'eau de fleur d'oranger • 180 g de sucre glace

1. Préchauffez le four à 160 °C (th. 5-6).

2. Versez dans le bol d'un mixeur la farine, la levure et les écorces d'orange confites, et mixez jusqu'à obtenir une poudre assez fine.

3. Battez ensemble le beurre, le miel, le sucre et le Cointreau® jusqu'à obtenir un mélange homogène. Ajoutez l'œuf et battez de nouveau. Ajoutez la farine à l'orange et la poudre d'amande, puis mélangez le tout. Si la préparation est trop molle pour être mise en boule, réservez-la au réfrigérateur pendant 15 min environ.

4. Détaillez la pâte en boules de 50 g environ et posez-les au fur et à mesure sur une plaque couverte de papier sulfurisé, en les espaçant bien les unes des autres. Enfournez et faites cuire pendant 18 min, puis laissez refroidir.

5. Préparez le glaçage en fouettant énergiquement le blanc d'œuf, le sucre glace et l'eau de fleur d'oranger. Quand les cookies sont froids, versez dessus le glaçage, puis saupoudrez-les avec le zeste d'orange. Laissez durcir à température ambiante avant de déguster.

Astuce

Pour les zestes d'orange, choisissez de préférence ceux issus d'une orange bio, moins chargée en pesticides.

Rochers amande-coco

Pour 20 petits rochers

Préparation : 10 min Cuisson : 15 min

2 blancs d'œufs • 125 g de Ti'Coco Vahiné® • 2 cuil. à soupe de poudre d'amande • 70 g de sucre en poudre • 1 cuil. à café de Maïzena® • 1 cuil. à café de vinaigre blanc

1. Préchauffez le four à 180 °C (th. 6). Recouvrez une plaque à pâtisserie d'une feuille de papier sulfurisé.

2. Mélangez le sucre et la Maïzena® dans un saladier.

3. Battez les blancs d'œufs en neige jusqu'à ce qu'ils soient légèrement mousseux. Ajoutez le mélange sucre-Maïzena® cuillerée par cuillerée, puis le vinaigre blanc. Augmentez la vitesse du batteur pour « serrer » la meringue. Incorporez à l'aide d'une spatule la poudre d'amande et le Ti'Coco Vahiné®.

4. À l'aide de deux grandes cuillères, formez des boules de la taille d'une petite boule de glace et déposez-les sur le papier sulfurisé. Enfournez pour 15 à 20 min. À la sortie du four, laissez refroidir sur la grille.

Petites meringues chantilly à la framboise

Pour 24 meringues
Préparation : 10 min Cuisson : 50 min

230 g de framboises • 120 g de blancs d'œufs (soit 4 œufs) • 50 cl de crème fleurette • 1 cuil. à soupe de mascarpone • 240 g de sucre en poudre • 50 g de sucre glace

1. Mixez 80 g de framboises et filtrez le coulis afin d'en extraire les pépins. Montez la crème fleurette en chantilly. Lorsqu'elle est ferme, ajoutez le sucre glace, le mascarpone, puis le coulis. Versez la chantilly dans une poche à douille cannelée de 15 mm. Conservez la poche au réfrigérateur jusqu'au moment du dressage.

2. Préchauffez le four à 100 °C (th. 3-4).

3. Dans le bol d'un robot, fouettez les blancs d'œufs avec 160 g de sucre en poudre ; démarrez doucement, puis augmentez la vitesse jusqu'à ce que les blancs soient parfaitement fermes. À l'aide d'une maryse, ajoutez le sucre restant et mélangez délicatement.

4. Sur une plaque à pâtisserie recouverte de papier sulfurisé, dessinez des petites meringues torsadées de 4 cm de diamètre.

5. Enfournez 50 min, puis éteignez le four et laissez les meringues jusqu'à ce que le four soit froid.

6. Recouvrez les meringues de chantilly, décorez avec le reste de framboises et servez-les.

Mont-blanc

Pour 6 personnes

Préparation : 50 min (la veille) + 20 min Réfrigération : 12 h Cuisson : 2 h

Les meringues : 60 g de blancs d'œufs à température ambiante (2 gros œufs) • 55 g de sucre en poudre • 55 g de sucre glace
La préparation aux marrons : 150 g de crème de marrons • 150 g de purée de marrons
La chantilly : 260 g de crème liquide entière • 120 g de pastilles de chocolat blanc

1. Préparez les meringues. La veille, préchauffez le four à 85 °C (th. 2-3). Montez les blancs d'œufs en neige. Lorsqu'ils commencent à mousser, ajoutez petit à petit le sucre en poudre. Quand les blancs sont montés, cessez de fouetter et incorporez délicatement le sucre glace à l'aide d'une spatule.

2. Versez le mélange dans une poche à douille. Sur une plaque à pâtisserie recouverte d'une feuille de papier sulfurisé, dressez des petites boules de 3 cm de base sur 3 cm de hauteur environ. Enfournez pour 2 h. Éteignez le four et laissez refroidir les meringues.

3. Préparez la chantilly. Pendant ce temps, faites bouillir 100 g de crème liquide. Versez sur les pastilles de chocolat blanc et mélangez. Lorsque le chocolat est fondu, versez le reste de la crème liquide froide, puis réservez au frais pendant une nuit.

4. Préparez la crème aux marrons. Travaillez ensemble la purée et la crème de marrons, afin d'obtenir une texture homogène. Réservez au frais également.

5. Le jour même, déposez les boules de meringue dans le fond de moules à muffins ou de verrines. À l'aide d'une poche à douille, recouvrez de crème de marrons sur 3 cm de hauteur, en donnant une forme de montagne.

6. Montez en chantilly la crème au chocolat blanc. Remplissez une poche à douille de 3 mm. Recouvrez-en la crème de marrons, tout en conservant l'idée d'un pic montagneux. Conservez au réfrigérateur jusqu'au service.

Mini-omelettes norvégiennes
cœur citron et limoncello

Pour 4 personnes

Préparation : 40 min   Cuisson : 2 min   Congélation : 2 h

2 blancs d'œufs (100 g) + 1 jaune • 25 g de beurre • 1 citron • 4 tranches de quatre-quarts • 115 g de sucre en poudre • 8 cl de limoncello • 300 g de glace vanille (ou parfum de votre choix)

1. Lavez le citron, puis râpez-le et pressez-le. Préparez le lemon curd. Dans une casserole, faites fondre le beurre sur feu très doux. Ajoutez le jus de citron, les zestes, le jaune d'œuf et 40 g de sucre. Fouettez jusqu'à ce que le mélange épaississe. Laissez refroidir, couvrez et réservez au réfrigérateur.

2. Passez sous l'eau 4 sphères en silicone, tapissez-les de film alimentaire et remplissez-les de glace (elle doit couvrir le fond et les bords du moule). Conservez une petite cavité au milieu que vous remplirez de lemon curd. Mettez au congélateur pour 2 heures.

3. À l'aide d'un cercle, découpez des tranches de quatre-quarts de 1 cm d'épaisseur, puis redimensionnez les tranches au format des sphères. Déposez-les sur une plaque et badigeonnez-les de limoncello à l'aide d'un pinceau. Réservez.

4. Montez les blancs d'œufs en neige, puis ajoutez le reste de sucre petit à petit. Augmentez la vitesse du batteur pour bien « serrer » les blancs. Remplissez de meringue une poche à douille unie ou cannelée. Sortez et démoulez chaque part de glace sur une tranche de quatre-quarts, en ayant préalablement placé le lemon curd dans la cavité de la glace prévue à cet effet. Recouvrez rapidement de meringue avec la poche à douille, puis colorez au chalumeau ou passez sous le gril préchauffé à 230 °C (th. 7-8) pendant 1 min. Servez et dégustez immédiatement.

Grosses meringues
aux pralines roses

Pour 4 meringues
Préparation : 25 min Cuisson : 1 h-1 h 30

120 g de blancs d'œufs • 50 g de pralines roses • 245 g de sucre glace

1. Préchauffez le four à 100-110 °C (th. 3-4). Préparez une grande casserole avec de l'eau chaude pour un bain-marie. Recouvrez de papier sulfurisé une plaque à pâtisserie. Broyez grossièrement les pralines roses.

2. Préparez la meringue suisse. Versez les blancs d'œufs dans un saladier, puis montez-les au bain-marie. Lorsqu'ils sont mousseux, ajoutez le sucre glace et fouettez sans interruption jusqu'à ce que la température atteigne 50 °C (vérifiez à l'aide d'un thermomètre à sucre ou une sonde). Les blancs vont blanchir et doubler de volume. Retirez le saladier du bain-marie et continuez de fouetter jusqu'à complet refroidissement. La meringue doit être très brillante, blanche et ferme.

3. À l'aide d'une très grande cuillère ou d'une corne à pâtisserie, déposez de grosses boules de meringue sur la plaque en les espaçant, saupoudrez-les de pralines concassées, puis enfournez de 1 h à 1 h 30 selon la taille des meringues. Éteignez le four et laissez la porte entrouverte jusqu'à complet refroidissement. Les meringues vont alors durcir.

Macarons
huile d'olive-vanille

Pour 30 macarons
Préparation : 45 min Repos : 20 min Cuisson : 10-12 min

5 blancs d'œufs • 1 pincée de sel • 150 g de sucre en poudre • 200 g de sucre glace • 170 g de poudre d'amande • 1 gousse de vanille • 1 pincée de poudre de vanille • 20 cl d'huile d'olive
La crème au beurre à l'huile d'olive : 1 gousse de vanille • 10 cl de lait entier • 2 œufs • 80 g de sucre en poudre • 250 g de beurre mou en morceaux • 5 cl d'huile d'olive

1. Montez les blancs d'œufs en neige avec le sel. Quand ils sont fermes, ajoutez petit à petit le sucre en poudre sans cesser de fouetter, jusqu'à ce que l'appareil soit lisse et brillant. Incorporez le sucre glace et la poudre d'amande. Grattez l'intérieur de la gousse de vanille pour récupérer les graines et ajoutez-les à la préparation avec la poudre de vanille et l'huile d'olive.

2. Garnissez une poche à douille lisse de cette préparation et dressez des disques de 4 cm de diamètre sur la plaque du four recouverte de papier sulfurisé. Réservez 20 min dans un endroit sec.

3. Préparez la crème au beurre. Fendez la gousse de vanille et récupérez les graines de vanille. Faites bouillir le lait avec la gousse et les graines de vanille. Mettez hors du feu et retirez la gousse. Fouettez les œufs avec le sucre jusqu'à ce que le mélange blanchisse et devienne mousseux. Incorporez le lait petit à petit, remettez dans la casserole et faites cuire sur feu doux en remuant jusqu'au premier bouillon. Mettez hors du feu et fouettez la crème jusqu'à ce qu'elle soit bien lisse, puis incorporez le beurre et, petit à petit, l'huile d'olive en fouettant énergiquement. Réservez au frais.

4. Préchauffez le four à 150 °C (th. 5). Enfournez les macarons de 10 à 12 min. Décollez-les délicatement avec une spatule et laissez-les refroidir. Garnissez la moitié d'entre eux de crème au beurre, couvrez avec les autres macarons afin de former des sandwichs et réservez au frais.

Macarons
menthe fraîche

Pour 40 macarons

Préparation : 35 min Cuisson : 3 min Repos : 1 h

17 cl de crème fleurette • 40 g de beurre • 1/2 bouquet de menthe fraîche • 150 g de chocolat blanc • 1 cuil. à soupe de miel • 10 gouttes de colorant vert liquide • Poudre d'amande

Les coques : 150 g de blancs d'œufs • 200 g de sucre glace • 200 g de sucre semoule • 5 cl d'eau

1. Ciselez la menthe fraîche très finement. Préparez les coques. Préchauffez le four sur chaleur tournante à 150 °C (th. 5). Dans un saladier, mélangez la poudre d'amande et le sucre glace afin d'obtenir une préparation homogène. Tamisez cet appareil, puis incorporez 75 g de blancs d'œufs. Mélangez à la spatule jusqu'à l'obtention d'une pâte assez épaisse. À l'aide d'un robot, montez les 75 g de blancs d'œufs restants en neige très ferme. Dans une petite casserole, versez l'eau et le sucre et portez ce sirop à ébullition jusqu'à ce qu'il atteigne 118 °C. Ajoutez-le sur les blancs montés tout en laissant tourner le robot à vitesse minimum. Une fois le sirop incorporé, augmentez la vitesse du robot et laissez-le tourner jusqu'à ce que la préparation ait refroidi. Ajoutez ensuite le colorant vert et laissez tourner encore. Incorporez une petite quantité de meringue dans le saladier contenant la pâte d'amandes et détendez la préparation. Ajoutez ensuite le reste de meringue en une fois. À l'aide d'une maryse, incorporez la meringue en allant du centre du saladier vers les bords et en soulevant l'appareil jusqu'à obtenir une préparation bien lisse, brillante et qui fasse le ruban. Garnissez de cette pâte une poche à douille munie d'une douille lisse n° 8. Sur une plaque recouverte de papier sulfurisé, déposez des petits dômes de pâte. Tapotez la plaque et laissez « croûter » les macarons une vingtaine de minutes à l'air, saupoudrez de menthe ciselée, puis enfournez pour 11 minutes à 150 °C (th. 5). Sortez-les et laissez les coques refroidir, puis décollez-les du papier sulfurisé.

2. Coupez le beurre en petits dés. Hachez le chocolat. Versez la crème dans une petite casserole. Ajoutez le reste de menthe et le miel, et portez à ébullition. Laissez infuser hors du feu 10 min. Filtrez la crème aromatisée et remettez-la à chauffer.

3. Versez un tiers de la crème sur le chocolat et mélangez délicatement à l'aide d'une spatule afin d'obtenir l'émulsion. Ajoutez le second tiers, remuez à nouveau puis versez le dernier tiers et mélangez jusqu'à obtenir une préparation lisse. Ajoutez les dés de beurre et incorporez-les doucement, jusqu'à ce qu'ils aient fondu et que la ganache soit brillante.

4. Filmez au contact de la préparation et réservez à température ambiante pendant 1 h. Déposez une noisette de ganache sur la moitié des coques et recouvrez avec les coques restantes.

Astuce

Ajoutez 1 cl de Get 27® à la ganache terminée, cela intensifiera le goût de la menthe fraîche.

Macarons moka

Pour 20 macarons

Croûtage : 30 min-1 h · Cuisson : 10-12 min · Repos : 1 h · Réfrigération : 24 h

La crème moka : 200 g de chocolat blanc de couverture haché • 5 cl de crème liquide • 1 cuil. à soupe de café soluble ou 1 cuil. à soupe d'expresso réduit • 20 g de cacao en poudre

Les coques : 100 g de blancs d'œufs (soit 2 ou 3 blancs) • 100 g de poudre d'amande • 25 g de poudre de noisette • 225 g de sucre glace • 30 g de sucre en poudre • 1 pincée de crème de tartre

1. Préparez la crème moka. Faites fondre le chocolat blanc avec la crème liquide et le café dans une petite casserole sur feu doux en mélangeant. Laissez refroidir complètement.

2. Préparez les coques. Passez la poudre d'amande, la poudre de noisette et le sucre glace au robot, puis tamisez le mélange.

3. Montez les blancs d'œufs en neige ferme avec la crème de tartre. Mettez le sucre en poudre et continuez de battre pendant 2 min. Versez le mélange amandes-noisettes-sucre glace sur les blancs puis incorporez-les à l'aide d'une spatule. Macaronnez : soulevez la pâte du fond vers la surface, à l'aide d'une spatule, jusqu'à ce qu'elle forme un ruban.

4. Transférez la préparation dans une poche à douille ronde et dressez les macarons en quinconce sur une plaque à pâtisserie recouverte de papier sulfurisé. Laissez croûter de 30 min à 1 h à l'air libre.

5. Préchauffez le four à 150 °C (th. 5). Posez la plaque de macarons sur une plaque froide et faites cuire 10 à 12 min dans le four entrouvert. Retirez du four et laissez refroidir 1 h avant de les décoller délicatement. Réservez au frais.

6. Garnissez les macarons de crème moka et assemblez-les. Réservez au frais pendant 24 h et saupoudrez de cacao au moment de servir.

Macarons pistache-cerise

Pour 20 macarons environ

Croûtage : 30 min-1 h Cuisson : 10-12 min Repos : 1 h

La crème à la pistache : 2 jaunes d'œufs • 20 g de beurre • 10 cl de crème liquide • 1 cuil. à soupe de sucre • 1 cuil. à soupe de pâte de pistache ou, à défaut, 25 g de pistaches broyées avec 25 g de sucre • Griottes ou cerises amarena

Les coques : 100 g de blancs d'œufs à température ambiante • 125 g de poudre d'amande • 225 g de sucre glace • 25 g de sucre en poudre • 1 pincée de crème de tartre • Quelques gouttes de colorant vert

1. Préparez la crème à la pistache. Faites chauffer la crème liquide avec la pâte de pistache. Fouettez ensemble les jaunes d'œufs et le sucre jusqu'à ce que le mélange blanchisse. Ajoutez-y la crème à la pistache. Reversez dans la casserole et faites épaissir sur feu doux sans cesser de mélanger. Retirez du feu et incorporez le beurre. Laissez refroidir puis réservez au frais.

2. Passez la poudre d'amande et le sucre glace au robot, puis tamisez le mélange qui doit être fin et sec.

3. Montez les blancs d'œufs en neige ferme avec la crème de tartre. Ajoutez le sucre en poudre et le colorant, et continuez de battre pendant 2 min, jusqu'à ce que le mélange soit lisse et brillant. Versez la préparation sucre-amandes sur les blancs en neige, puis incorporez-les à la spatule souple en soulevant la pâte pour qu'elle forme un ruban.

4. Transférez la préparation dans une poche à douille ronde et dressez les macarons en quinconce sur une plaque à pâtisserie recouverte de papier sulfurisé. Laissez croûter 30 min à 1 h à l'air libre.

5. Préchauffez le four à 150 °C (th. 5). Posez la plaque de macarons sur une plaque froide. Faites cuire les macarons de 10 à 12 min dans le four entrouvert. Retirez du four et laissez refroidir 1 h avant de les décoller délicatement.

6. Étalez un peu de crème à la pistache sur la moitié des coques, ajoutez une cerise amarena et recouvrez avec les coques restantes. Réservez au frais.

Mini-macarons tout chocolat

Pour 20 macarons
Préparation : 30 min Cuisson : 15 min Repos : 24 h

100 g de blancs d'œufs (laissés au réfrigérateur au moins 4 jours) • 125 g de poudre d'amande • 200 g de sucre glace • 20 g de sucre en poudre • 20 g de cacao en poudre • 1 pincée de crème de tartre
La ganache : 300 g de chocolat de couverture à 70 % de cacao • 20 g de beurre • 30 cl de lait

1. Préparez la ganache. Hachez le chocolat. Faites bouillir le lait, ajoutez-le au chocolat et mélangez intimement hors du feu. Ajoutez le beurre et remuez de nouveau. Réservez.

2. Réduisez en poudre fine au robot la poudre d'amande, le sucre glace et le cacao, puis tamisez le mélange obtenu.

3. Montez en neige les blancs d'œufs avec la crème de tartre, puis ajoutez le sucre en poudre. Continuez à battre pendant 3 min. Versez la poudre tamisée sur les blancs en neige, puis incorporez à l'aide d'une spatule. Macaronnez : soulevez la pâte du fond à la surface. L'ensemble doit être presque fluide et former un ruban.

4. Versez la pâte dans une poche à douille lisse et dressez les macarons sur une plaque recouverte d'une feuille de papier sulfurisé. Faites croûter les macarons à l'air libre pendant 1 h 30.

5. Préchauffez le four à 160 °C (th. 5-6). Posez la plaque de macarons sur une autre plaque froide pour que la collerette se forme. Faites cuire de 12 à 15 min en ouvrant le four deux fois en cours de cuisson, pour faire échapper la vapeur. Les coques doivent monter, durcir et former la collerette.

6. Retirez du four, soulevez un coin de papier sulfurisé puis versez un filet d'eau froide sur la plaque : l'humidité permettra de décoller plus facilement les macarons du papier.

7. Laissez refroidir les macarons sur une grille. Garnissez les macarons avec la ganache. Laissez reposer 24 h avant de déguster.

Macarons
caramel au beurre salé

Pour 40 macarons
Préparation : 30 min Cuisson : 15 min Repos : 2 h

120 g de crème fleurette • 150 g de beurre salé • 150 g de sucre en poudre • 1 pointe de couteau de colorant caramel en poudre • 2 pincées de fleur de sel
Les coques : 150 g de blancs d'œufs • 200 g de sucre glace • 200 g de sucre semoule • 5 cl d'eau

1. Préparez les coques en suivant l'étape 1 de la recette p. 230, avec du colorant caramel.

2. Coupez le beurre salé en dés.

3. Dans une casserole à fond épais et suffisamment grande, versez un tiers du sucre en poudre et faites chauffer sur feu doux sans remuer. Lorsqu'il est fondu, ajoutez le deuxième tiers et laissez fondre à nouveau sans remuer. Ajoutez enfin le dernier tiers et attendez que le caramel prenne une jolie couleur marron.

4. Dans une petite casserole, faites chauffer la crème puis, quand elle est chaude, versez-la doucement sur le caramel. Attention, le mélange va mousser et prendre du volume. Mélangez au fouet.

5. Hors du feu, ajoutez le beurre coupé en dés et la fleur de sel. Mélangez jusqu'à obtenir un caramel lisse et brillant. Couvrez d'un film alimentaire au contact de la préparation et réservez à température ambiante pendant 2 h.

6. Déposez une noix de ganache sur la moitié des coques, puis recouvrez avec les coques restantes.

Macarons au chocolat au lait
et aux fruits de la Passion

Pour 40 macarons

Préparation : 40 min Cuisson : 5 min Réfrigération : 1 h

40 g de beurre • 250 g de chocolat au lait • 1 cuil. à soupe de miel • 5 gouttes de colorant rouge • 10 gouttes de colorant jaune • 50 g de cacao en poudre • 100 g de pulpe de fruits de la Passion surgelée

Les coques : 150 g de blancs d'œufs • 200 g de sucre glace • 200 g de sucre semoule • 5 cl d'eau

1. Préparez les coques en suivant l'étape 1 de la recette p. 230 en ajoutant les colorants rouge et jaune afin d'obtenir de l'orange. Saupoudrez-les de cacao à l'aide d'une passette fine avant de les enfourner.

2. Coupez le beurre en petits dés. Hachez le chocolat.

3. Versez le miel et la pulpe de fruits de la Passion dans une petite casserole et portez à ébullition. Versez un tiers du liquide chaud sur le chocolat. Mélangez délicatement à l'aide d'une spatule afin d'obtenir l'émulsion. Ajoutez le second tiers, mélangez à nouveau, puis versez le dernier tiers et remuez jusqu'à obtenir une préparation lisse.

4. Ajoutez progressivement les dés de beurre et mélangez doucement jusqu'à ce qu'ils aient fondu et que la ganache soit brillante. Filmez au contact de la préparation et réservez 1 h au réfrigérateur.

5. Déposez un dôme de ganache sur la moitié des coques et recouvrez avec les coques restantes.

Macarons
à la framboise

Pour 20 macarons
Préparation : 20 min   Cuisson : 10 min

125 g de framboises fraîches, réduites en purée • 4 blancs d'œufs • 250 g de confiture de framboises • 125 g de poudre d'amande • 35 g de farine tamisée • 150 g de sucre en poudre • 1 sachet de sucre vanillé • 1 pincée de sel

1. Dans un saladier, mélangez la poudre d'amande, le sucre en poudre et le sucre vanillé. Battez 2 blancs d'œufs en neige pas trop ferme, puis incorporez-les à la préparation avec la farine et les framboises mixées.

2. Battez les blancs d'œufs restants en neige très ferme avec le sel, puis incorporez-les au mélange précédent, sans les briser.

3. Préchauffez le four à 180 °C (th. 6). Garnissez une plaque à pâtisserie de papier sulfurisé. Versez la préparation dans une poche à douille lisse de 8 mm. Dressez les macarons sur la plaque, en les espaçant de 3 cm environ pour qu'ils ne collent pas entre eux.

4. Enfournez de 10 à 12 min. À la sortie du four, décollez-les de la plaque et faites-les refroidir sur une grille. Quand ils sont froids, assemblez-les deux par deux avec la confiture de framboises.

Macarons
à la crème de marrons

Pour 6 personnes

Préparation : 40 min Repos : 10 min Cuisson : 12 min Réfrigération : 24-48 h

Les coques : 100 g de blancs d'œufs • 140 g de poudre d'amande • 105 g de sucre en poudre • 125 g de sucre glace • poudre de cacao pour la décoration

La garniture : 80 g de beurre mou • 230 g de crème de marrons • 80 g de sucre glace

1. Dans un robot, mixez les amandes en poudre et le sucre glace, puis tamisez cette préparation.

2. Battez les blancs d'œufs en neige et ajoutez le sucre en poudre en trois fois (lorsque les blancs sont mousseux, lorsqu'ils sont montés, puis à la fin de la préparation). Avec une spatule, incorporez délicatement le mélange précédent. Versez cette préparation dans une poche à douille.

3. Sur une plaque à pâtisserie recouverte de papier sulfurisé, dressez des macarons de 3 cm de diamètre. Tapotez légèrement la plaque, puis laissez sécher les macarons pendant 10 min.

4. Préchauffez le four à 150 °C (th. 5), puis enfournez pour 12 min environ. À la sortie du four, versez un filet d'eau sous le papier sulfurisé pour faciliter le décollage des macarons. Laissez refroidir.

5. Préparez la garniture. Dans un saladier, mixez le beurre avec le sucre glace, jusqu'à l'obtention d'une crème lisse. Incorporez la crème de marrons, puis fouettez 1 min.

6. À l'aide d'une poche à douille, garnissez les coques de crème, puis réservez au réfrigérateur de 24 à 48 h.

7. Saupoudrez très légèrement les coques de poudre de cacao et dégustez.

Astuce

Pour des coques réussies, pensez à sortir les blancs d'œufs du frigo la veille, voire plusieurs jours avant si possible. Les blancs d'œufs « vieillis » bonifient les macarons.

Les entremets

Entremets banane-Carambar®

Pour 10 personnes

Préparation : 1 h Cuisson : 20 min Réfrigération : 6 h

La mousse Carambar® : 300 g de Carambar® original • 12,5 cl de lait • 12,5 cl de crème liquide • 50 cl de crème fouettée • 15 g de gélatine qualité Or

Le biscuit génoise : 4 œufs • 125 g de sucre en poudre • 100 g de farine • 25 g de Maïzena®

Le caramel : 200 g d'eau • 50 g de sucre en poudre • 1/2 gousse de vanille • peau des bananes

Les bananes flambées : 5 bananes • 50 g de sucre en poudre • 25 g de beurre doux • 3 cl de rhum • 1/2 citron jaune

Le glaçage : 125 g de sucre en poudre • 125 g d'eau • 125 g de crème liquide • 7 g de cacao • 8 g de gelée neutre

1. Préparez la mousse Carambar®. Trempez la gélatine pour la ramollir. Faites chauffer le lait et la crème, jetez-y les Carambar® et mélangez pour les dissoudre. Faites fondre la gélatine dans cette préparation encore chaude et laissez refroidir. Incorporez la crème fouettée à l'appareil froid encore liquide. Préchauffez le four à 200 °C (th. 6-7).

2. Préparez le biscuit génoise. Mélangez les œufs et le sucre, et faites chauffer l'ensemble à 45 °C au bain-marie. Fouettez au batteur jusqu'à complet refroidissement. Versez en pluie le mélange de farine et de Maïzena® tamisé, à l'aide d'une petite passoire, et incorporez-le. Coulez la préparation dans un moule souple et enfournez pendant 20 min.

3. Préparez le caramel. Faites cuire le sucre jusqu'à ce qu'il devienne caramel. Décuisez avec l'eau et laissez infuser dedans la gousse de vanille, fendue en deux dans la longueur et grattée, ainsi que les peaux des bananes.

4. Préparez les bananes flambées. Préparez une poêle ronde. Épluchez les bananes et coupez-les en deux dans la longueur. Pressez le citron. Faites cuire le sucre jusqu'à obtenir un caramel brun, mettez hors du feu et incorporez le jus de citron, puis continuez de décuire le caramel en ajoutant le beurre, coupé en parcelles. Lorsque l'ensemble est homogène, disposez les demi-bananes dans le caramel, côté arrondi contre le fond de la poêle. Laissez dorer. Retournez les fruits et dorez le côté plat quelques instants. Retirez la poêle du feu et arrosez les bananes de rhum. Replacez la poêle sur la plaque pendant quelques secondes pour terminer la cuisson.

5. Préparez le glaçage. Faites cuire le sucre jusqu'à ce qu'il devienne caramel. Décuisez avec l'eau, puis détendez avec la crème. Ajoutez le cacao, incorporez la gelée neutre et portez à ébullition avant de retirer du feu. Au moment de glacer, mixez rapidement.

6. Filtrez le sirop. Démoulez le biscuit, mettez-le dans le fond d'un cercle à entremets muni d'un ruban en plastique et badigeonnez-le de sirop, puis répartissez dessus les rondelles de bananes flambées. Remplissez le cercle de mousse Carambar®, en laissant 3 à 5 mm de marge. Ajoutez le glaçage et lissez à la spatule. Réservez au frais.

CARAMBAR
caramel

Mousse au chocolat
au siphon

Pour 6 personnes

Préparation : 15 min Cuisson : 5 min Réfrigération : 1 h

5 cl de lait entier • 30 cl de crème entière • 200 g de chocolat noir • 30 g de sucre en poudre

1. Hachez le chocolat. Dans une casserole, faites chauffer le lait, la crème et le sucre semoule. Versez ce mélange chaud sur le chocolat râpé. Mélangez au fouet et passez au chinois afin d'obtenir une crème bien lisse. Couvrez de film alimentaire et laissez refroidir.

2. Versez ensuite la préparation refroidie dans un siphon. Ajoutez deux cartouches de gaz, secouez énergiquement puis réservez au réfrigérateur pendant 1 h.

3. Servez dans des verrines et dégustez aussitôt.

Petites mousses
de spéculoos au café

Pour 4 à 6 verrines
Préparation : 30 min Réfrigération : 2 h

2 blancs d'œufs • 10 cl de crème liquide • 180 g de spéculoos • 2 feuilles de gélatine • 15 cl de café très fort • 50 g de sucre en poudre • 1 pincée de sel • Copeaux de chocolat noir

1. Mettez les feuilles de gélatine à ramollir dans un bol d'eau froide. Égouttez-les et pressez-les entre les doigts. Faites fondre successivement le sucre, puis les feuilles de gélatine dans le café très chaud.

2. Écrasez finement les spéculoos ou réduisez-les en chapelure au robot. Mettez-les dans un petit saladier, versez le café, laissez reposer quelques instants, puis remuez vivement pour homogénéiser le mélange.

3. Fouettez la crème liquide en chantilly ferme. Incorporez-la délicatement à la préparation précédente, refroidie mais encore fluide.

4. Battez les blancs d'œufs en neige ferme avec le sel, puis incorporez-les à leur tour délicatement à la crème aux spéculoos.

5. Répartissez la mousse dans des coupelles ou des verrines et réservez au réfrigérateur pendant au moins 2 h. Parsemez de copeaux de chocolat au moment de servir.

Mousses d'abricots aux groseilles

Pour 6 cercles

Préparation : 15 min   Cuisson : 30 min   Réfrigération : 4 h

6 belles grappes de groseilles rouges • 50 cl de lait • 50 g de tapioca • 300 g de marmelade d'abricots • 100 g de sucre • 1 gousse de vanille • 2 cuil. à café d'agar-agar • Huile

1. Dans une casserole, versez le lait, ajoutez le tapioca et la moitié du sucre, ainsi que la gousse de vanille fendue en deux et grattée. Portez à la limite de l'ébullition, puis baissez le feu et laissez cuire tout doucement pendant 25 min, en remuant souvent.

2. Quelques minutes avant la fin de la cuisson, délayez la moitié de l'agar-agar dans un peu d'eau froide et versez cette liaison dans la casserole, mélangez intimement, retirez du feu et laissez tiédir. Répartissez cette préparation dans 6 cercles de présentation huilés, placés sur des coupelles individuelles. Réservez au réfrigérateur.

3. Faites chauffer la marmelade d'abricots avec le reste de sucre et 10 cl d'eau. Incorporez le reste d'agar-agar et mêlez intimement. Retirez du feu et versez délicatement ce mélange dans les cercles. Laissez prendre au réfrigérateur pendant 4 h.

4. Au moment de servir, retirez soigneusement les cercles et déposez une grappe de groseilles sur chaque mousse.

Petites crèmes à la guimauve

Pour 6 personnes
Préparation : 2 min Cuisson : 5 min Réfrigération : 3 h

45 cl de lait demi-écrémé • 15 cl de crème liquide • 150 g de marshmallows, blancs de préférence • 2 feuilles de gélatine

1. Faites tremper la gélatine dans un bol d'eau froide.

2. Versez le lait, la crème et les marshmallows dans une casserole. Portez à ébullition sur feu très doux, en mélangeant sans cesse, jusqu'à ce que tous les marshmallows soient fondus.

3. Laissez refroidir 2 min, puis ajoutez la gélatine préalablement essorée entre vos mains. Mélangez bien pour que la préparation soit homogène.

4. Versez immédiatement dans 6 petits verres. Laissez refroidir à température ambiante avant de mettre au réfrigérateur pour au moins 3 h.

Crème renversante au caramel

Pour 8 personnes

Préparation : 30 min Cuisson : 50 min Réfrigération : 2 h

Le caramel : 140 g de sucre • 4 cuil. à soupe d'eau

La crème : 1 l de lait entier • 6 œufs • 200 g de sucre en poudre • 1 gousse de vanille

1. Préparez le caramel. Réunissez l'eau et le sucre dans une petite casserole, faites chauffer à feu vif en remuant de temps en temps la casserole. Ne plongez aucun ustensile dans la casserole... L'eau va s'évaporer et, petit à petit, le sirop va se colorer, prendre une couleur caramel blond, puis brun clair. L'odeur doit être agréable ; si une odeur de brûlé survient et que le caramel vire au brun très foncé, jetez-le et recommencez. Versez ensuite le caramel dans le fond du moule. Attrapez le bord du moule avec un torchon et répartissez le caramel dans le fond. Laissez refroidir.

2. Préparez la crème. Mettez le lait à bouillir avec la gousse de vanille fendue en deux et laissez infuser quelques minutes. Dans un saladier, mélangez les œufs avec le sucre. Versez progressivement le lait bouillant sur la préparation précédente, en remuant avec un fouet (les œufs ne doivent pas coaguler). Filtrez la crème au travers d'un chinois, retirez la gousse de vanille et récupérez les petites graines noires à l'intérieur pour les mettre dans la crème. Versez la préparation dans le moule.

3. Préchauffez le four à 180 °C. Déposez une feuille de papier sulfurisé dans le fond d'un plat à gratin. Placez le moule dans le plat et versez de l'eau bouillante à mi-hauteur. Faites cuire la crème dans ce bain-marie de 35 à 40 min. Vérifiez la cuisson en piquant la pointe d'un couteau au cœur de la crème : aucune trace ne doit apparaître (sinon, prolongez la cuisson de quelques minutes). Retirez du four, laissez refroidir, puis mettez au frais pendant 2 h.

4. Au moment de servir, décollez la crème en longeant délicatement la paroi du moule à l'aide d'un couteau. Posez un plat sur le dessus et renversez le moule : la crème va se décoller, et le caramel se répartira uniformément.

Bavarois
à la vanille

Pour 4 personnes
Préparation : 30 min   Cuisson : 15 min   Réfrigération : 3 h

25 cl de lait • 25 cl de crème liquide • 3 jaunes d'œufs • 100 g de sucre en poudre • 1 gousse de vanille • 3 feuilles de gélatine

1. Faites tremper les feuilles de gélatine dans un bol d'eau froide.

2. Versez le lait dans une casserole. Fendez la gousse de vanille en deux et grattez l'intérieur avec la pointe d'un couteau pour récupérer les graines, ajoutez le tout au lait. Portez à ébullition, puis retirez du feu, couvrez et laissez infuser 15 min.

3. Battez les jaunes d'œufs avec le sucre jusqu'à ce que le mélange blanchisse. Retirez la gousse de vanille du lait, réchauffez-le pour qu'il soit presque bouillant, puis versez-le doucement sur les jaunes en remuant. Reversez le mélange dans la casserole et laissez épaissir sur feu doux, en remuant sans cesse, sans faire bouillir. Hors du feu, ajoutez la gélatine égouttée et remuez pour la faire fondre.

4. Fouettez la crème liquide très froide en chantilly. Incorporez-la délicatement à la crème refroidie avant que celle-ci ne prenne.

5. Trempez un moule dans l'eau froide et égouttez-le. Versez la préparation et réservez 3 h au réfrigérateur. Démoulez le bavarois sur un plat froid. Servez accompagné d'un coulis de fruits, par exemple un coulis de framboises (voir p. 24).

Marronettes

Pour 6 pots

Préparation : 10 min Cuisson : 1 min Réfrigération : 4 h

3 cuil. à soupe de lait • 20 cl de crème liquide entière bien froide • 200 g de crème de marrons vanillée • 1 feuille de gélatine

1. Faites ramollir la feuille de gélatine dans un bol d'eau froide.

2. Faites tiédir le lait dans une casserole, puis faites-y fondre la gélatine préalablement essorée entre vos mains.

3. Mélangez la crème de marrons et le lait.

4. Fouettez la crème en chantilly, jusqu'à ce qu'elle soit mousseuse et ait doublé de volume. Mélangez délicatement les deux préparations, répartissez dans 6 pots et placez au réfrigérateur pour au moins 4 h.

Crèmes desserts
au chocolat

Pour 4 pots de 15 cl

Préparation : 10 min   Cuisson : 5 min   Réfrigération : 3 h

40 cl de lait demi-écrémé • 10 cl de crème liquide • 20 g de chocolat noir à pâtisser • 35 g de cacao en poudre non sucré • 70 g de sucre en poudre • 15 g de Maïzena® • 1 g d'agar-agar

1. Dans un saladier, mélangez le sucre, le cacao et la Maïzena®. Délayez avec le lait et la crème en mélangeant à l'aide d'un mixeur plongeant.

2. Versez la préparation dans une casserole et portez doucement à ébullition.

3. Ajoutez aussitôt le chocolat coupé en morceaux et l'agar-agar. Mélangez sans cesse et faites cuire pendant 3 ou 4 min, jusqu'à ce que la préparation épaississe.

4. Versez dans 4 ramequins et laissez refroidir avant de mettre au réfrigérateur pour au moins 3 h.

Crèmes brûlées
aux litchis

Pour 4 personnes

Préparation : 15 min Cuisson : 30 min Repos : 30 min Réfrigération : 1 h

16 litchis • 20 cl de lait • 20 cl de crème fraîche liquide • 4 jaunes d'œufs • 2 cuil. à soupe de sucre en poudre • 2 cuil. à soupe de sirop de rose • 2 cuil. à soupe de cassonade

1. Préchauffez le four à 140 °C (th. 4-5).

2. Épluchez les litchis et récupérez la chair à l'aide d'un couteau pointu. Égouttez-les au maximum dans une passoire, puis passez-les dans une poêle antiadhésive sans matière grasse afin d'éliminer le maximum d'eau. Laissez refroidir.

3. Fouettez les jaunes d'œufs avec le sucre et le sirop de rose. Ajoutez le lait et la crème fraîche.

4. Disposez au fond des moules des morceaux de litchi. Recouvrez de crème et faites cuire 30 min environ au four : la crème doit être tremblotante. Sortez les crèmes brûlées du four, laissez-les refroidir à température ambiante 30 min, puis réservez-les au réfrigérateur 1 h au minimum.

5. Poudrez-les de cassonade et faites-les caraméliser au four en position gril, ou à l'aide d'un fer à crème brûlée ou encore au chalumeau. Servez aussitôt.

Crèmes brûlées
au spéculoos

Pour 6 personnes
Préparation : 20 min Cuisson : 1 h Réfrigération : 1 h

9 jaunes d'œufs • 40 cl de lait • 40 cl de crème liquide • 8 cuil. à soupe de pâte de spéculoos • 60 g de sucre en poudre • 6 cuil. à soupe de cassonade

1. Mélangez le lait, la crème et la pâte de spéculoos dans une casserole, puis amenez doucement à la limite de l'ébullition.

2. Dans un grand bol, fouettez légèrement les jaunes d'œufs avec le sucre, puis versez lentement le mélange précédent sans cesser de remuer. Laissez refroidir et retirez délicatement la mousse en surface à l'aide d'une cuillère.

3. Préchauffez le four à 110 °C (th. 3-4). Répartissez la crème dans 6 ramequins individuels, placez-les dans un bain-marie et faites cuire de 45 à 55 min, en surveillant la fin de cuisson pour la prolonger si nécessaire : la surface de la crème doit être juste ferme. Sortez du four, laissez refroidir et mettez au réfrigérateur pendant 1 h.

4. Au moment de servir, saupoudrez la surface de cassonade et caramélisez au chalumeau.

Sabayon
aux fruits rouges

Pour 4 personnes
Préparation : 10 min   Cuisson : 5 min environ

500 g de fruits rouges frais • 4 jaunes d'œufs • 2 cuil. à soupe de crème fraîche •
80 g de sucre en poudre • 20 cl de cidre doux

1. Rincez et séchez délicatement les fruits rouges sur du papier absorbant.

2. Dans un saladier, fouettez les jaunes d'œufs avec le sucre jusqu'à ce qu'ils blanchissent, puis ajoutez la crème fraîche et fouettez pour obtenir une mousse onctueuse et légère.

3. Placez le saladier dans un bain-marie, incorporez le cidre et faites cuire, toujours en fouettant, jusqu'à ce que le mélange épaississe.

4. Répartissez les fruits rouges dans 4 plats individuels et versez très délicatement le sabayon dessus.

5. Préchauffez le four à 200 °C (th. 7).

6. Faites gratiner sous le gril de 3 à 5 min et retirez dès que le sabayon commence à dorer.

Astuce

Si vous n'avez pas de cidre, ce dessert peut très bien se marier avec du vin blanc.

Sabayon
au chocolat

Pour 4 personnes
Préparation : 5 min   Cuisson : 8 min environ

150 g de chocolat noir • 8 jaunes d'œufs • 100 g de sucre en poudre •
2 pincées de cannelle en poudre

1. Cassez le chocolat en morceaux dans une petite casserole et faites-le fondre au bain-marie, ou bien placez-le dans un bol et laissez-le fondre au four à micro-ondes, jusqu'à obtenir une consistance parfaitement lisse.

2. Dans une casserole à fond épais, mettez les jaunes d'œufs et le sucre. Battez au fouet jusqu'à obtenir une mousse couleur jaune pâle. Placez cette casserole au bain-marie et fouettez sans arrêt, en évitant toute ébullition, jusqu'à ce que la crème épaississe.

3. Toujours en fouettant, incorporez petit à petit le chocolat fondu, puis la cannelle. Répartissez le sabayon dans des verres et servez aussitôt.

Fraises au sabayon

Pour 4 personnes
Préparation : 10 min Cuisson : 15 min

600 g de fraises • 3 jaunes d'œufs • 3 cuil. à soupe de sucre en poudre • 6 cuil. à soupe de marsala aux œufs

1. Lavez les fraises et équeutez-les. Séchez-les soigneusement, coupez-les en deux puis en dés dans un bol.

2. Mettez les jaunes d'œufs dans une casserole et ajoutez le sucre. Fouettez quelques minutes jusqu'à ce que la crème soit gonflée et de couleur claire.

3. Ajoutez alors le marsala et faites cuire au bain-marie, toujours en fouettant. Quand la préparation commence à épaissir, battez énergiquement.

4. Répartissez les fraises dans 4 ramequins, nappez de sabayon et servez.

Île flottante
au citron

Pour 4 personnes
Préparation : 25 min Cuisson : 15 min

Le lemon curd : 3 citrons • 1 œuf • 20 g de beurre • 2 cuil. à soupe de sucre en poudre • 1 cuil. à café de Maïzena®
La crème anglaise : 50 cl de lait • 6 jaunes d'œufs • 3 cuil. à soupe de sucre en poudre • 1 gousse de vanille
La meringue : 4 blancs d'œufs • 4 cuil. à soupe de sucre • Huile

1. Préparez le lemon curd. Prélevez le zeste de 1 citron, puis pressez tous les citrons. Mélangez le jus avec le zeste, l'œuf, le sucre, le beurre en morceaux et la Maïzena® et faites cuire 10 min au bain-marie. Réservez au frais.

2. Préparez la crème anglaise. Chauffez d'abord le lait avec la vanille et le sucre. Mélangez les jaunes d'œufs, puis versez le lait bouillant dessus. Faites cuire 5 min environ sur feu doux, jusqu'à ce que le mélange épaississe. Répartissez cette crème anglaise dans les coupes. Réservez au frais.

3. Préparez la meringue. Battez les blancs d'œufs et, lorsque le mélange devient mousseux, ajoutez progressivement le sucre. Continuez de battre jusqu'à ce que le mélange devienne bien ferme. Garnissez des ramequins légèrement huilés à moitié. Puis déposez au cœur 1 cuil. à café de lemon curd et recouvrez de meringue.

4. Faites cuire quelques secondes cette meringue au four à micro-ondes (puissance maximale). Démoulez les meringues aussitôt et posez-les sur la crème anglaise.

Tiramisu

Pour 6 personnes
Préparation : 30 min Réfrigération : 2 h

4 jaunes d'œufs • 150 g de sucre en poudre • 250 g de mascarpone • 25 cl de crème fraîche épaisse • 3 cuil. à soupe de marsala • 3 cuil. à soupe de crème de cacao • 30 boudoirs • 30 cl de café fort • 3 cuil. à soupe de cacao non sucré • 50 g de chocolat noir

1. Fouettez les jaunes d'œufs et le sucre dans une grande terrine pendant 10 min. Dans une autre terrine, battez le mascarpone et la crème. Incorporez le marsala et la crème de cacao, puis le mélange œufs-sucre.

2. Versez le tiers de la préparation dans un plat rectangulaire de 20 x 30 cm et 8 cm de profondeur environ. Trempez les biscuits un par un dans le café et rangez-les sur la crème. Recouvrez-les de crème, puis continuez à remplir le moule en alternant les ingrédients.

3. Poudrez le dessus de cacao, puis ajoutez le chocolat noir râpé. Mettez dans le réfrigérateur 2 h avant de servir.

Panna cotta traditionnelle

Pour 6 personnes

Préparation : 5 min Cuisson : 1 h Réfrigération : 3 h

6 blancs d'œufs bio • 30 cl de lait entier • 20 cl de crème liquide entière • 1 gousse de vanille • 70 g de sucre en poudre

1. Préchauffez le four à 120 °C (th. 4).

2. Dans un saladier, mélangez les blancs d'œufs et le sucre sans les faire mousser.

3. Fendez la gousse de vanille en deux dans la longueur et grattez les graines à l'aide d'un couteau pointu. Dans une casserole, portez doucement à ébullition le lait et la crème avec les graines de vanille. Versez ce mélange bouillant en filet sur les œufs en fouettant.

4. Filtrez la préparation et répartissez-la dans 6 verres ou ramequins résistants à la chaleur. Posez-les dans un grand plat rempli d'eau bouillante à mi-hauteur. Enfournez et laissez cuire 1 h. À la sortie du four, les panna cotta doivent être encore tremblotantes.

5. Laissez-les refroidir à température ambiante avant de les réserver au moins 3 h au réfrigérateur.

6. Servez avec un coulis de fruits, par exemple un coulis de framboises (voir p. 24) ou un filet de caramel (voir p. 23).

Panna cotta
mangue-spéculoos

Pour 4 verrines

Préparation : 30 min Cuisson : 5 min Réfrigération : 4 h

1 mangue de 500 g environ • 40 cl de crème liquide • 8 spéculoos • 80 g de pâte de spéculoos • 2 feuilles de gélatine • 20 g de sucre en poudre

1. Faites ramollir les feuilles de gélatine dans un bol d'eau froide. Brisez les spéculoos en grosses miettes et répartissez les deux tiers dans le fond de 4 verrines. Réservez le reste.

2. Mélangez la crème et la pâte de spéculoos dans une petite casserole et chauffez sur feu doux. Ajoutez la gélatine bien essorée et remuez pour la faire fondre. Retirez du feu et laissez refroidir.

3. Quand la préparation commence à épaissir, versez-la dans les verrines, sur les miettes de spéculoos. Mettez au réfrigérateur pendant au moins 4 h.

4. Épluchez la mangue et prélevez la chair autour du noyau. Taillez-en la moitié en dés. Mixez le reste en coulis épais avec le sucre en poudre.

5. Au dernier moment, versez le coulis de mangue sur les panna cotta. Répartissez les dés de mangue et le reste des miettes de spéculoos en surface, avant de servir.

Verrines de riz au lait
au Nutella®

Pour 6 à 8 verrines
Préparation : 10 min Cuisson : 37 min

10 cuil. à café bombées de Nutella® • 130 g de riz rond • 1 l de lait entier frais • 15 cl de crème fleurette • 100 g de sucre en poudre

1. Rincez le riz à l'eau. Cuisez-le 1 minute à l'eau bouillante, puis égouttez-le.

2. Versez le lait et la crème fleurette dans une grande casserole, ajoutez le sucre, mélangez. Ajoutez le riz et laissez cuire sur feu très doux, en remuant très régulièrement (pour éviter qu'il n'attache au fond de la casserole) pendant 35 min environ.

3. Goûtez et prolongez la cuisson du riz en fonction de la consistance et du moelleux désirés.

4. Déposez 1 grosse cuillerée à café de Nutella® dans le fond de chaque verrine, recouvrez de riz au lait.

5. Quelques minutes avant la dégustation, passez les verrines au four à micro-ondes 1 min à la puissance maximale.

Riz au lait
aux épices et oranges

Pour 4 personnes
Préparation : 15 min Cuisson : 30 min Repos : 30 min Réfrigération : 1 h

180 g de riz rond • 1 l de lait • le zeste de 2 oranges bio • Le zeste de 1 citron bio • 4 cuil. à soupe de sucre en poudre • 1 gousse de vanille • 3 capsules de cardamome • 1 bâton de cannelle de Ceylan • 5 grains de poivre sauvage de Madagascar • 1 pincée de sel

1. Rincez le riz rond à l'eau froide.

2. Mettez les zestes d'agrumes dans une casserole avec 25 cl d'eau. Portez à ébullition, puis égouttez et rincez les zestes à l'eau froide. Faites chauffer le lait avec le sucre, la gousse de vanille grattée, les zestes, le bâton de cannelle, la cardamome, les grains de poivre et le sel. Lorsqu'il bout, ajoutez le riz et faites cuire sur feu très doux 25 min environ, en remuant de temps en temps.

3. Retirez le riz du feu, laissez-le refroidir à température ambiante 30 min, puis placez-le au réfrigérateur 1 h au minimum.

4. Au moment de servir, retirez les épices.

Charlotte
aux fraises

Pour 6-8 personnes
Préparation : 30 min Réfrigération : 5 h

La garniture : 500 g de fraises (mara des bois, de préférence) • 2 blancs d'œufs • 40 cl de crème fraîche • 3 cuil. à soupe de sucre en poudre • 3 cuil. à soupe de confiture de fraises sans morceaux • 1 pincée de sel
Le gâteau : 36 biscuits à la cuillère (les plus larges) • 15 cl de rhum brun ou blanc • beurre • Sucre cristallisé

1. Confectionnez la garniture de la charlotte. Équeutez, rincez et séchez les fraises ; réservez-en une douzaine (les plus belles) pour le décor et coupez les autres en deux ou en quatre selon leur grosseur. Réservez-les.

2. Montez les blancs d'œufs en neige avec le sel. Fouettez la crème fraîche, puis ajoutez le sucre et la confiture de fraises ; mélangez. Incorporez délicatement les blancs en neige et les morceaux de fraises.

3. Pour faciliter le démoulage ultérieur, beurrez légèrement l'intérieur du moule et saupoudrez les parois de sucre cristallisé. Jetez l'excédent de sucre.

4. Dans une assiette à soupe, mélangez un fond d'eau tiède avec 1 cuil. à soupe de rhum. Renouvelez ce mélange autant de fois que nécessaire.

5. Trempez rapidement les biscuits sans les imbiber dans le liquide et tapissez-en le bord du moule à charlotte, en rapprochant bien les biscuits, côté bombé vers l'extérieur. Tapissez ensuite le fond du moule avec 2 couches de biscuits, en inversant le positionnement des biscuits sur la deuxième couche (comme un quadrillage). Comblez les espaces vides par des morceaux de biscuits préalablement trempés dans le mélange eau-rhum.

6. Versez la moitié de la garniture, couvrez d'une nouvelle couche de biscuits trempés, versez le reste de la garniture et terminez par une couche de biscuits. Posez une assiette à dessert sur le moule à charlotte et un poids (une boîte de conserve, par exemple) par-dessus, de manière à tasser le contenu. Placez au réfrigérateur pendant au moins 5 h.

7. Au moment de servir, placez le fond du moule dans de l'eau chaude pendant 2 min. Démoulez ensuite la charlotte sur le plat de service et décorez-la avec les fraises réservées.

Astuce

Mieux encore... mélangez des framboises aux fraises et servez la charlotte avec un coulis de framboises (voir p. 24), ou bien remplacez la garniture aux fruits par une mousse au chocolat et ajoutez une crème anglaise (voir p. 16).

Charlotte aux deux melons et à l'orange

Pour 6 personnes
Préparation : 30 min Cuisson : 2-3 min Réfrigération : 4 h

1 melon cantaloup • 1 tranche de pastèque • 20 cl de jus d'orange frais • 18 biscuits à la cuillère • 4 feuilles de gélatine • 80 g de sucre en poudre

1. Versez le jus d'orange dans un bol, trempez rapidement les biscuits dedans et tapissez-en les parois d'un moule. Mettez au réfrigérateur. Faites tremper les feuilles de gélatine dans un bol d'eau froide.

2. Coupez le melon en deux, retirez les graines puis prélevez la chair à l'aide d'une petite cuillère. Mettez-la au fur et à mesure dans une jatte. Retirez soigneusement l'écorce et les graines de la pastèque. Détaillez-la en petits dés et réservez.

3. Chauffez doucement le reste du jus d'orange avec le sucre dans une petite casserole, ajoutez les feuilles de gélatine bien égouttées et remuez jusqu'à ce qu'elles soient complètement fondues.

4. Mixez la chair du melon en purée fine, ajoutez le jus d'orange et mélangez bien. Laissez refroidir.

5. Quand la purée de melon commence à refroidir, versez-en la moitié dans le moule puis étalez les dés de pastèque dessus. Recouvrez-les avec le reste de la purée. Couvrez avec un film alimentaire et mettez au réfrigérateur pendant au moins 4 h.

6. Ôtez le film et démoulez ensuite la charlotte sur le plat de service.

Charlotte anglaise aux pommes

Pour 8 personnes
Préparation : 45 min Cuisson : 50 min

1 pain brioché de 500 g légèrement rassis • 2 kg de pommes acidulées (de type reinette) • 150 g de cassonade • 125 g de beurre • 10 cl de crème fraîche épaisse • 1 gousse de vanille • 1 bâton de cannelle

1. Pelez les pommes, ôtez le cœur et émincez-les en fines lamelles.

2. Laissez fondre 100 g de beurre dans une sauteuse sur feu moyen et faites-y dorer les tranches de pomme, 10 à 15 min environ, avec la gousse de vanille fendue en deux et le bâton de cannelle. Ajoutez la cassonade et laissez cuire 10 min. Puis hors du feu, ajoutez la crème fraîche, remuez et réservez.

3. Préchauffez le four à 210 °C (th. 7). Après avoir ôté la croûte, découpez le pain brioché en tranches assez fines. Faites-les dorer au grille-pain, beurrez-les généreusement, puis disposez-les dans le moule côté beurré vers l'extérieur en veillant à ce qu'il n'y ait pas d'espace entre les tranches.

4. Remplissez à moitié le moule de lamelles de pomme, disposez dessus une couche de pain brioché grillé et recommencez l'opération. Couvrez d'une feuille de papier d'aluminium, enfournez et laissez cuire 35 min au bain-marie.

5. Sortez la charlotte et laissez tiédir 30 min. Puis démoulez-la sur un plat de service en glissant la lame fine d'un couteau le long des parois. Servez tiède, avec le bâton de cannelle planté au centre.

Charlotte au Nutella®

Pour 8 à 10 personnes
Préparation : 20 min Réfrigération : 12 h

250 g de Nutella® • 30 biscuits à la cuillère • 12 petits-suisses • Jus d'orange • Copeaux de chocolat noir (facultatif) • Chantilly (facultatif)

1. Battez au fouet les petits-suisses et le Nutella®. Trempez rapidement chaque côté des biscuits dans le jus d'orange. Tapissez un moule à charlotte avec les biscuits et versez-y la moitié de la préparation au Nutella®.

2. Recouvrez d'une couche de gâteaux imbibés de jus d'orange. Versez le reste de la préparation chocolatée. Terminez par une dernière couche de biscuits trempés.

3. Posez une assiette lestée d'un poids sur le moule (vous pouvez utiliser un produit présent dans le réfrigérateur, comme un paquet de yaourts). Placez la charlotte 12 h au frais.

4. Démoulez la charlotte et décorez-la avec de la chantilly et/ou des copeaux de chocolat.

Soufflés qui ne ratent jamais

Pour 6 personnes
Préparation : 20 min Cuisson : 10-15 min

340 g de chocolat noir à 70 % • 110 g de beurre à température ambiante • 10 blancs d'œufs + 6 jaunes • 150 g de sucre en poudre

1. Préchauffez le four à 210 °C (th. 7).

2. Hachez le chocolat et faites-le fondre avec le beurre coupé en petits dés au bain-marie. Fouettez les blancs d'œufs en neige en ajoutant petit à petit le sucre, en quatre fois. Incorporez les jaunes d'œufs aux blancs, puis le chocolat fondu. Mélangez délicatement.

3. Versez dans des ramequins, glissez au four et faites cuire de 10 à 15 min selon la consistance désirée. Le cœur du soufflé doit être crémeux. Servez aussitôt.

Soufflés aux litchis

Pour 4 personnes
Préparation : 40 min Cuisson : 20 min

500 g de litchis frais (à défaut, 350 g de litchis en boîte) • 15 cl de lait • Le jus de 1/2 citron vert + un peu pour les blancs d'œufs • 40 g de Maïzena® • Beurre pour le moule • 80 g de sucre + un peu pour le moule • 4 jaunes d'œufs + 6 blancs • 2 cuil. à soupe d'eau de rose (facultatif) • Sucre glace

1. Préchauffez le four à 210 °C (th. 7). Évitez la cuisson à chaleur tournante.

2. À l'aide d'un pinceau, graissez bien tout l'intérieur du moule avec du beurre très ramolli. Beurrez une seconde fois les parois de bas en haut. Saupoudrez le sucre, retournez le moule pour enlever l'excédent et réservez au réfrigérateur.

3. Pelez et dénoyautez les litchis, et passez-les au mixeur.

4. Faites chauffer le lait dans une casserole. Dans un bol, mettez les jaunes d'œufs et les deux tiers du sucre, et fouettez jusqu'à ce que le mélange blanchisse. Ajoutez la Maïzena® et mélangez bien. Versez une partie du lait sur le mélange et fouettez. Ajoutez les trois quarts du jus de litchi. Remettez le tout dans la casserole, et faites cuire le mélange sans cesser de remuer pendant quelques minutes jusqu'à épaississement. Réservez hors du feu.

5. Ajoutez le reste de jus de litchi, le jus de citron vert et l'eau de rose. Laissez refroidir la préparation à température ambiante.

6. Avec quelques gouttes de jus de citron, montez les blancs d'œufs en neige lentement et fermement, en incorporant le reste du sucre petit à petit vers la fin de l'opération. Avec une spatule, déposez une petite partie des blancs d'œufs dans le mélange afin de détendre l'ensemble si besoin, puis incorporez le reste des blancs délicatement en soulevant la pâte de bas en haut pour ne pas les casser.

7. Remplissez les moules à 1 cm en dessous du bord et sans bavure. Enfournez les soufflés et baissez la chaleur à 190 °C (th. 6-7). Faites cuire 15 min environ. Le centre des soufflés doit être crémeux. N'ouvrez jamais la porte du four pendant la cuisson.

8. À la sortie du four, saupoudrez le sucre glace à l'aide d'une passoire fine et servez aussitôt.

Astuce

Pour réussir vos soufflés à coup sûr, placez-les en bas de votre four : l'air chaud monte et aide les soufflés à gonfler.

Soufflés au caramel

Pour 4 personnes
Préparation : 25 min Cuisson : 15 min

Le soufflé : Beurre pour le moule • 30 cl de lait • 35 g de Maïzena® • 120 g de sucre en poudre + un peu pour le moule • 4 jaunes d'œufs + 6 blancs • 1 gousse de vanille • Sel
La sauce caramel au beurre salé : 100 g de sucre en poudre • 15 cl de crème liquide • 35 g de beurre salé

1. Préchauffez le four à 210 °C (th. 7). Évitez la cuisson à chaleur tournante. À l'aide d'un pinceau, graissez l'intérieur du moule avec du beurre. Beurrez une seconde fois les parois de bas en haut. Saupoudrez le sucre, otez l'excédent et réservez au réfrigérateur.

2. Pour la sauce caramel. Faites fondre le sucre avec 2 cuil. à soupe d'eau dans une casserole. Dès que la préparation a une couleur brune, retirez la casserole du feu et ajoutez la crème liquide. Remettez sur le feu et mélangez. Hors du feu, incorporez le beurre salé coupé en morceaux. Réservez.

3. Dans une autre casserole, faites fondre 100 g de sucre avec 2 cuil. à soupe d'eau. Dès que la préparation a une belle couleur brune, retirez la casserole du feu et ajoutez le lait. Remettez sur le feu et mélangez pour dissoudre le caramel. Ajoutez la gousse de vanille fendue dans la longueur et les grains extraits au moyen d'un couteau.

4. Mettez les jaunes d'œufs et la Maïzena® dans un grand bol. Mélangez bien. Enlevez la gousse de vanille. Versez une partie du lait bouillant sur les jaunes et fouettez l'ensemble. Remettez le tout dans la casserole, et faites cuire le mélange en remuant pendant quelques minutes jusqu'à épaississement. Réservez hors du feu et laissez refroidir.

5. Avec une pincée de sel, montez les blancs d'œufs en neige lentement et fermement, en incorporant le reste du sucre petit à petit vers la fin de l'opération. Déposez une petite partie des blancs d'œufs dans le mélange, puis incorporez le reste des blancs délicatement. Remplissez les moules à 1 cm en dessous du bord. Enfournez les soufflés en bas du four et baissez la chaleur à 190 °C (th. 6-7). Faites cuire 15 min. Servez aussitôt avec la sauce au caramel.

Mug pain perdu

Pour 1 mug
Préparation : 6 min   Cuisson : 2 min

1 tranche de pain brioché • 1 œuf • 2 cuil. à soupe de sucre • 1 cuil. à café de beurre • 1/2 cuil. à café d'arôme vanille

1. Faites dorer le pain brioché au grille-pain.

2. Dans un mug, laissez fondre le beurre 15 s au four à micro-ondes, avant de l'étaler dans le fond et sur les parois basses.

3. Placez le pain brioché au fond du mug ; vous pouvez le casser en deux si nécessaire.

4. Dans un autre récipient, fouettez ensemble le sucre, la vanille et l'œuf. Incorporez doucement le mélange sur le pain brioché et laissez reposer 2 min.

5. Faites cuire 1 min 40 au four à micro-ondes.

Mug cake au citron pavot et menthe

Pour 1 mug de grande taille (50 cl)
Préparation : 6 min   Cuisson : 1 min   Repos : 5 min

1 œuf • 3 cuil. à soupe de yaourt grec • 1/2 citron jaune bio • 6 feuilles de menthe fraîche • 1 cuil. à soupe de graines de pavot • 2 cuil. à soupe de farine • 2 cuil. à soupe de Maïzena® • 3 cuil. à soupe de sucre en poudre • 1 sachet de sucre vanillé • 1/4 cuil. à café de levure chimique • 1 cuil. à soupe d'huile de tournesol • 1 pincée de sel

1. Dans un mug, cassez l'œuf, puis battez-le à la fourchette. Râpez le zeste et pressez le jus du citron. Rincez et ciselez les feuilles de menthe.

2. Incorporez les sucres, la farine, la Maïzena®, la levure et le sel. Toujours en battant, ajoutez le yaourt et l'huile. Quand le mélange est bien homogène, ajoutez le jus et le zeste de citron. Mélangez. Terminez en saupoudrant de graines de pavot et les feuilles de menthe. Remuez.

3. Placez le mug dans le four à micro-ondes et faites cuire 1 min 30.

4. Attendez quelques instants que la cuisson se poursuive et que le mug cake refroidisse avant de plonger votre cuillère dans ce délice !

Petites terrines de pommes

Pour 4 personnes
Préparation : 30 min   Cuisson : 1 h environ

4 pommes • le jus de 1/2 citron • 2 œufs • 80 g de beurre + un peu pour le plat et les moules • 80 g de sucre en poudre

1. Épluchez les pommes, coupez-les en quatre et retirez le cœur et les pépins. Arrosez-les aussitôt de jus de citron.

2. Préchauffez le four à 120 °C (th. 4).

3. Étalez les pommes dans un plat antiadhésif légèrement beurré et cuisez-les environ 20 min. Faites fondre le beurre et laissez-le tiédir. Cassez les œufs et battez-les en omelette.

4. Sortez les pommes du four. Augmentez la température à 160 °C (th. 5-6) et beurrez 4 moules à cake individuels. Saupoudrez les pommes de sucre, en remuant doucement à la fourchette, puis incorporez le beurre fondu et les œufs, en mélangeant très doucement pour ne pas trop briser les fruits.

5. Répartissez la préparation dans les moules, placez-les dans un bain-marie, enfournez et faites cuire de 50 min à 1 h. Vérifiez la cuisson en piquant une pointe fine dans une terrine : elle doit en ressortir sèche. Laissez tiédir un peu à la sortie du four et démoulez.

Tortilla aux nectarines et aux pistaches

Pour 4 personnes
Préparation : 15 min Cuisson : 20 min environ

6 œufs • 3 nectarines jaunes pas trop mûres • 40 g de pistaches (non salées) • 80 g de sucre en poudre + 1 cuil. à soupe • 5 cl de crème fraîche • 1 cuil. à soupe d'eau de fleur d'oranger • 30 g de beurre • 1 cuil. à café d'huile

1. Lavez les nectarines et coupez-les en minces quartiers. Concassez grossièrement les pistaches.

2. Battez les œufs avec la crème fraîche et le sucre en poudre. Ajoutez l'eau de fleur d'oranger et les trois quarts des pistaches.

3. Chauffez le beurre et l'huile dans une poêle à bord haut à revêtement antiadhésif de 26 cm de diamètre. Faites rôtir les quartiers de nectarine sur feu moyen après les avoir saupoudrés de 1 cuil. à soupe de sucre. Versez ensuite les œufs battus. Laissez cuire 10 min.

4. Préchauffez le four sur position gril. Lorsque la tortilla est prise, placez la poêle (le manche à l'extérieur) sous le gril du four pour la faire dorer. Servez tiède ou froid, coupé comme un gâteau et parsemé de pistaches concassées.

Verrines de gelée de framboise

Pour 4 personnes
Préparation : 15 min Cuisson : 45 min Réfrigération : 1 h

500 g de framboises • Le jus de 1/2 citron • 4 feuilles de gélatine • 60 g de sucre en poudre • 10 cl de vin blanc moelleux • 10 cl d'eau

1. Mettez 4 verres à refroidir au réfrigérateur. Faites ramollir les feuilles de gélatine dans 30 cl d'eau froide.

2. Faites bouillir 2 ou 3 min l'eau, le vin, le jus de citron et le sucre. Laissez refroidir ce sirop.

3. Triez les framboises et réservez-en 100 g. Mettez le reste dans un bol. Couvrez-le avec un film alimentaire et posez-le sur une casserole d'eau frémissante, sans que le fond touche l'eau. Laissez 40 min sur feu doux pour que les framboises rendent leur jus. Tapissez une passoire d'une mousseline fine, juste humide. Posez-la sur un bol et versez les framboises. Laissez le jus s'écouler complètement, sans écraser les fruits.

4. Égouttez les feuilles de gélatine, mettez-les dans le jus de framboise et chauffez doucement en remuant jusqu'à ce qu'elles soient bien fondues. Mélangez le jus de framboise et le sirop. Quand la préparation commence à épaissir, sortez les verres du réfrigérateur et versez-en 2 cm dans le fond. Remettez à prendre au frais.

5. Répartissez les framboises dans les verres. Versez le reste de la gelée et appuyez un peu sur les fruits pour qu'ils s'y enfoncent. Remettez au réfrigérateur jusqu'à ce que la gelée soit complètement prise.

Minestrone
de fruits d'été

Pour 4 personnes

Préparation : 15 min   Cuisson : 5 min   Réfrigération : 1 h

4 abricots • 3 pêches blanches • 2 poires • 250 g de fraises • 100 g de sucre en poudre • 1/2 citron non traité • 3 brins de thym

1. Prélevez environ la moitié du zeste, pressez le citron et récupérez son jus. Pelez les pêches après les avoir plongées 30 s dans l'eau bouillante. Pelez les poires et ôtez le cœur. Taillez tous les fruits en dés. Mettez-les dans un saladier et arrosez-les du jus de citron.

2. Dans une casserole, portez à ébullition 80 cl d'eau avec le sucre, le thym et le zeste de citron. Laissez bouillir 5 min. Retirez du feu, couvrez et laissez infuser 5 min.

3. Versez l'infusion de thym chaude sur les fruits. Laissez refroidir et reposer au moins 1 h au réfrigérateur, le temps que les fruits parfument à leur tour l'infusion.

4. Servez à température ambiante ou bien frais.

Astuce

Choisissez des fruits goûteux mais pas trop murs de façon à ce qu'ils ne ramolissent pas trop au contact de l'infusion chaude.

Poires au chocolat

Pour 4 personnes

Préparation : 30 min Cuisson : 20 min Réfrigération : 3 h

4 poires • Le jus de 1 citron • 2 abricots secs • 20 g de beurre • 200 g de chocolat noir + quelques copeaux • 125 g de sucre en poudre • 1 sachet de sucre vanillé • 1 cuil. à soupe de miel • 1 cuil. à soupe de noix de coco râpée

1. Mélangez les sucres, le jus de citron et 20 cl d'eau dans une casserole et faites chauffer doucement en remuant. Quand le sucre est complètement dissous, portez à frémissements.

2. Pelez les poires en conservant la queue. Plongez-les au fur et à mesure dans le sirop et complétez éventuellement avec un peu d'eau pour que le liquide arrive à 2 cm de la queue des fruits. Faites cuire de 15 à 20 min à petits frémissements, jusqu'à ce que les poires soient tendres. Laissez-les refroidir dans le sirop, puis réservez 1 h au réfrigérateur.

3. Cassez le chocolat dans une petite casserole, ajoutez le miel et faites fondre sur feu très doux ou au bain-marie. Retirez du feu, incorporez le beurre et laissez tiédir.

4. Égouttez les poires et mettez-les dans un compotier. Versez doucement le chocolat tiède dessus, en l'étalant délicatement à la spatule. Parsemez de noix de coco râpée et réservez encore 2 h au réfrigérateur.

5. Coupez les abricots secs en deux et disposez-les autour des poires. Parsemez de copeaux de chocolat et servez.

Marmelade pommes-ananas
à la muscade

Pour 4 personnes
Préparation : 10 min Cuisson : 8 min Repos : 5 min

1 ananas frais • 1 banane • 1 citron • 2 grosses pommes boskoop • 1 sachet de sucre vanillé • 4 cuil. à soupe de gelée de coing • 1 cuil. à café de noix muscade fraîchement râpée • 4 cuil. à café de poudre d'amande

1. Pelez les pommes, évidez-les et coupez-les en morceaux. Mettez-les dans une jatte avec la moitié du jus de citron et le sucre vanillé. Couvrez d'un film étirable, percez-le en plusieurs endroits et faites cuire au micro-ondes pendant 8 min sur puissance maximale. Laissez reposer pendant 5 min et mixez.

2. Pendant ce temps, pelez l'ananas et coupez-le en deux, éliminez le cœur fibreux et coupez la chair en petits dés. Pelez la banane, coupez-la en fines rondelles et citronnez-les.

3. Répartissez la moitié des dés d'ananas dans les verrines, ajoutez la compote de pommes, puis la gelée de coing. Recouvrez avec le reste des dés d'ananas, ajoutez ensuite la poudre d'amande et les rondelles de banane. Poudrez de noix muscade et dégustez à température ambiante.

Compote rhubarbe-fraises-mascarpone

Pour 4 personnes
Préparation : 20 min Cuisson : 35-40 min

300 g de rhubarbe • 250 g de fraises • 25 g de sucre en poudre • 2 sachets de sucre vanillé • 150 g de mascarpone • 40 g de flocons d'avoine • 30 g de fruits secs (noix, noisettes, amandes) • 2 cuil. à soupe de sirop d'érable • Huile d'arachide • Cannelle

1. Préchauffez le four à 175 °C (th. 7).

2. Dans un bol, mélangez les flocons d'avoine, les fruits secs grossièrement concassés au couteau et un peu de cannelle. Versez dessus le sirop d'érable et 1 cuil. à soupe d'huile et mélangez. Sur la plaque du four recouverte de papier sulfurisé, étalez ce mélange sur 1,5 cm d'épaisseur. Couvrez de papier sulfurisé, enfournez et laissez cuire de 20 à 25 min. Mettez à refroidir.

3. Lavez et coupez la rhubarbe en tronçons (inutile de l'éplucher). Lavez et équeutez les fraises. Faites compoter la rhubarbe dans une casserole avec 2 cuil. à soupe d'eau, en couvrant. Au bout de 10 min, ajoutez les fraises coupées en quartiers et laissez cuire quelques minutes, à découvert. Faites refroidir. Goûtez et sucrez.

4. Émiettez la galette de flocons d'avoine. Au moment de servir, répartissez la compote dans 4 verrines, recouvrez d'une couche de mascarpone battu avec le sucre vanillé et un peu de cannelle. Parsemez de miettes de flocons d'avoine et dégustez.

Compote de pastèque

figues et pistaches

Pour 4 personnes
Préparation : 15 min Cuisson : 5 min Réfrigération : 1 h

4 figues fraîches • 600 g de pastèque • 3 cuil. à soupe de jus de citron • 1 sachet de sucre vanillé • 1 cuil. à soupe d'eau de fleur d'oranger • 4 cuil. à soupe de pistaches non salées

1. Coupez la pastèque en quartiers, puis épluchez-les et épépinez-les. Recoupez la chair en petits morceaux et faites-les compoter dans une casserole avec le sucre vanillé et un peu d'eau pendant 5 min. Laissez refroidir.

2. Dans un saladier, mélangez le jus de citron et l'eau de fleur d'oranger. Ajoutez-y la compote de pastèque refroidie et mélangez bien. Couvrez de film alimentaire et réservez 1 h au réfrigérateur.

3. Au moment de servir, répartissez la compote dans 4 coupelles, garnissez avec 1 figue fraîche coupée en quartiers, puis parsemez de pistaches.

Spécial Chandeleur

Donuts roulés à la cannelle

Pour 10 donuts

Préparation : 40 min Repos : 30 min Cuisson : 8 min

Huile pour friture

La pâte : 1 œuf + 1 jaune • 11 cl de lait en poudre (ou 16 cl si vous utilisez de la levure sèche) • 50 g de beurre • 300 g de farine T65 + un peu pour le plan de travail • 10 g de levure de boulanger fraîche (ou 5 g de levure sèche) • 30 g de sucre • 1 sachet de sucre vanillé • 2 cuil. à soupe de crème liquide • 5 g de sel

La garniture : 1 jaune d'œuf • 2 cuil. à soupe de beurre • 40 g de noix • 40 g de raisins secs • 70 g de sucre de canne en poudre foncé • 2 cuil. à café de cannelle en poudre

Le glaçage : 30 g de beurre • 60 g de Kiri® • 60 g de sucre glace + un peu pour servir • 1/2 gousse de vanille • Cannelle

1. Préparez la pâte. Sortez le beurre, le lait et les œufs du réfrigérateur et laissez-les à température ambiante. Dans un bol, mélangez la farine la levure, le sel et le lait en poudre. Réservez la préparation. Dans un saladier, mélangez les œufs, le sucre et le sucre vanillé. Quand le mélange est bien homogène, ajoutez la crème et mélangez à nouveau. À l'aide d'une spatule, versez la préparation farine-lait en poudre dedans, puis ajoutez le beurre. Recouvrez le récipient avec un film alimentaire et laissez reposer au réfrigérateur pendant 1 h. Étalez la pâte sur un plan de travail fariné sur 5 mm d'épaisseur et formez un rectangle de 20 cm x 40 cm.

2. Préparez la garniture. Concassez les noix. Faites fondre le beurre au bain-marie, puis ajoutez la cannelle et le sucre. Dans un petit bol, mêlez le jaune d'œuf et 1 cuil. à café d'eau. À l'aide d'un pinceau, étalez ce mélange sur l'ensemble de la surface de la pâte, puis, le beurre fondu au sucre et à la cannelle, les raisins secs et les morceaux de noix. Enroulez la pâte sur elle-même et badigeonnez ses extrémités de jaune d'œuf pour bien la maintenir enroulée. À l'aide d'un couteau, découpez la pâte enroulée en rondelles de 5 mm d'épaisseur. Posez-les sur une plaque recouverte d'un torchon humide et laissez-les reposer 30 min.

3. Dans une friteuse ou une poêle à bord haut, faites chauffer l'huile à 160 °C, plongez les rondelles dedans 3 ou 4 min, ou faites-les cuire au four à 180 °C (th. 6) pendant 8 min. Posez-les ensuite sur du papier absorbant (si friture), puis laissez-les tiédir avant de réaliser le glaçage.

4. Préparez le glaçage. Dans un bol, battez le beurre, puis ajoutez et mélangez le sucre, le Kiri® et la gousse de vanille. Plongez les donuts à moitié dans le bol un par un. Selon votre goût, vous pouvez saupoudrer de sucre glace mélangé à de la cannelle.

Astuce

Pour faciliter la découpe de la pâte, utilisez un fil à découper le foie gras.

Beignets anisés au miel

Pour 6 à 8 personnes
Préparation : 25 min Cuisson : 20 min

200 g de farine + un peu pour le plan de travail • 1 gros œuf • 40 g de sucre en poudre • 15 cl d'anisette • 60 g de beurre • 1 cuil. à café de cannelle en poudre • 150 g de miel • 1 pincée de sel • 50 cl d'huile d'olive pour la friture

1. Versez la farine tamisée dans une terrine. Faites une fontaine au milieu et ajoutez le sel, l'œuf et le sucre. Mélangez, puis incorporez le beurre fondu et l'anisette additionnée de 2 cuil. à soupe d'eau. Ajoutez ensuite la cannelle.

2. Travaillez cette pâte jusqu'à ce qu'elle ait une consistance bien homogène, puis étalez-la assez finement sur le plan de travail fariné. Découpez dans la pâte des losanges et des rectangles allongés.

3. Faites chauffer l'huile dans une friteuse ou une grande sauteuse, voire une poêle à bord haut. Faites frire les beignets en plusieurs fois, en évitant de laisser trop chauffer l'huile.

4. Égouttez les beignets lorsqu'ils sont bien dorés, épongez-les sur du papier absorbant, puis disposez-les dans un plat de service. Pour finir, arrosez-les avec le miel délayé dans un petit verre d'eau tiède.

Beignets au chocolat

Pour 4 personnes

Préparation : 45 min Cuisson : 30 min Repos : 1 h

La ganache : 100 g de chocolat noir à 60 % • 5 cl de crème liquide • 165 g de gelée de coing
La pâte briochée : 250 g de farine • 10 g de levure de boulanger • 5 cl de lait entier • 2 gros œufs • 85 g de beurre mou • 35 g de sucre en poudre • 6 g de sel • 1 l d'huile neutre • Sucre glace

1. Préparez la ganache. Hachez le chocolat grossièrement à l'aide d'un couteau. Faites bouillir la crème liquide, versez-la petit à petit sur le chocolat en formant des cercles concentriques à partir du centre, à l'aide d'une spatule en bois. Quand la crème est froide mais pas solide, ajoutez la gelée de coing préalablement tiédie.

2. Préparez la pâte briochée. Mettez dans un bol la farine préalablement tamisée, le sel et le sucre, ajoutez le lait et la levure, remuez, puis incorporez les œufs. Mélangez correctement à l'aide d'une spatule pour éviter les grumeaux. Terminez en ajoutant le beurre mou coupé en dés. Travaillez la pâte à la spatule jusqu'à ce qu'elle se détache des parois du saladier et soit élastique, lisse et brillante. Découpez-la en 4 morceaux. Donnez-leur une forme de boule en les roulant sur le plan de travail avec la paume de la main. Laissez-les reposer 1 h dans un endroit un peu chaud afin que la pâte puisse lever.

3. Faites chauffer l'huile dans une cocotte ou une friteuse. Lorsque les brioches ont doublé de volume, plongez-les dans l'huile et faites-les cuire jusqu'à ce qu'elles soient bien dorées. Sortez-les et égouttez-les sur du papier absorbant. À l'aide d'un couteau, faites-y une incision profonde et remplissez-les de ganache au chocolat. Saupoudrez-les de sucre glace.

Beignets-surprises de pruneaux

Pour 4 personnes

Préparation : 30 min Cuisson : 12 min (3 min pour 5 beignets) Repos : 2 h

16-20 pruneaux de gros calibre • 100 g de farine • 1 œuf • 10 cl de bière • 1 pincée de sel • 1 cuil. à soupe d'huile d'olive • Huile de friture

1. Cassez l'œuf en séparant le jaune du blanc. Mettez la farine dans un saladier et faites un puits. Ajoutez le jaune d'œuf, l'huile d'olive, le sel, la bière et mélangez. Battez le blanc en neige et incorporez-le au mélange. Laissez reposer 2 h à température ambiante pour obtenir une légère fermentation.

2. Pendant ce temps, dénoyautez les pruneaux et mettez-les dans un bol d'eau tiède pour les réhydrater. Puis séchez-les.

3. Faites chauffer de l'huile de friture dans une casserole pas trop large (la cuisson est très rapide et on ne peut cuire que 4 ou 5 pièces à la fois). Jetez les pruneaux dans le saladier de pâte, repêchez-les à l'aide d'une cuillère et déposez-les dans l'huile bouillante. Après 2 ou 3 min, retirez-les et placez-les sur du papier absorbant. L'idéal est de les manger encore tièdes, accompagnés de glace praliné-noisettes (voir p. 316).

Beignets fourrés
au caramel

Pour 8 à 10 personnes
Préparation : 2 h Repos : 1 h 30 Cuisson : 20 min

50 g de sucre glace ou de sucre en poudre • 1 l d'huile
La pâte à beignets : 3 œufs • 150 g de beurre • 30 cl de lait • 750 g de farine + un peu pour le plan de travail • 2 sachets de levure de boulanger déshydratée • 60 g de sucre en poudre • 1 pincée de sel
La crème au caramel : 35 g de beurre • 100 g de caramels de confiseur

1. Préparez la pâte. Dans le bol d'un robot, versez le sucre, la farine et le sel. Faites tiédir le lait, prélevez-en 10 cl et mêlez-les avec la levure. Dans un saladier, mélangez le beurre fondu, les œufs, la levure délayée et le reste du lait tiède. Mettez en route le robot équipé du crochet à pétrir et versez petit à petit la préparation liquide. Au bout de 10 min, la pâte doit se décoller des parois du bol. Si elle est encore liquide, ajoutez un peu de farine. Couvrez le bol et laissez lever la pâte à température ambiante 1 h 30. Elle va doubler.

2. Sur un plan de travail fariné, étalez la pâte à l'aide d'un rouleau à pâtisserie sur 1 cm d'épaisseur. Puis, à l'aide d'un verre, découpez un nombre pair de disques de même dimension.

3. Préparez la crème au caramel. Faites fondre sur feu très doux le beurre et les caramels. Mélangez de façon à obtenir une crème épaisse, lisse et brillante. Déposez une noix de crème au caramel au centre d'un disque de pâte, mouillez-en les bords, recouvrez d'un autre disque et collez les deux disques en appuyant tout autour. Recommencez l'opération.

4. Faites chauffer l'huile à 180 °C dans une friteuse ou une grande casserole (attention aux projections). À l'aide d'une écumoire, plongez les beignets dans l'huile pour 1 ou 2 min. Ils doivent dorer de chaque côté.

5. Déposez les beignets sur une assiette recouverte de papier absorbant pour éponger l'huile. Puis roulez-les dans une assiette de sucre glace ou de sucre en poudre et dégustez.

Beignets

Pour 4 ou 5 personnes
Préparation : 15 min Cuisson : 10 min Repos : 30 min

500 g de farine T55 • 20 g de levure de boulanger • 1 œuf • 1 cuil. à café de sucre en poudre • 1 l d'huile de tournesol • 1 cuil. à café de sel • Sucre glace, miel, confiture pour servir

1. Mettez la farine dans un saladier. Ajoutez la levure, le sel, le sucre et l'œuf. Mélangez en versant progressivement 50 cl d'eau. Pétrissez la pâte pendant 5 min, jusqu'à ce qu'elle soit élastique. Couvrez et laissez reposer environ 30 min.

2. Lorsque la pâte a gonflé, versez l'huile dans une grande poêle à frire sur feu vif.

3. Humidifiez vos mains avec de l'eau pour éviter que la pâte colle et formez des petites boules. Faites un trou au centre de chacune et déposez-les délicatement dans l'huile. Faites dorer environ 2 min de chaque côté. Répétez l'opération jusqu'à épuisement de la pâte.

4. Dégustez avec du sucre glace, du miel ou de la confiture.

Donuts aux litchis et à la rose

Pour 10 donuts
Préparation : 20 min   Cuisson : 10 min

La pâte : 1 boîte de litchis au sirop • 1 œuf • 2 cuil. à soupe de crème liquide • 70 g de beurre + un peu pour les moules • 100 g de farine + un peu pour les moules • 1 cuil. à café de levure chimique • 1 cuil. à soupe de Maïzena® • 20 g de lait en poudre • 70 g de sucre en poudre • 1 sachet de sucre vanillé • 3 cuil. à soupe de sirop de litchi • 3 cuil. à soupe de Soho® (liqueur de litchi) • 1 pincée de sel
Le glaçage : 100 g de sucre glace • 1 cuil. à soupe de sirop de rose • 1 cuil. à soupe de blanc d'œuf
Le décor : 2 cuil. à soupe de brisures de roses

1. Découpez grossièrement les litchis. Préchauffez le four à 180 °C (th. 6). Beurrez des moules à babas individuels (avec un trou au milieu), saupoudrez-les de farine et mettez-les à refroidir au réfrigérateur.

2. Dans un bol, mélangez la farine, la levure, le sel, la Maïzena® et le lait en poudre. Réservez la préparation.

3. Coupez les litchis en petits dés et gardez le sirop. Faites fondre le beurre au bain-marie. Dans un saladier, mélangez l'œuf, le sucre et le sucre vanillé. Lorsque le mélange est homogène, versez la crème liquide. Ajoutez la préparation farine-levure et remuez doucement (sans pétrir) à l'aide d'une spatule. Ajoutez les morceaux de litchi et le beurre fondu, puis mélangez une dernière fois. Mettez le tout dans une poche à douille et remplissez les moules de cette préparation jusqu'à un peu plus de la moitié. Enfournez et laissez cuire pendant 10 min.

4. Dans un bol, mélangez le sirop de litchi et la liqueur, puis étalez le mélange sur une des faces de chaque donut à l'aide d'un pinceau.

5. Préparez le glaçage. Dans un bol, mettez tous les ingrédients et mélangez jusqu'à obtenir une sauce onctueuse.

Plongez les donuts à moitié dans le glaçage. Saupoudrez avec les brisures de roses.

Churros

Pour 8 churros
Préparation : 20 min Cuisson : 3 min

2 œufs • 1 cuil. à soupe de lait • 50 g de beurre • 100 g de farine • 1/2 cuil. à café de levure chimique • 15 g de sucre en poudre • 1 pincée de sel • Huile pour friture
Le saupoudrage : 100 g de sucre en poudre

1. Dans un petit bol, mélangez la farine, la levure et le sel.

2. Dans une casserole, faites chauffer 10 cl d'eau, le lait, le sucre et le beurre. Lorsque tous les ingrédients sont fondus, retirez du feu en remuant à l'aide d'une spatule en bois et ajoutez le mélange farine-levure-sel.

3. Remettez sur le feu et, toujours à l'aide d'une spatule, mélangez en essayant de bien appuyer la pâte dans le fond de la casserole. Lorsque la texture est homogène et lisse, retirez du feu et versez la pâte dans un récipient.

4. Dans un bol, battez les œufs, puis versez-les petit à petit dans le récipient contenant la pâte, toujours en remuant. Transférez la pâte dans une poche à douille dont l'embout est en étoile. Formez des churros de 7 ou 8 cm bien droits.

5. Dans une friteuse ou une poêle à bord haut, faites chauffez l'huile à 160 °C, plongez les churros dedans et faites-les frire 3 ou 4 min. Posez-les ensuite sur du papier absorbant.

6. Saupoudrez de sucre et dégustez avec une sauce au chocolat, par exemple.

Beignets de clémentines

Pour 4 personnes

Préparation : 30 min Repos : 3 h 10 Cuisson : 15 min

1 kg de clémentines sans pépins • 180 g de farine • 10 cl d'huile d'olive • 20 cl de rhum vieux • 1/2 sachet de levure • 3 œufs • 50 cl d'huile d'arachide • 50 g de beurre • 1 citron • 4 cuil. à soupe de cassonade • 2 cuil. à soupe de crème fleurette • Sel fin

1. Pelez les clémentines et coupez-les en tranches transversalement. Rangez-les à plat sur un plateau tapissé de papier sulfurisé et laissez-les sécher pendant 2 h 30.

2. Préparez la pâte. Mélangez la farine tamisée avec l'huile d'olive, 5 cuil. à soupe de rhum, une pincée de sel et la levure. Laissez reposer pendant 30 min.

3. Préparez la sauce au rhum. Faites fondre le beurre dans une casserole, ajoutez le reste de rhum et 6 cl d'eau, mélangez. Versez le jus du citron filtré, puis la cassonade et liez ensuite avec la crème fleurette. Laissez mijoter 6 ou 7 min, puis tenez au chaud au bain-marie.

4. Reprenez la pâte. Cassez les œufs et séparez les jaunes des blancs. Incorporez un par un les jaunes d'œufs dans la pâte et laissez reposer 10 min, puis ajoutez les blancs battus en neige très ferme avec une pincée de sel.

5. Faites chauffer l'huile d'arachide. Plongez les tranches de clémentine dans la pâte et faites-les frire. Égouttez-les quand elles sont bien dorées et épongez-les sur du papier absorbant. Servez avec la sauce au rhum à part.

Gaufres croustillantes

espuma caramel

Pour 10 gaufres

Préparation : 30 min Cuisson : 20 min Repos : 10 min Réfrigération : 2 h

L'espuma : • 25 cl de crème liquide • 5 cl de lait entier • 95 g de caramels de confiseur
La pâte à gaufres : • 3 œufs entiers • 150 g de beurre doux + un peu pour le gaufrier • 30 cl de lait • 200 g de farine • 150 g de sucre en poudre • 50 g de poudre d'amande • 1 pincée de sel fin

1. Préparez la pâte à gaufres. Faites fondre le beurre au four à micro-ondes. Dans un saladier, mélangez à l'aide d'un fouet la farine, le sucre, le sel et les œufs. Ajoutez la poudre d'amande, versez progressivement le lait jusqu'à ce que la pâte devienne lisse et homogène. Sans cesser de fouetter, ajoutez les deux tiers du beurre fondu. La pâte doit être onctueuse. Laissez-la reposer 10 min.

2. Faites fondre le beurre pour le gaufrier et graissez ce dernier à l'aide d'un pinceau. Versez la pâte et cuisez les gaufres jusqu'à épuisement de la pâte.

3. Préparez l'espuma. Faites fondre dans une casserole sur feu doux les caramels avec le lait et la crème. Versez dans un siphon, placez une cartouche de gaz. Mettez au réfrigérateur 2 h. Replacez une cartouche de gaz avant le service. Recouvrez les gaufres de l'espuma au caramel et dégustez.

Gaufres cacao-vanille

Pour 12 gaufres environ

Préparation : 15 min Cuisson : 4 min par gaufre

300 g de farine • 3 cuil. à soupe de sucre en poudre • 100 g de beurre • 4 œufs • 60 cl de lait demi-écrémé tiède • 40 g de cacao non sucré • 2 cuil. à café d'extrait de vanille liquide • 2 pincées de sel

1. Faites fondre le beurre dans une petite casserole à feu très doux. Réservez.

2. Cassez les œufs et séparez les jaunes des blancs. Dans un grand saladier, versez les jaunes d'œufs, le sucre, le cacao tamisé et l'extrait de vanille liquide. Ajoutez la farine, une pincée de sel et le lait, en mélangeant à l'aide d'un batteur électrique. Incorporez ensuite le beurre fondu et refroidi, toujours en remuant.

3. Montez les blancs d'œufs en neige très ferme avec une pincée de sel. Ajoutez-les au mélange précédent, en prenant garde de ne pas casser les blancs.

4. Équipez le gaufrier de plaques à gros ou moyens trous et préchauffez-le. À l'aide d'une louche, versez ensuite un peu de pâte dans l'appareil et faites cuire jusqu'à ce que les gaufres soient bien dorées. Garnissez de crème Chantilly (voir p. 15) avant de déguster.

Gaufres de Bruxelles

Pour 16 gaufres environ

Préparation : 15 min   Cuisson : 5 min par gaufre   Repos : 1 h

500 g de farine • 150 g de cassonade • 125 g de lait en poudre • 200 g de beurre • 4 blancs d'œufs • 15 g de levure de boulanger • 5 g de sel + 1 pincée • 1 gousse de vanille • Sucre glace

1. Faites fondre le beurre dans une petite casserole sur feu très doux. Dans un bol à bord haut, montez les blancs d'œufs en neige très ferme avec une pincée de sel. Réservez.

2. Tamisez la farine et versez-la dans un grand saladier. Délayez la levure dans 2 cuil. à soupe d'eau tiède. Ajoutez-la à la farine et mélangez. Incorporez la cassonade, le sel, et les graines de la gousse de vanille, soigneusement grattée avec la pointe d'un couteau. Ajoutez enfin le lait en poudre ainsi que 50 cl d'eau tiède. Mélangez intimement à l'aide d'un fouet, jusqu'à obtenir une pâte filante. Couvrez-la d'un linge propre et laissez lever pendant 1 h environ.

3. Incorporez le beurre refroidi à la préparation précédente. Ajoutez ensuite les blancs d'œufs en neige à l'aide d'une spatule, pour ne pas les casser.

4. Équipez le gaufrier de plaques à gros trous et préchauffez-le. À l'aide d'une louche, versez un peu de pâte dans l'appareil et faites cuire 5 min environ. Dégustez saupoudré de sucre glace, accompagné de crème Chantilly (voir p. 15) ou encore nappé de chocolat fondu.

Astuce

Attention, les temps de cuisson varient d'un appareil à un autre. N'hésitez donc pas à faire une « gaufre-test » pour être sûr.

Gaufres au caramel au beurre salé
et aux éclats de noix

Pour 15 gaufres environ

Préparation : 40 min Cuisson : 4 min par gaufre Repos : 1 h Réfrigération : 3 h

La pâte : 250 g de farine • 15 g de sucre en poudre • 100 g de beurre fondu • 1 gros œuf • 20 g de levure fraîche
Le fourrage : 250 g de sucre en poudre • 50 g de beurre demi-sel • 50 cl de crème liquide • 75 g de cerneaux de noix

1. Préparez la pâte. Faites fondre le beurre dans une petite casserole à feu très doux. Réservez. Dans un grand saladier, versez la farine, la levure émiettée et le sucre. Arrosez de 3 cuil. à soupe d'eau tiède et mélangez bien. Incorporez ensuite le beurre refroidi et l'œuf. Pétrissez la pâte jusqu'à obtenir une boule qui se détache des parois du saladier. Couvrez et laissez lever au minimum 1 h à température ambiante. Formez ensuite des petits boudins de pâte réguliers, de 30 g environ chacun, pour obtenir des gaufres de taille identique.

2. Équipez le gaufrier de plaques fines et préchauffez-le. Déposez ensuite les boudins de pâte dans l'appareil et faites cuire jusqu'à ce que les gaufres soient bien dorées. Coupez-les immédiatement en deux, dans le sens de l'épaisseur. Disposez-les sur une grande assiette et laissez-les refroidir.

3. Préparez le fourrage. Concassez grossièrement les cerneaux de noix. Dans une casserole, versez le sucre additionné de 2 ou 3 cuil. à soupe d'eau, et faites chauffer sur feu doux. Surveillez sans remuer, jusqu'à obtenir un caramel bien doré. Retirez ensuite du feu et versez la crème liquide, puis le beurre coupé en petits dés. Remettez la casserole sur feu très doux. Stoppez la cuisson et ajoutez les noix concassées. Laissez durcir ce caramel 3 h au réfrigérateur avant d'en tartiner les gaufres refroidies. Refermez-les et dégustez.

Gaufres
à la rhubarbe

Pour 8 gaufres
Préparation : 20 min Cuisson : 4 min par gaufre Repos : 2 h

La pâte : 1 œuf • 12,5 cl de lait • 30 g de beurre fondu • 125 g de farine • 1 cuil. à soupe de sucre en poudre • 1 sachet (5 g) de levure de boulanger • Sel • Huile pour le gaufrier
La compote : 500 g de rhubarbe • 100 g de sucre en poudre

1. Cassez l'œuf dans un bol et battez-le avec une pincée de sel et le sucre en poudre. Délayez la levure dans le lait tiédi.

2. Mettez la farine dans un saladier et creusez un puits au centre. Versez-y l'œuf battu, puis progressivement le lait et le beurre fondu sans cesser de fouetter, jusqu'à obtenir une pâte parfaitement lisse. Couvrez et laissez reposer au moins 2 h à température ambiante.

3. Rincez et essuyez les tiges de rhubarbe, puis coupez-les en petits tronçons, en retirant au fur et à mesure les plus gros fils. Mettez-les dans une casserole, saupoudrez de sucre et faites cuire de 10 à 15 min sur feu moyen. Laissez tiédir.

4. Faites chauffer le gaufrier et huilez légèrement les deux côtés. Versez 1 petite louche de pâte dans une moitié du gaufrier et répartissez-la dans les alvéoles en inclinant doucement le moule dans tous les sens. Fermez-le et retournez-le aussitôt pour que la pâte encore liquide couvre également l'autre face. Laissez cuire environ 2 min de chaque côté, puis démoulez délicatement.

5. Au moment de servir, nappez chaque gaufre d'un peu de compote de rhubarbe.

Gaufres à la cannelle

Pour 30 gaufres environ

Préparation : 15 min Cuisson : 4 min par gaufre Repos : 30 min

260 g de farine • 225 g de sucre en poudre • 185 g de beurre • 3 œufs • 1 cuil. à café rase de cannelle moulue

1. Faites fondre le beurre dans une petite casserole à feu très doux. Réservez.

2. Versez la farine dans un grand saladier. Ajoutez le sucre et les œufs battus en omelette et mélangez à l'aide d'un fouet ou d'un batteur électrique. Incorporez enfin le beurre fondu et la cannelle. Remuez à nouveau pendant quelques instants, puis couvrez la pâte et laissez-la reposer 30 min environ à température ambiante.

3. Équipez le gaufrier de plaques fines et préchauffez-le. Versez ensuite un peu de pâte dans l'appareil et faites cuire jusqu'à ce que les gaufres soient bien dorées.

Crêpes à la Bénédictine

Pour 25 crêpes environ

Préparation : 10 min Repos : 1 h Cuisson : 3 min par crêpe

3 œufs + 2 jaunes • 75 cl de lait • 50 g de beurre • 250 g de farine de froment • 80 g de sucre en poudre • 5 cl de Bénédictine • Huile • 1 pincée de sel

1. Dans une terrine, tamisez la farine avec le sel et incorporez le sucre. Ajoutez ensuite les œufs battus avec les jaunes et mélangez en incorporant bien la farine. Ajoutez la liqueur.

2. Délayez la pâte avec la moitié du lait froid, puis ajoutez le reste du lait tiédi et enfin le beurre fondu. Mélangez intimement et laissez reposer 1 h.

3. Dans une poêle huilée régulièrement, versez 1 louche de pâte et faites cuire les crêpes sans les laisser trop roussir.

Crêpes soufflées
aux framboises et aux amandes

Pour 8 crêpes
Préparation : 15 min Cuisson : 5 min

200 g de framboises fraîches • 1 œuf • 25 cl de lait demi-écrémé • 20 g de beurre • 125 g de farine T65 • 20 g de poudre d'amande • 15 g d'amandes effilées • 1 cuil. à soupe d'huile • 1 sachet de sucre vanillé • 1 pincée de sucre en poudre • Sel

1. Cassez l'œuf et séparez le blanc du jaune. Tamisez la farine au-dessus d'un saladier et ajoutez le jaune d'œuf, la poudre d'amande et le sucre vanillé. Mélangez à l'aide d'un fouet tout en versant le lait progressivement.

2. Faites fondre le beurre à feu doux, puis versez-le à travers une fine passoire sur la pâte. Mélangez de nouveau le tout.

3. Avec un fouet électrique, montez le blanc d'œuf en neige avec une pincée de sel et de sucre. Incorporez-le délicatement à la pâte à l'aide d'une spatule souple. Ajoutez enfin les framboises.

4. Faites chauffer la poêle à crêpes à sec et faites-y dorer les amandes effilées, puis réservez-les dans un bol.

5. Graissez la poêle, versez-y 1 louche de pâte et faites cuire la crêpe 2 ou 3 min de chaque côté. Procédez de même jusqu'à épuisement de la pâte. Servez chaque crêpe parsemée d'amandes effilées grillées.

Astuce

L'apport caloriques de ces crêpes est moindre : faites-vous plaisir !

Crêpes polonaises
aux raisins et au rhum

Pour 4 personnes

Préparation : 15 min   Repos : 1 h   Cuisson : 5-6 min par crêpe

100 g de raisins secs blonds • 10 cl de rhum • Sucre en poudre

La pâte : 3 œufs • 30 cl de crème liquide • ?? de lait • 50 g de beurre fondu • Le zeste finement râpé de 1 citron • 150 g de farine • 50 g de sucre en poudre (facultatif) • Huile ou beurre pour la poêle • 1 pincée de sel

1. Préparez la pâte. Mettez la farine, le sel et éventuellement le sucre dans un saladier et creusez le centre. Cassez les œufs dans un bol et fouettez-les vivement avec le tiers du lait et la crème. Versez-les petit à petit sur la farine, en tournant pour les incorporer au fur et à mesure. Mélangez avec une spatule en ramenant peu à peu la farine des bords vers le milieu. Ajoutez progressivement le reste du lait, en remuant toujours, jusqu'à ce que la pâte soit lisse et sans grumeaux. Incorporez le beurre fondu en fouettant vivement. Ajoutez le zeste de citron et laissez reposer pendant 1 h.

2. Mettez les raisins dans une passoire, rincez-les à l'eau tiède puis transvasez-les dans un bol. Chauffez légèrement le rhum, versez-le sur les raisins, couvrez et laissez-les tremper pendant le repos de la pâte.

3. Égouttez les raisins, récupérez le rhum restant et mélangez-le à la pâte.

4. Faites cuire les crêpes en étalant finement la pâte dans une poêle antiadhésive huilée ou beurrée. Quand le premier côté commence à prendre, parsemez la surface de raisins secs et poursuivez la cuisson normalement, en retournant les crêpes pour cuire le second côté. Glissez-les au fur et à mesure sur une assiette et gardez-les au chaud.

5. Disposez les crêpes sur un plat, pliez-les en quatre, saupoudrez-les de sucre et servez-les chaudes.

Crêpes
aux mille trous

Pour 4 personnes
Préparation : 10 min Repos : 2 h Cuisson : 3 min par crêpe

2 œufs • 12,5 cl de lait tiède • 200 g de semoule fine • 250 g de farine • 30 g de levure de boulanger • 1/2 cuil. à café de sel • Huile pour la poêle • 50 g de beurre • 20 cl de miel liquide parfumé

1. Délayez la levure dans l'eau tiède et placez-la dans un endroit chaud jusqu'à ce qu'elle commence à mousser.

2. Mélangez la semoule, la farine et le sel dans un grand bol et faites un puits au centre. Battez les œufs avec le lait et versez le mélange dans le creux, ainsi que la levure. Mélangez à l'aide d'une cuillère en bois en ramenant peu à peu la farine de l'extérieur vers le centre. Continuez de remuer, en versant progressivement juste assez d'eau pour obtenir une pâte lisse et homogène. Couvrez avec un torchon propre et laissez reposer au moins 2 h, dans un endroit tiède.

3. Placez une poêle antiadhésive légèrement huilée sur feu moyen et versez 1 petite louche de pâte au centre. Étalez-la pour lui donner un diamètre de 12 à 14 cm. Faites cuire jusqu'à ce qu'une multitude de petits trous se forment à la surface puis glissez la crêpe sur une assiette chaude, couvrez et gardez au chaud. Renouvelez l'opération jusqu'à épuisement de la pâte, en réservant les crêpes au fur et à mesure de leur cuisson, sans les empiler pour qu'elles ne collent pas entre elles.

4. Faites fondre le beurre et le miel en les chauffant séparément dans 2 petites casseroles. Arrosez les crêpes avec, juste avant de les servir.

Pancakes

Pour environ 10 pancakes
Préparation : 15 min   Cuisson : 10 min

2 œufs • 1 pincée de sel • 40 g de sucre en poudre • 125 g de yaourt nature • 125 g de farine • 1 cuil. à café de levure chimique • 125 g de lait • 20 g de beurre • Sirop d'érable

1. Cassez les œufs et séparez les blancs des jaunes. Montez les blancs en neige avec le sel. Fouettez les jaunes et le sucre dans un grand bol. Ajoutez le yaourt et mélangez, puis incorporez la farine et la levure, en mélangeant vigoureusement jusqu'à ce que la pâte soit homogène. Incorporez alors petit à petit le lait et, pour finir, ajoutez délicatement les blancs en neige.

2. Faites fondre une noix de beurre dans une poêle. Versez 1 cuil. à soupe de pâte au milieu de la poêle et étalez-la légèrement avec le dos d'une cuillère pour former un disque de 10 cm de diamètre environ. Lorsque les bulles se forment à la surface, retournez le pancake à l'aide d'une spatule et faites dorer l'autre côté. Renouvelez l'opération jusqu'à épuisement de la pâte.

3. Servez ces pancakes tièdes de préférence, copieusement arrosés de sirop d'érable.

Aumônières
aux figues et au cidre

Pour 6 personnes

Préparation : 15 min Repos : 20 min Cuisson : 3-5 min par crêpe Réfrigération : 6 h

La garniture : 200 g de chocolat noir (70 % de cacao) • 2 œufs • 20 cl de crème fleurette • 6 figues • Cassonade
La pâte à crêpes : 250 g de farine • 3 œufs • 25 cl de lait • 25 cl de cidre rosé • 1 cuil. à soupe d'huile + un peu pour la poêle • 1 pincée de sel

1. Préparez la garniture. Cassez les œufs et séparez les jaunes des blancs. Faites fondre le chocolat coupé en morceaux au bain-marie ou au four à micro-ondes, puis ajoutez les jaunes d'œufs l'un après l'autre.

2. Lavez et essuyez les figues. Coupez 3 figues en tout petits morceaux et incorporez au chocolat fondu.

3. Battez les blancs d'œufs en neige avec la crème fleurette pour obtenir de la chantilly. Mélangez délicatement au chocolat fondu et réservez au frais au moins 6 h.

4. Préparez la pâte à crêpes. Disposez la farine en fontaine dans un saladier, ajoutez le sel et les œufs battus. Versez petit à petit le cidre, le lait et l'huile et mélangez en ramenant la farine du bord vers le centre. Laissez reposer 20 min.

5. Versez 1 louche de pâte dans une poêle antiadhésive légèrement graissée. Faites cuire ainsi 6 crêpes.

6. Placez au centre de chaque crêpe 1 cuil. de la préparation au chocolat réalisée.

7. Refermez les crêpes en aumônières. Servez saupoudré de cassonade et accompagné des figues restantes, coupées en quartiers.

Mille-feuilles de crêpes

à la confiture d'oranges

Pour 6 mille-feuilles
Préparation : 10 min   Cuisson : 30 min   Repos : 1 h

200 g de confiture d'oranges
La pâte à crêpes : 250 g de farine • 3 œufs • 50 cl de lait • 30 g de beurre • 60 g de sucre en poudre • Huile neutre • 1 pincée de sel
Le décor : Sucre glace • 6 physalis (facultatif)

1. Préparez la pâte à crêpes. Faites fondre le beurre. Versez la farine dans un grand bol et ajoutez la moitié du lait, en filet, en remuant. Battez les œufs et ajoutez-les au mélange. Incorporez le beurre fondu, le sucre et le sel. Versez le reste du lait et laissez reposer 1 h minimum.

2. Faites chauffer une poêle légèrement huilée et versez-y 1 louche du mélange. Étalez bien et faites cuire jusqu'à ce que la crêpe soit dorée. Recommencez pour obtenir une douzaine de crêpes assez fines.

3. Lorsque les crêpes sont refroidies, découpez avec un emporte-pièce des disques de 8 cm de diamètre (6 par crêpe).

4. Pour chaque mille-feuille, intercalez 12 disques de crêpe avec de fines couches de confiture d'oranges. Terminez par une couche de crêpe. Saupoudrez de sucre glace et disposez éventuellement en décoration des quartiers de physalis.

Galettes de sarrasin

Pour 4 personnes
Préparation : 20 min   Cuisson : 3 min par crêpe   Repos : 2 h

1 œuf + 2 jaunes • 50 cl de lait • 20 cl de crème fraîche • 350 g de farine de sarrasin • Beurre doux • Beurre demi-sel • 1/2 cuil. à café de sel

1. Versez la farine dans une terrine et faites une fontaine.

2. Versez le lait et la crème dans la terrine et mélangez avec la farine en tournant à l'aide d'une cuillère en bois. Incorporez l'œuf et les jaunes. Ajoutez le sel. Mélangez intimement et laissez reposer 2 h à température ambiante.

3. Faites chauffer une grande poêle à crêpes, plate, sans rebord. Ajoutez une noix de beurre et versez une petite louche de pâte. Laissez cuire la galette en la retournant à mi-cuisson. Servez les crêpes chaudes, au fur et à mesure, avec du beurre demi-sel.

Crêpes flambées
à la banane et au rhum

Pour 4 personnes

Préparation : 15 min   Réfrigération : 1 h   Cuisson : 13-14 min

4 petites bananes mûres à point • 40 g de beurre • 40 g de sucre en poudre blond • 50 g de raisins secs blonds • 15 cl de jus d'orange frais • 10 cl de rhum

La pâte : 2 œufs • 30 cl de lait • 30 g de beurre fondu • 150 g de farine • 1 cuil. à soupe de sucre en poudre (facultatif) • 2 cuil. à soupe de rhum • 1 pincée de sel • Huile ou beurre pour la poêle

1. Préparez la pâte à crêpes. Mettez la farine, le sel et éventuellement le sucre dans un saladier et creusez le centre. Cassez les œufs dans un bol et fouettez-les vivement avec le tiers du lait. Versez-les petit à petit sur la farine, en tournant pour les incorporer au fur et à mesure. Mélangez avec une spatule en ramenant peu à peu la farine des bords vers le milieu. Ajoutez progressivement le reste du lait, en remuant toujours, jusqu'à ce que la pâte soit lisse et sans grumeaux. Incorporez le beurre fondu en fouettant vivement. Ajoutez le rhum et laissez reposer au moins 1 h au frais.

2. Faites cuire 8 crêpes fines dans une poêle antiadhésive huilée ou beurrée, empilez-les au fur et à mesure sur une assiette et gardez-les au chaud.

3. Épluchez les bananes, retirez les filaments blancs et coupez-les en deux dans la longueur.

4. Faites fondre le beurre sur feu doux dans une poêle, saupoudrez le sucre blond et faites dorer les bananes, 2 min environ de chaque côté, en les retournant délicatement. Versez le jus d'orange puis ajoutez les raisins. Laissez mijoter encore 3 ou 4 min. Étalez les crêpes, disposez 2 demi-bananes sur chacune et repliez légèrement deux bords opposés sur cette garniture, sans la recouvrir complètement. Versez le rhum dans la poêle, faites-le bien chauffer, puis approchez une flamme de la surface et flambez. Versez sur les crêpes et servez aussitôt.

Crêpes Orangina® dream
et glace à la cannelle

Pour 6 crêpes
Préparation : 20 min Réfrigération : 2 h Cuisson : 40 min

1 gros œuf • 25 cl de lait • 180 g de beurre • 6 boules de glace à la cannelle • Les zestes de 1 citron non traité • 125 g de farine • 170 g de sucre en poudre • 90 cl d'Orangina® • 1 cuil. à soupe d'arôme vanille • 1 cuil. à café d'huile + un peu pour la cuisson • 1 pincée de sel

1. Mélangez dans un saladier la farine, 20 g de sucre et le sel. Faites un puits, cassez l'œuf, ajoutez les zestes du citron finement râpés et l'huile. Mélangez. Incorporez peu à peu le lait pour ne pas faire de grumeaux. Ajoutez la vanille, couvrez et laissez reposer au minimum 2 h au réfrigérateur (ou toute une nuit).

2. Versez 1 louche de pâte dans une poêle antiadhésive huilée et faites cuire les crêpes. Empilez-les au fur et à mesure sur une assiette et couvrez-les d'une autre assiette pour garder la chaleur et le moelleux.

3. Faites cuire le sucre restant dans la poêle. Quand le caramel est liquide et brun clair, versez l'Orangina® et laissez réduire longuement sur feu moyen, jusqu'à obtenir un caramel blond sirupeux. Incorporez le beurre en dés, faites fondre en mélangeant, puis laissez réduire quelques instants.

4. Mettez à chauffer 1 crêpe dans le caramel sur feu doux, retournez-la, pliez-la en deux, puis encore en deux pour que chaque face soit bien imprégnée de caramel. Procédez de la même façon avec les autres crêpes. Disposez-les dans les assiettes et servez-les bien chaudes accompagnées d'une boule de glace.

Délices glacés

Glace praliné-noisettes

Pour 4 personnes

Préparation : 20 min Cuisson : 15 min Réfrigération : 20 min

4 jaunes d'œufs • 40 cl de lait • 100 g de poudre de noisette • 80 g de sucre en morceaux • 100 g de sucre en poudre

1. Dans une casserole, préparez un caramel blond en laissant fondre les morceaux de sucre sur feu très doux. Ajoutez la poudre de noisette, mélangez à l'aide d'une cuillère en bois et faites griller légèrement 5 min.

2. Faites bouillir le lait, laissez-le refroidir. Dans un saladier, fouettez les jaunes d'œufs et le sucre en poudre jusqu'à ce que le mélange blanchisse. Versez le lait dessus, et fouettez sur le feu jusqu'à ce que la température atteigne 85 °C (contrôlez la température à l'aide d'un thermomètre de cuisson). Fouettez encore 5 min hors du feu.

3. Versez le quart de cette crème anglaise sur le pralin de noisettes chaud en veillant à bien le dissoudre au cas où il aurait durci et en le maintenant sur feu doux jusqu'à complète dissolution. Ajoutez le reste de crème anglaise et laissez refroidir.

4. Placez dans la turbine à glace. Mettez sur position « turbine et refroidissement », laissez turbiner 20 min. Arrêtez, ouvrez la machine et goûtez à la cuillère si la texture vous convient : la glace ne doit pas être trop molle, sinon des paillettes vont se former.

Astuce

Veillez à ce que le pralin ne durcisse pas : il doit être bien dissout lorsque vous verserez la crème dessus, sinon cela empêcherait la rotation de l'hélice.

Citrons glacés

Pour 4 personnes
Préparation : 20 min   Cuisson : 10 min   Congélation : 8 h

4 citrons (bio de préférence) • 120 g de sucre en poudre • 120 g d'eau •
1 blanc d'œuf

1. Lavez et séchez les citrons, puis coupez un chapeau dans la partie supérieure de chacun d'eux. Pressez-les, en veillant à ne pas les abîmer, nettoyez l'intérieur à l'aide d'une petite cuillère et placez-les au congélateur.

2. Versez l'eau et le sucre dans une casserole, portez sur feu moyen et faites chauffer jusqu'à obtenir un sirop léger (comptez environ 5 min). Ajoutez 60 g du jus de citron obtenu précédemment et poursuivez la cuisson 2 ou 3 min. Retirez du feu et laissez refroidir.

3. Fouettez le blanc d'œuf en neige bien ferme, puis incorporez-y petit à petit le sirop en fouettant délicatement. Versez le tout dans une barquette et réservez pendant 4 h au congélateur.

4. Répartissez la glace dans les citrons et remettez au congélateur pendant 4 h avant de déguster.

Glace

à la crème de marrons

Pour 6 personnes

Préparation : 20 min Cuisson : 5 min Congélation : 1 h

6 jaunes d'œufs • 40 cl de lait entier • 15 cl de crème liquide entière • 150 g de crème de marrons • 100 g de marrons confits nature ou en brisures • 1 cuil. à soupe de rhum brun • 50 g de sucre en poudre

1. Dans une casserole, portez à ébullition la crème et le lait. Versez la crème de marrons dans un grand saladier et réservez.

2. Dans un autre saladier, fouettez les jaunes d'œufs avec le sucre. Ajoutez le lait bouillant, puis reversez la préparation dans la casserole et faites cuire 2 min sur feu vif, en remuant sans cesse à l'aide d'une cuillère en bois. Ce mélange ne doit pas bouillir, les œufs coaguleraient et la crème aurait l'allure d'une crème granuleuse.

3. Dès que la préparation devient crémeuse et onctueuse, versez-la dans le saladier contenant la crème de marrons. Mélangez à l'aide d'un fouet. Ajoutez le rhum et les brisures, recouvrez d'un film alimentaire au contact de la crème, puis conservez au frais jusqu'à complet refroidissement.

4. Retirez le film, versez la préparation dans la sorbetière ou la turbine à glace. Consommez dès que la glace est prête ou conservez au congélateur, dans une boîte en plastique hermétique, jusqu'à la dégustation.

5. Au moment de servir, préparez de jolies boules de glace, que vous proposerez nature.

Esquimaux
au beurre de cacahuète et coque de chocolat

Pour 4 personnes

Préparation : 30 min Cuisson : 10 min Congélation : 6 h

18 cl de crème liquide • 18 cl de lait • 100 g de beurre de cacahuète crunchy • 30 g de sucre en poudre • 1 cuil. à soupe de cacao en poudre • 150 g de chocolat noir • 50 g de chouchous

1. Versez dans une casserole le lait et la crème, puis ajoutez le beurre de cacahuète, le cacao en poudre et le sucre. Fouettez le tout, portez sur feu moyen et faites légèrement épaissir en remuant sans cesse. Retirez du feu et laissez refroidir.

2. Répartissez la crème dans des moules à esquimaux, mettez dans le congélateur et réservez pendant 6 h.

3. Faites fondre le chocolat au four à micro-ondes ou au bain-marie. Versez-le ensuite dans une assiette plate et laissez-le tiédir.

4. Pendant ce temps, hachez finement les chouchous.

5. Démoulez les esquimaux. Trempez-les très rapidement dans le chocolat des deux côtés, puis saupoudrez-les de chouchous hachés ; agissez vite, tant pour tremper les esquimaux dans le chocolat que pour les saupoudrer de chouchous, sinon le chocolat va durcir et les chouchous ne s'incrusteront plus.

Banana's sundae

Pour 4 personnes
Préparation : 20 min Congélation : 4 h

180 g de bananes épluchées • 300 g de glace à la vanille (voir p. 20) • 120 g de chocolat noir • 60 g de caramel liquide (voir p. 23) • 20 cl de crème fraîche liquide entière • 2 cuil. à soupe de mascarpone • 30 g de sucre glace

1. Écrasez les bananes avec une fourchette. Hachez le chocolat.

2. Versez la glace dans un saladier et ajoutez la banane, le chocolat et le caramel. Mélangez très rapidement, versez le tout dans un bac et réservez au congélateur pendant au moins 4 h.

3. Juste avant de servir, montez la crème liquide et le mascarpone en chantilly bien ferme, ajoutez le sucre glace et fouettez pendant encore quelques secondes.

4. Répartissez la glace dans des coupes, couvrez de chantilly avant de servir.

Glace acidulée
au lait ribot

Pour 4 personnes
Préparation : 20 min   Prise en sorbetière : 30 min   Cuisson : 20-25 min

150 g de fraises • 1 citron • 200 g de tiges de rhubarbe • 40 cl de lait ribot • 150 g de sucre

1. Pelez les tiges de rhubarbe et coupez-les en petits tronçons. Mettez-les dans une casserole inoxydable, ajoutez le sucre, couvrez d'eau à hauteur et faites cuire de 20 à 25 min. Passez le contenu de la casserole au mixeur.

2. Lavez et équeutez les fraises. Pressez le jus du citron en éliminant les pépins. Mixez les fraises avec le jus de citron et mélangez cette préparation avec la purée de rhubarbe.

3. Incorporez le lait ribot en mélangeant intimement. Mixez éventuellement une dernière fois et faites prendre dans une sorbetière pendant 30 min. Si vous n'avez pas de sorbetière, versez la préparation dans un bac en plastique spécial pour congélation et faites prendre dans le congélateur en remuant deux ou trois fois jusqu'à obtenir la consistance désirée.

Frozen yogurt chocolat-marron

Pour 6 personnes

Préparation : 15 min Cuisson : 3 min Réfrigération : 20 min

500 g de yaourt (type Fjord®) • 20 cl de crème entière liquide • 400 g de purée de marrons • 120 g de chocolat noir • 2 cuil. à soupe de cacao en poudre • 80 g de sucre glace

1. Dans un saladier, cassez le chocolat en morceaux, puis faites-les fondre environ 1 min au four à micro-ondes. Chauffez la purée de marrons 2 min au four à micro-ondes.

2. Versez la purée de marrons chaude dans le bol d'un blender, puis ajoutez le chocolat fondu et le yaourt. Mixez, puis ajoutez le sucre glace. Mélangez bien. Ajoutez la crème liquide et le cacao en poudre, puis mixez pendant quelques minutes. Lorsque le mélange a refroidi, versez la préparation dans une turbine pendant 20 min ou placez-la au congélateur pendant 3 h environ, en remuant régulièrement.

3. Disposez le frozen yogurt dans des coupes et servez aussitôt.

Frozen yogurt
au muesli

Pour 6 personnes

Préparation : 20 min Cuisson : 10 min Réfrigération : 20 min

500 g de yaourt • 20 cl de crème entière liquide • 15 g de flocons d'avoine • 10 g d'amandes concassées • 10 g de noisettes concassées • 5 g de noix de coco râpée • 5 g de cranberries • 10 g de pépites de chocolat • 80 g de sucre glace • 5 g de sucre roux en poudre

1. Versez le yaourt dans un saladier. Ajoutez le sucre glace, mélangez bien à l'aide d'un fouet, puis versez la crème entière liquide. Une fois le mélange refroidi, versez la préparation dans une turbine pendant 20 min ou placez-la au congélateur pendant 3 h environ, en remuant bien régulièrement.

2. Dans une poêle, torréfiez sur feu doux les flocons d'avoine, les amandes, les noisettes, la noix de coco, les cranberries et le sucre roux pendant quelques minutes. Lorsque le mélange a refroidi, ajoutez les pépites de chocolat.

3. Dans des ramequins, disposez une poignée de muesli, ajoutez le frozen yogurt, puis parsemez à nouveau de muesli.

Frozen yogurt
pêche-cerise-basilic

Pour 4 personnes
Préparation : 20 min   Congélation : 4 h

4 ou 5 pêches blanches bien mûres • 120 g de cerises • 120 g de fromage frais (type Philadelphia®) • 250 g de yaourt (type Fjord®) • 4 ou 5 cuil. à soupe de sirop de sucre de canne • 20 petites feuilles de basilic + 4 sommités de basilic • Quelques fruits frais

1. Épluchez les pêches et coupez la pulpe en petits cubes jusqu'à ce que vous en obteniez 300 g. Dénoyautez les cerises et coupez-les en morceaux. Étalez les fruits sur une grande assiette, mettez-les dans le congélateur et réservez pendant au moins 4 h.

2. Entre 1 et 2 h avant de servir les glaces, mettez aussi dans le congélateur le yaourt et le fromage frais ainsi que les ramequins dans lesquels vous allez servir la glace.

3. Mixez rapidement les pêches et les cerises congelées avec le sirop de sucre de canne, ajoutez le yaourt et le fromage frais et mixez de nouveau, en remuant de temps en temps la préparation pour bien répartir les fruits. La glace va se former très vite : ne mixez pas trop longtemps, elle fondrait.

4. Ciselez finement les feuilles de basilic. Répartissez le frozen yogurt dans les ramequins, ajoutez les feuilles de basilic ciselées, remuez rapidement et terminez en décorant d'une sommité de basilic et de quelques fruits frais.

Sorbet
à la poire

Pour 4 personnes
Préparation : 15 min Réfrigération : 20 min

600 g de poires (conférence) mûres • 2 citrons • 130 g de sucre en poudre

1. Laissez les poires 2 jours à température ambiante dans la cuisine afin qu'elles soient à bonne maturité.

2. Épluchez-les en les déposant au fur et à mesure dans un saladier rempli d'eau additionnée du jus des citrons, ce qui évitera aux fruits de s'oxyder.

3. Égouttez-les et, dans un saladier, mixez-les avec le sucre. Placez dans la turbine à glace. Mettez sur position « turbine et refroidissement », laissez turbiner 20 min. Arrêtez, ouvrez la machine et goûtez à la cuillère si la texture vous convient : la glace ne doit pas être trop molle, sinon des paillettes vont se former.

Sorbet

à la mangue

Pour 4 personnes
Préparation : 10 min Réfrigération : 20 min

2 mangues de 300 à 400 g (variété Kent de préférence) • Sucre en poudre (de 30 à 35 % du poids des fruits, selon votre goût et leur maturité)

1. Demandez de la mangue « décollée », c'est-à-dire chauffée, ce qui déclenche le processus de maturation : une mangue dure n'évoluera pas dans la cuisine. Si elle est déjà souple, laissez-la mûrir après l'achat si vous préférez un fruit gras plutôt que juteux et acidulé.

2. Pelez les mangues et enlevez le noyau central. Mixez la chair avec le sucre.

3. Placez dans la turbine à glace. Mettez sur position « turbine et refroidissement », laissez turbiner 20 min. Arrêtez, ouvrez la machine et goûtez à la cuillère si la texture vous convient : la glace ne doit pas être trop molle, sinon des paillettes vont se former.

Sorbet
à l'abricot

Pour 4 personnes
Préparation : 10 min Cuisson : 35 min Réfrigération : 20 min

500 g d'abricots (frais ou surgelés) • 150 g de sucre en poudre

1. Placez les abricots entiers dans le panier d'une cocotte-minute (pour d'empêcher l'oxydation qui ternit leur jolie couleur) et faites cuire environ 10 min à partir du chuchotement de la soupape, jusqu'à ce qu'ils soient bien mous. Laissez-les refroidir.

2. Dénoyautez les abricots, mettez-les dans un saladier avec le sucre et mixez. Placez dans la turbine à glace. Mettez sur position « turbine et refroidissement », laissez turbiner environ 20 min. Arrêtez, ouvrez la machine et goûtez à la cuillère si la texture vous convient : la glace ne doit pas être trop molle, sinon des paillettes vont se former.

Astuce

Préférez des abricots dits à confiture, de type bergeron ou rouges du Roussillon, plutôt que des variétés à très gros calibre.

Granité grande fraîcheur

Pour 4 personnes

Préparation : 10 min Cuisson : 5 min Congélation : 6 h

45 g de sucre en poudre • 100 g de jus de citron • 150 g d'eau • 1 ou 2 cuil. à soupe de sirop de menthe

1. Versez le sucre en poudre, le jus de citron et l'eau dans une casserole. Portez à ébullition sur feu moyen, puis retirez du feu et laissez refroidir.

2. Ajoutez le sirop de menthe. Versez la préparation dans un grand plat, mettez dans le congélateur et réservez pendant au moins 6 h.

3. Raclez la glace avec une fourchette de manière à obtenir le granité : n'appuyez pas trop fort afin de ne pas casser la glace.

4. Servez dans des coupes très froides.

Granité
pamplemousse-orange

Pour 4 personnes
Préparation : 10 min Cuisson : 5 min Congélation : 6 h

200 g de jus de pamplemousse • 50 g de jus d'orange • 45 g de sucre en poudre • 15 g d'eau

1. Versez le sucre en poudre et l'eau dans une casserole, puis portez à ébullition sur feu moyen.

2. Retirez du feu, ajoutez les jus de pamplemousse et d'orange, mélangez et laissez refroidir.

3. Versez ensuite la préparation dans un grand plat et réservez au congélateur pendant au moins 6 h.

4. Raclez la glace avec une fourchette de manière à obtenir le granité : n'appuyez pas trop fort afin de ne pas casser la glace. Servez dans des coupes très froides.

Granité
mandarine-groseille

Pour 4 personnes

Préparation : 20 min Cuisson : 5 min Congélation : 4 h

8 mandarines • 200 g de groseilles fraîches • 100 g de sucre en poudre • 40 cl d'eau

Les groseilles cristallisées : 50 g de groseilles fraîches • 1 blanc d'œuf battu • 25 g de sucre cristal

1. Épluchez les mandarines, ôtez toutes les peaux et filaments blancs, les pépins et mixez-les. Rincez les groseilles, égrappez-les et mixez les groseilles à part. Filtrez le jus à l'aide d'une passoire pour ôter les pépins.

2. Faites chauffer l'eau et le sucre sur feu doux dans une casserole jusqu'à dissolution complète du sucre. Portez à ébullition et laissez frémir 3 min. Ajoutez les mandarines mixées, le jus de groseille et laissez refroidir.

3. Versez dans un plat large et métallique ne dépassant pas 4 cm de hauteur, et placez 2 h au congélateur. Remuez ensuite avec une fourchette le mélange épaissi, puis laissez 1 h au congélateur. Grattez alors les paillettes à l'aide d'une fourchette, puis remettez 1 h au congélateur.

4. Pendant ce temps, préparez les groseilles cristallisées. Trempez les groseilles dans le blanc d'œuf battu, roulez-les dans le sucre cristal et laissez-les sécher.

5. Au moment de servir, grattez de nouveau délicatement les petits cristaux du granité pour en préserver la texture granuleuse. Remplissez 4 verres de granité et ajoutez les groseilles cristallisées.

Mystères au marron

Pour 6 mystères

Préparation : 30 min Repos : 1 h Cuisson : 40 min Congélation : 1 h

180 g de crème de marrons • 1 blanc d'œuf • 60 g de sucre glace • 50 cl de glace à la vanille (voir p. 20) • 30 g de praliné en grains • 20 g de beurre

1. Préchauffez le four à 120 °C (th. 4). Montez le blanc d'œuf en neige à l'aide d'un batteur, ajoutez le sucre glace en pluie et continuez de fouetter jusqu'à obtenir un mélange homogène et ferme. Déposez six tas de meringue à l'aide d'une cuillère sur une plaque à pâtisserie recouverte de papier sulfurisé. Enfournez et faites cuire pendant 40 min sans ouvrir le four. Sortez les meringues du four et laissez-les refroidir pendant 1 h.

2. Sortez la glace 30 min avant de préparer les mystères. Cassez les meringues grossièrement et mélangez-les avec la crème de marrons.

3. Beurrez 6 moules individuels. Répartissez presque tout le praliné en grains sur les bords ainsi que le fond, en veillant qu'il adhère bien, et réservez au congélateur quelques minutes.

4. Mettez 1 boule de glace dans chaque moule et tassez-la au fond et sur les côtés de manière à ménager un creux au centre. Remplissez-le avec 1 cuil. à soupe du mélange de meringue et de crème de marrons. Recouvrez d'un peu de glace, tassez et parsemez le reste de praliné en grains à la surface. Réservez les mystères au congélateur pendant au moins 1 h.

Soufflés glacés à l'orange

Pour 4 personnes
Préparation : 45 min Congélation : 2 h

1 orange non traitée • Le jus de 1 citron • 70 cl de jus d'orange frais • 200 g de sucre en poudre

1. Entourez 4 moules à soufflé individuels ou 4 grandes verrines à bord droit d'une bande de carton léger (ou de papier sulfurisé plié en deux) dépassant de 2 ou 3 cm du rebord. Fixez bien serré avec du ruban adhésif.

2. Brossez l'orange sous l'eau froide, essuyez-la, puis frottez-la contre une râpe fine et récupérez le zeste. Pressez-la et versez son jus dans une petite casserole avec le jus du citron et le sucre. Faites chauffer doucement en remuant jusqu'à ce que le sucre soit complètement fondu. Ajoutez le zeste et faites bouillir 2 ou 3 min sans remuer. Retirez du feu et laissez refroidir complètement.

3. Mélangez le sirop et le jus d'orange frais, versez en sorbetière et réservez 1 h au congélateur.

4. Quand la préparation est suffisamment épaisse, sans être dure, remplissez les moules jusqu'au bord du papier, lissez la surface à l'aide d'une spatule humide et remettez au congélateur pour 1 h.

5. Pour servir, retirez la bande de papier sulfurisé.

Soufflés glacés à la framboise

Pour 4 personnes

Préparation : 30 min   Cuisson : 10 min   Congélation : 6 h

3 jaunes d'œufs • 20 cl de lait • 90 g de sucre en poudre • 20 cl de crème liquide entière bien froide • 120 g de framboises • 4 cuil. à soupe de coulis de framboises (voir p. 24)

1. Portez le lait à ébullition. Fouettez les jaunes d'œufs et le sucre jusqu'à obtenir un mélange mousseux. Incorporez petit à petit le lait en remuant sans cesse. Transférez le mélange dans une casserole, portez sur feu moyen et faites épaissir en remuant. Retirez du feu et laissez refroidir.

2. Battez la crème liquide en chantilly et ajoutez-la délicatement au mélange refroidi.

3. Écrasez les framboises et ajoutez-les à un quart de la préparation, puis intégrez l'ensemble sans insister au reste de la préparation.

4. Préparez quatre bandes de papier sulfurisé. Enroulez chacune d'elles autour d'une verrine cylindrique, en la faisant dépasser du bord de 3 cm au minimum. Maintenez chaque bande de papier en place à l'aide d'un élastique.

5. Remplissez les verrines en dépassant le bord de 1 ou 2 cm : la partie supérieure va être maintenue par la bande de papier sulfurisé. Rangez dans le congélateur et réservez pendant au moins 6 h.

6. Retirez les bandes de papier, versez 1 cuil. à soupe de coulis de framboises sur chaque soufflé et servez.

Bombe glacée
au chocolat

Pour 6 à 8 personnes
Préparation : 20 min Cuisson : 2-3 min Congélation : 3 h

240 g de chocolat noir à 70 % de cacao • 40 g de sucre en poudre • 2 œufs • 25 cl de crème liquide très froide • 1 pincée de sel fin • Cacao en poudre

1. Tapissez un moule rond ou un saladier de film alimentaire en le laissant largement dépasser.

2. Cassez les œufs dans deux saladiers en séparant les blancs des jaunes. Battez les blancs en neige ferme avec le sel. Cassez le chocolat en petits morceaux dans une casserole et faites-les fondre sur feu doux avec 2 cuil. à soupe de crème liquide. Ôtez du feu et remuez jusqu'à obtention d'une crème lisse.

3. Fouettez le reste de crème en chantilly bien ferme. Fouettez les jaunes d'œufs avec le sucre jusqu'à ce que le mélange blanchisse. Ajoutez-y le chocolat fondu, puis successivement la chantilly et les blancs en neige, en soulevant délicatement la masse de bas en haut.

4. Versez la préparation dans le moule, rabattez hermétiquement le film alimentaire et réservez 3 h au congélateur.

5. Au moment de servir, retournez la bombe glacée sur un plat et retirez le film alimentaire. Saupoudrez-la de cacao.

Fondant glacé
aux deux chocolats

Pour 4 personnes
Préparation : 20 min Cuisson : 15 min Congélation : 2 h 30

300 g de crème liquide • 3 œufs • 200 g de chocolat noir • 100 g de chocolat blanc • 12 macarons aux amandes • 10 cl de sirop de sucre de canne • 5 cl de Grand Marnier® • 1 pincée de sel

1. Cassez le chocolat noir en morceaux et mettez-le dans un saladier au-dessus d'un bain-marie frémissant. Cassez le chocolat blanc et mettez-le dans une casserole de taille moyenne avec la crème. Mélangez le sirop de sucre de canne avec le Grand Marnier®. Chemisez un moule à cake avec du film alimentaire.

2. Faites fondre lentement le chocolat noir au bain-marie, et posez la casserole contenant le chocolat blanc et la crème sur feu très doux. Lissez chaque préparation à l'aide d'une spatule différente et retirez-les du feu. Cassez les œufs en séparant les blancs des jaunes. Ajoutez 2 jaunes dans le chocolat noir et le dernier dans le chocolat blanc. Mélangez. Fouettez les blancs en neige ferme avec le sel. Incorporez-en les deux tiers dans le chocolat noir et le reste dans le blanc.

3. Versez la moitié de la mousse sombre dans le moule, égalisez la surface et placez au congélateur 15 min. Trempez pendant ce temps les macarons dans le sirop aromatisé. Sortez le moule du congélateur et garnissez-le sur toute sa longueur avec les macarons. Recouvrez de mousse au chocolat blanc et remettez au congélateur 15 min. Terminez en versant le reste de mousse au chocolat noir. Laissez 2 h au congélateur.

4. Sortez le fondant du congélateur et démoulez-le. Coupez-le en tranches et servez à l'assiette.

Vacherin

Pour 8 à 10 personnes

Préparation : 1 h 30 Cuisson : 2 h Congélation : 5 h 30

45 cl de crème fluide au mascarpone • 150 g de fraises • 150 g de framboises • 4 ou 5 feuilles de menthe • 35 g de sucre glace • 750 g de glace à la vanille (ou glace faite maison, voir p. 20) • 750 g de glace à la framboise (ou fraise)

La meringue : 200 g de blancs d'œufs • 110 g de sucre en poudre • 110 g de sucre glace

1. Préchauffez le four à chaleur tournante à 110 °C (th. 3-4). Rincez les fruits et la menthe.

2. Sur une grande feuille de papier sulfurisé, dessinez dans un angle de la feuille un cercle à la dimension du moule (moule à fond amovible de 19 cm de diamètre et 8 cm de haut). À côté du cercle, sur toute la longueur de la feuille, tracez deux lignes parallèles distantes de 8 cm. Retournez la feuille sur une plaque à pâtisserie.

3. Réalisez la meringue (voir p. 17). Garnissez-en une poche à douille unie n° 8. Remplissez le cercle de meringue en partant du centre pour former un escargot. La taille du cercle doit être très légèrement inférieure au diamètre du moule. Entre les deux lignes parallèles, dressez une vingtaine de coques de 4 cm de large et de 8 cm de long, en les espaçant.

4. Enfournez pour 2 h. Éteignez le four et laissez reposer jusqu'à complet refroidissement en gardant la porte du four entrouverte.

5. Déposez le fond de meringue dans le moule à fond amovible. Sortez la glace à la framboise 15 min avant son utilisation pour qu'elle soit bien souple. Travaillez-la rapidement à la fourchette, puis versez-la sur le fond de meringue. Lissez avec le dos d'une grande cuillère et placez le vacherin au congélateur pour 30 min. Répétez l'opération avec la glace à la vanille et replacez au congélateur pour 1 h.

6. Montez la crème en chantilly avec le sucre glace, puis remplissez une poche à douille cannelée. Enlevez la partie amovible du moule, entourez la glace d'une ligne continue de chantilly. Posez les coques tout autour en les espaçant de 1 cm. Comblez de chantilly les espaces entre les coques, puis décorez le dessus du vacherin.

7. Placez-le de nouveau au congélateur pour 1 h, puis emballez-le de film alimentaire et congelez de nouveau au minimum 3 h. Sortez le vacherin 10 min avant la dégustation. Décorez-le avec les fraises et les framboises fraîches, puis parsemez-le de feuilles de menthe.

P'tite charlotte
glacée aux deux fraises

Pour 4 personnes
Préparation : 30 min   Cuisson : 5 min   Congélation : 4 h

1 paquet de boudoirs • 180 g de fraises • 30 g de sucre en poudre • 2 feuilles de gélatine • 10 cl de crème entière liquide • 120 g de petits-suisses
La décoration : 125 g de fraises des bois • Sucre glace

1. Tapissez de film alimentaire un moule à charlotte d'environ 16 cm de diamètre. Disposez des boudoirs verticalement le long de la paroi du moule, puis sur le fond.

2. Faites tremper les feuilles de gélatine dans un bol d'eau froide. Faites chauffer 2 cuil. à soupe d'eau et le sucre en poudre dans une casserole. Quand le sucre est dissous, ajoutez la gélatine essorée et mélangez jusqu'à ce qu'elle ait fondu.

3. Mixez 120 g de fraises, lavées et équeutées, avec le sirop. Fouettez la crème liquide en chantilly bien ferme, puis ajoutez-la délicatement aux petits-suisses. Incorporez petit à petit les quatre cinquièmes du coulis de fraises, en mélangeant doucement, et ajoutez les fraises restantes, lavées, équeutées et coupées en petits morceaux. Versez la préparation dans le moule et couvrez avec le reste de coulis. Réservez au congélateur pendant au moins 4 h.

4. Sortez la charlotte 20 min avant de la servir. Démoulez-la, puis décorez-la de fraises des bois et d'un voile de sucre glace.

Nougat glacé
spéculoos-pistaches

Pour 4 à 6 personnes

Préparation : 30 min   Cuisson : 5 min   Congélation : 5 h

3 blancs d'œufs • 35 cl de crème liquide • 6 spéculoos • 80 g de petits dés de fruits confits au choix • 50 g de pistaches décortiquées • 30 g d'amandes effilées • 120 g de miel liquide • 60 g de sucre en poudre

1. Faites légèrement dorer les pistaches et les amandes à sec. Écrasez finement les spéculoos ou réduisez-les en chapelure au robot. Réservez.

2. Mélangez le sucre et 2 cuil. à soupe d'eau dans une casserole. Amenez à petite ébullition et faites cuire jusqu'à 120 °C au thermomètre à sucre.

3. Battez les blancs d'œufs en neige pas trop ferme, puis versez lentement le sirop précédent, sans cesser de fouetter à vitesse moyenne, jusqu'à ce que la préparation soit complètement refroidie. Ajoutez le miel, puis la poudre de spéculoos, les fruits confits, les amandes et les pistaches, en mélangeant doucement au fur et à mesure.

4. Fouettez la crème liquide très froide en chantilly, puis incorporez-la délicatement au mélange.

5. Versez dans un moule à cake ou des petits moules individuels et mettez au congélateur pendant 5 h.

6. Démoulez et coupez en tranches si vous avez utilisé un grand moule.

Cheesecake glacé
au pamplemousse rose

Pour 6 à 8 personnes
Préparation : 30 min Congélation : 4 h Cuisson : 10 min

150 g de fromage frais de type Philadelphia® • 240 g de petits-suisses • 25 cl de crème entière liquide • 200 g de Gavottes® • 240 g de chocolat blanc • 150 g de sucre • 2 pomelos roses, bio de préférence • 2 feuilles de gélatine

1. Déposez un film alimentaire transparent dans un moule à charnière de 24 cm de diamètre. Écrasez les Gavottes® dans un torchon. Faites fondre le chocolat blanc au four à micro-ondes ou au bain-marie. Lissez-le, puis ajoutez les Gavottes® et répartissez le mélange au fond du moule, en tassant.

2. Trempez les feuilles de gélatine dans de l'eau froide. Prélevez le zeste d'un pomelo à l'aide d'une fine râpe. Prélevez les suprêmes des pomelos (les quartiers débarrassés de leurs cloisons translucides) en travaillant au-dessus d'une assiette creuse, puis complétez le jus ainsi recueilli en pressant les écorces et les parures. Mettez ce jus à chauffer avec le sucre et le zeste. Retirez du feu, égouttez les feuilles de gélatine et faites-les fondre dans le jus.

3. Ajoutez le fromage frais ainsi que les petits-suisses, et mélangez. Montez la crème liquide en chantilly ferme, puis incorporez-la au fromage frais avec une spatule souple. Ajoutez les suprêmes de pamplemousse coupés en petits morceaux et mélangez délicatement. Versez le tout dans le moule, couvrez de film transparent et réservez au congélateur au moins 4 h. Sortez le cheesecake 20 min avant de le servir.

Café liégeois
aux amaretti

Pour 4 personnes

Préparation : 30 min Congélation : 2 h Cuisson : 7 min

Le granité : 25 cl de café expresso • 35 g de sucre

La sauce chocolat : 300 g de chocolat noir de couverture (ou un chocolat à pâtisser de bonne qualité) • 25 cl de lait entier • 10 cl de crème fleurette • 50 g de sucre en poudre

La chantilly (facultatif) : 25 cl de crème fleurette bien froide • 1 cuil. à soupe de sucre glace • 1 gousse de vanille • $^1/_2$ l de glace au café de bonne qualité • 8 amaretti

1. Préparez le granité. Sucrez le café et mélangez bien pour dissoudre le sucre. Versez dans un plat et mettez au congélateur 2 h, en remuant toutes les 30 min avec une fourchette pour faire des paillettes.

2. Préparez la sauce chocolat. Râpez le chocolat. Portez le lait, la crème et le sucre à ébullition. Hors du feu, ajoutez le chocolat et mélangez bien.

3. Émiettez grossièrement les amaretti.

4. Préparez la chantilly. Fendez la gousse de vanille en deux dans la longueur et récupérez les graines. Ajoutez-les à la crème fleurette dans un saladier. Fouettez la crème en chantilly en ajoutant le sucre petit à petit.

5. Répartissez la glace au café au fond de 4 verres. Ajoutez les amaretti, versez un peu de sauce au chocolat puis recouvrez de granité. Servez avec un peu de chantilly (facultatif).

Café gourmand

346 Chocolats

359 Mignardises

Truffes au chocolat
sauce à l'orange

Pour 6 personnes
Préparation : 20 min Cuisson : 7 min Réfrigération : 12 h

300 g de chocolat noir • 25 cl de crème fraîche liquide • 50 g de beurre mou • 25 cl de jus d'orange • 250 g de sucre en poudre • 1 cuil. à soupe de miel • 10 cuil. à soupe de graines de sésame grillées

1. Préparez un bain-marie. Remplissez au tiers une casserole d'eau. Choisissez un saladier en verre qui s'adapte à la taille de la casserole, sans en toucher le fond. Cassez le chocolat en morceaux et déposez-les dans le saladier. Faites fondre sur feu moyen.

2. Ajoutez le beurre coupé en morceaux et mélangez à l'aide d'une spatule. Hors du feu, incorporez la crème fraîche.

3. Transvasez le mélange dans un récipient froid et placez au réfrigérateur pendant 12 h minimum.

4. Préparez le sirop d'orange. Mettez le jus d'orange dans une casserole, avec le sucre et le miel. Portez à ébullition, baissez sur feu moyen et laissez réduire, sans remuer, jusqu'à obtenir un sirop.

5. Sortez la ganache du réfrigérateur et formez rapidement de petites boules. Versez les graines de sésame dans une assiette et roulez-y les boulettes.

6. Versez le sirop dans des coupelles et servez avec les truffes.

Astuce

Ces truffes peuvent être servies en dessert. Elles accompagnent également parfaitement le café, à condition de les servir sans la sauce aux agrumes.

Truffes au chocolat blanc
et thé matcha

Pour une quarantaine de truffes
Préparation : 30 min Cuisson : 7 min Réfrigération : 8 h

30 g de beurre • 100 g de crème entière liquide • 200 g de chocolat blanc • 2 cuil. à café + 3 cuil. à soupe de thé vert matcha • 3 cuil. à soupe de sucre glace

1. Hachez finement le chocolat.

2. Faites chauffer la crème dans une petite casserole, puis versez-la sur le chocolat haché. Mélangez doucement à l'aide d'une spatule et ajoutez le beurre. Remuez à nouveau jusqu'à ce que la ganache soit bien lisse et brillante. Incorporez ensuite 2 cuil. à café de thé vert matcha et laissez durcir la préparation au réfrigérateur.

3. Formez des boules de ganache en les roulant dans la paume de vos mains. Laissez-les à nouveau figer au froid. Mélangez dans une assiette creuse le sucre glace ainsi que le reste de thé matcha, puis roulez les truffes dans ce mélange afin de bien les enrober.

4. Laissez reposer les truffes 6 h au réfrigérateur avant de les déguster.

Chocolats au thé Earl Grey

Pour 20 chocolats

Préparation : 30 min Cuisson : 10 min Réfrigération : 1 h

260 g de chocolat à 70 % de cacao • 1 cuil. à soupe bombée de cacao • 20 cl de crème fleurette • $^{3}/_{4}$ cuil. à soupe de thé Earl Grey

1. Râpez 200 g de chocolat dans un saladier.

2. Dans une casserole, portez la crème fleurette à ébullition. Éteignez, ajoutez le thé et laissez infuser pendant 10 min. Puis filtrez.

3. Réchauffez de nouveau la crème et versez-la sur le chocolat râpé. Attendez quelques instants, afin que le chocolat soit partiellement fondu, puis mélangez.

4. Tapissez de film un récipient rectangulaire de 20 x 25 cm et remplissez-le avec la préparation. Laissez reposer au réfrigérateur pendant 1 h, puis démoulez la ganache sur le plan de travail.

5. Faites fondre le chocolat restant et étalez-le sur la ganache à l'aide d'une spatule. Puis laissez le chocolat se figer 2 ou 3 min et saupoudrez de cacao.

6. Retournez la ganache sur du papier sulfurisé et recommencez.

7. Laissez le chocolat se figer puis coupez-le en rectangles ou en losanges.

Cake pops classiques

Pour 25 cake pops

Préparation : 1 h Réfrigération : 4 h Cuisson : 20 min

150 g de beurre + un peu pour le moule • 150 g de sucre roux en poudre • 150 g de farine • 2 gros œufs • $^1/_2$ sachet de levure chimique • 100 g de fromage frais type Philadelphia® • 1 cuil. à soupe d'arôme de vanille • 250 g de chocolat noir • Vermicelles ou grains de sucre multicolores • 25 bâtons de sucette

1. Préchauffez le four à 180 °C (th. 6). Battez le beurre avec le sucre dans un saladier jusqu'à obtenir un mélange mousseux. Ajoutez les œufs un à un, en mélangeant bien après chaque ajout. Tamisez la farine et la levure au-dessus du saladier, et mélangez. Beurrez un moule à cake. Versez-y la pâte et faites cuire pendant 20 min, puis laissez refroidir complètement.

2. Émiettez le cake et passez-le au mixeur jusqu'à le réduire en miettes très fines. Ajoutez le fromage frais ainsi que l'arôme de vanille, et mélangez vigoureusement. Prélevez 25 g de cette pâte et malaxez-les pour former une boule. Posez cette dernière sur une assiette et recommencez jusqu'à épuisement de la préparation. Réservez les boules de pâte au frais pendant au moins 2 h.

3. Faites fondre le chocolat au four à micro-ondes ou au bain-marie, et lissez-le. Trempez-y les bâtons de sucette sur 1 cm, enfoncez-en un dans chaque boule de pâte et laissez reposer pendant 15 min au réfrigérateur.

4. Plongez entièrement une boule dans le chocolat, ressortez-la et tapotez sur le bâton pour faire tomber l'excédent de chocolat, puis saupoudrez-la de vermicelles. Plantez le cake pop sur un bloc de polystyrène, pour laisser au décor le temps de sécher. Répétez l'opération avec toutes les autres boules.

Mendiants au Nutella®

Pour 10 mendiants environ

Préparation : 20 min Cuisson : 10 min Réfrigération : 1 h

1 œuf • 70 g de beurre • 4 cuil. à soupe de Nutella® • 125 g de sucre en poudre • 125 g de farine • 10 cerneaux de noix • 10 noisettes • 10 pistaches crues • 10 amandes émondées • 60 g de raisins secs • 125 g de poudre d'amande

1. Sortez le beurre à l'avance pour qu'il soit à température ambiante, réservez 10 g pour la plaque du four et coupez le reste en petits morceaux.

2. Dans un grand bol, versez la poudre d'amande. Puis cassez l'œuf par-dessus. Sur un plan de travail, versez la farine, faites une fontaine au milieu et mettez-y le sucre, le beurre en morceaux et le mélange œuf-poudre d'amande. Pétrissez à la main, roulez le tout pour former une boule et enveloppez-la de film alimentaire avant de la mettre au frais pour 1 h.

3. À la sortie du réfrigérateur, étalez la pâte sur 3 mm d'épaisseur puis, à l'aide d'un emporte-pièce, découpez-la en 10 disques réguliers.

4. Beurrez la plaque du four. Disposez dessus les disques de pâte et enfournez pour 10 min à 150 °C (th. 5). Pendant que les mendiants cuisent, réchauffez le Nutella® à feu très doux dans une casserole.

5. À la sortie du four, décollez délicatement les mendiants à l'aide d'une spatule et laissez-les refroidir sur une grille. Puis enduisez totalement leur surface avec le Nutella® réchauffé. Décorez en répartissant les fruits secs sur le dessus, avant que le Nutella® ne soit complètement sec.

Ravioles au chocolat et à la mangue

Pour 6 personnes
Préparation : 45 min   Cuisson : 3 min

3 œufs • 1 mangue bien mûre • 1 bouquet de menthe • 250 g de farine + un peu pour le plan de travail • 200 g de sucre en poudre • 25 g de cacao amer • 20 g de sucre glace • 1 gousse de vanille

1. Épluchez la mangue et taillez-la en tranches de 5 mm d'épaisseur, puis en carrés de 3 cm de côté. Lavez et ciselez finement la menthe.

2. Versez dans un saladier la farine, le sucre glace et le cacao, et mélangez jusqu'à obtenir une poudre homogène. Faites un puits au milieu et cassez-y les œufs. Mélangez du bout des doigts, puis travaillez la pâte sur un plan de travail fariné. Étalez-la finement au rouleau à pâtisserie ou au laminoir. Déposez des carrés de mangue ainsi qu'un peu de menthe sur une première abaisse de pâte et recouvrez d'une seconde abaisse, puis taillez dans la pâte des ravioles à l'aide d'un emporte-pièce rond.

3. Versez 1 l d'eau, le sucre en poudre ainsi que la gousse de vanille fendue en deux dans une grande casserole et portez à ébullition. Pochez les ravioles 3 min dans ce sirop.

4. Dressez 3 ravioles dans une assiette creuse, arrosez de quelques cuillerées à soupe de sirop de cuisson et décorez d'une sommité de menthe.

Mini-muffins au café
coeur coulant de chocolat

Pour 12 mini-muffins environ
Préparation : 20 min   Cuisson : 12 min

12 carrés de chocolat noir • 1 yaourt au lait entier • 2 œufs • 14 cl de lait • 150 g de farine • 1 cuil. à café de levure chimique • 100 g de sucre en poudre • 10 g de café soluble • Sel

1. Préchauffez le four à 200 °C (th. 6-7).

2. Tamisez la farine, une pincée de sel et la levure. Ajoutez le sucre, le café soluble et mélangez. Réservez.

3. Dans un saladier, versez les œufs, le lait, le yaourt et mélangez légèrement à l'aide d'une fourchette. Faites un puits dans le mélange sec et versez la préparation précédente. Mélangez légèrement à l'aide d'une cuillère en bois (délicatement afin que les muffins ne deviennent pas trop durs).

4. En vous aidant d'une cuillère à soupe, versez un peu de pâte dans le fond de chaque moule, déposez 1 carré de chocolat dans chaque muffin et enfoncez-le pour qu'il soit recouvert.

5. Enfournez pour 12 min environ. Servez tiède.

Friandises
corn flakes-chocolat

Pour 6 personnes
Préparation : 20 min Cuisson : 7 min

200 g de chocolat • 50 g de beurre • 150 g de céréales croustillantes, type corn flakes • 1 poignée de raisins secs

1. Préparez un bain-marie. Remplissez au tiers une casserole d'eau. Choisissez un saladier en verre qui s'adapte à la taille de la casserole, sans en toucher le fond. Cassez le chocolat en morceaux et déposez-le dans le saladier avec le beurre. Laissez fondre en remuant de temps en temps à l'aide d'une spatule, de façon à obtenir un mélange bien homogène.

2. Retirez le saladier du feu. Ajoutez les céréales et les raisins secs. Mélangez bien.

3. Déposez 1 cuil. à soupe de la préparation sur du papier sulfurisé tous les 10 cm. Lorsque le mélange a refroidi, retournez ces petits dômes avec deux fourchettes et donnez-leur une forme ronde. Placez au réfrigérateur avant de déguster.

Cigares tout choco
et citron vert

Pour 6 personnes

Préparation : 45 min Cuisson : 5 min Réfrigération : 2 h

50 g de blancs d'œufs • 50 g de beurre fondu • 2 cuil. à soupe de crème fraîche • 1 citron vert non traité • 50 g de sucre glace • 50 g de farine • 1 cuil. à soupe de cacao • Sorbet citron

La ganache : 35 cl de crème • 200 g de chocolat • 1 cuil. à soupe de sucre

1. Préparez la ganache. Hachez le chocolat finement. Faites chauffer 15 cl de crème et le sucre dans une petite casserole, puis versez la préparation sur le chocolat. Laissez fondre le chocolat, puis remuez à la spatule afin d'obtenir une préparation lisse et brillante. Ajoutez ensuite la crème froide restante. Mélangez à l'aide d'une spatule en prenant soin de ne pas incorporer d'air dans la préparation (il ne faut pas fouetter). Réservez au réfrigérateur au minimum 2 h. Au moment de servir, fouettez cette ganache à l'aide d'un fouet électrique comme pour monter une crème Chantilly. Prélevez les suprêmes du citron et réservez-les, puis zestez le citron vert dans la ganache montée au chocolat. Préchauffez le four à 200 °C (th. 6-7).

2. Dans un saladier, mélangez les blancs d'œufs, le sucre, la farine et le cacao. Ajoutez la crème et le beurre fondu, et mélangez à nouveau. Déposez des petits tas de pâte espacés sur une plaque allant au four recouverte de papier sulfurisé. Étalez légèrement la pâte en lui donnant une forme ronde avec le dos d'une cuillère à soupe.

3. Enfournez 5 min. Sortez la plaque du four et décollez les biscuits à l'aide d'une petite spatule. Entourez-les rapidement autour d'un gros marqueur ou feutre à défaut d'avoir des tubes spécifiques à cigarettes.

4. Remplissez les cigares refroidis de crémeux au chocolat à l'aide d'une seringue ou d'une poche à douille, puis déposez 2 cigares par assiette en les faisant se chevaucher. Servez avec une jolie quenelle de sorbet citron à côté que vous décorerez des suprêmes de citron vert.

Rochers

Pour 15 petits rochers environ
Préparation : 20 min Cuisson : 20 min Réfrigération : 2 h

160 g de chocolat à 60 % de cacao • 40 g de chocolat au lait • 100 g de noisettes et d'amandes (ou 100 g de pralin en poudre)
La garniture : 15 noisettes
L'enrobage : 160 g de chocolat à 60 % de cacao • 40 g d'amandes

1. Préchauffez le four à 200 °C (th. 6-7). Plongez toutes les amandes dans une tasse d'eau bouillante pendant 10 min, puis pelez-les et passez-les au four avec les noisettes pendant 15 min environ.

2. Réservez les amandes. Frottez les noisettes entre vos doigts pour en ôter la peau. Hachez 50 g d'amandes et 50 g de noisettes. Réservez.

3. Faites fondre au bain-marie le chocolat noir et le chocolat au lait. Puis, hors du feu, ajoutez les noisettes et les amandes hachées, et mélangez intimement. Remplissez des moules à glaçons en silicone avec cette préparation et déposez 1 noisette au milieu de chaque moule, en vous aidant d'un cure-dents. Laissez reposer au réfrigérateur pendant 2 h.

4. Concassez grossièrement les amandes grillées restantes.

5. Pour l'enrobage, faites fondre au bain-marie le chocolat noir, puis ajoutez les amandes.

6. Démoulez les demi-sphères et faites-les tremper dans le chocolat à l'amande. Puis, à l'aide d'une fourchette, égouttez-les et posez-les sur une feuille de papier sulfurisé. Laissez figer avant de déguster.

Trio de bonbons croustillants

Pour 4 personnes
Préparation : 30 min   Cuisson : 10 min

20 g de beurre fondu • 3 feuilles de brick (ou 1 rouleau de 90 g) • 8 cerises au sirop ou griottines • 1 tranche d'ananas au sirop léger • 2 oreillons d'abricot au sirop léger • 2 cuil. à soupe de noix de coco râpée • 8 petits carrés de chocolat noir • 2 cuil. à café de miel de lavande • 4 fleurs de lavande

1. Égouttez l'ananas, les cerises et les abricots sur du papier absorbant. Détaillez la tranche d'ananas en petits dés et chaque oreillon d'abricot en quatre morceaux.

2. Préchauffez le four à 180 °C (th. 6). Détachez les feuilles de brick de leur support en papier. Découpez 12 rectangles de 15 x 12 cm environ. Beurrez-les légèrement au pinceau. Posez 4 rectangles devant vous. Répartissez les dés d'ananas dans le bas, saupoudrez de noix de coco, puis enroulez la feuille autour pour former un petit cylindre. Liez les extrémités avec de la ficelle de cuisine. De la même manière, garnissez 4 autres rectangles avec chacun un cube d'abricot, 1/2 cuil. à café de miel et 1 fleur de lavande. Faites les 4 derniers bonbons avec 2 cerises et 2 carrés de chocolat chacun.

3. Posez les petites papillotes sur une plaque recouverte de papier sulfurisé. Glissez-les dans le four et faites cuire de 8 à 10 min, ou jusqu'à ce que la pâte soit dorée. Laissez tiédir un peu avant de servir.

Bonbons chauds
choco-crème de marrons

Pour 30 bonbons
Préparation : 35 min Cuisson : 5 min Congélation : 8 h

2 ou 3 feuilles de pâte filo • 10 cl de crème entière liquide • 120 g de chocolat noir ou au lait en pastilles • 50 g de crème de marrons • 50 g de sucre glace

1. La veille, préparez la ganache. Portez à ébullition la crème liquide, puis versez-la sur les pastilles de chocolat dans un saladier. Lorsque le chocolat est fondu, lisse et brillant, incorporez la crème de marrons. Versez la ganache sur un film alimentaire, donnez-lui une forme rectangulaire de 2 cm d'épaisseur, enveloppez-la et conservez-la au congélateur jusqu'au lendemain.

2. Le jour même, préchauffez le four à 200 °C (th. 6-7) en position gril. Saupoudrez généreusement 30 g de sucre glace sur une plaque à pâtisserie.

3. Découpez délicatement des petits rectangles de 9 x 7 cm dans la pâte filo. Attention, cette pâte est fragile et se déchire facilement.

4. Coupez des carrés de ganache de 2 x 2 cm. Posez-en un sur le bord d'un rectangle, roulez la pâte filo et repliez les bords en dessous. Répétez l'opération avec le reste des ingrédients.

5. Roulez les bonbons dans le reste de sucre glace, puis enfournez pour 1 min de chaque côté. Ces petits carrés se dégustent chauds avec un café ou au goûter.

Tulipes
à la mousse de mangue

Pour 4 personnes
Préparation : 40 min Cuisson : 20 min

2 belles mangues mûres • 4 œufs + 2 jaunes • 3 cuil. à soupe de lait • 12 cl de crème fleurette • 2 cuil. à soupe de beurre fondu • 100 g de farine • 20 g de fécule • 250 g de sucre en poudre • 60 g de sucre vanillé • 100 g d'amandes effilées • 2 cuil. à soupe de vermicelles en chocolat • 4 gros carrés épais de chocolat noir • Huile pour le moule

1. Préchauffez le four à 180 °C (th. 6). Cassez les œufs et séparez les blancs des jaunes. Mélangez dans un saladier les blancs d'œufs, 100 g de sucre en poudre, le sucre vanillé, la farine et 40 g d'amandes grossièrement concassées.

2. Lorsque la pâte est homogène, ajoutez le beurre fondu et mélangez. Étalez la pâte sur une tôle tapissée de papier sulfurisé en formant des disques de 15 à 20 cm de diamètre. Faites-les cuire pendant 5 min.

3. Décollez-les du papier et placez-les dans les moules en silicone, puis enfoncez l'autre moule légèrement huilé pour former les tulipes. Retirez-le, dégagez les tulipes et laissez-les refroidir complètement.

4. Versez les 6 jaunes d'œufs dans un saladier avec le reste du sucre en poudre et la fécule. Pelez et dénoyautez les mangues. Passez au mixeur la pulpe d'une mangue, taillez la seconde en dés. Fouettez le mélange aux jaunes d'œufs. Faites chauffer le jus de mangue avec 2 cuil. à soupe de crème fleurette.

5. Versez dans une casserole le mélange aux jaunes d'œufs et ajoutez le jus de mangue à la crème. Faites cuire en remuant sur feu très doux ou au bain-marie de 12 à 15 min jusqu'à consistance épaisse. Fouettez par ailleurs le reste de crème fleurette très froide en chantilly. Faites fondre le chocolat noir au bain-marie avec le lait.

6. Au moment de servir, lorsque les tulipes sont bien fermes, badigeonnez au pinceau tout le bord avec le chocolat fondu.

Répartissez les dés de mangue dans le fond des tulipes et nappez-les de crème à la mangue, puis décorez de chantilly en ajoutant également le reste des amandes effilées et les vermicelles au chocolat. Servez aussitôt.

Bouchées amande-pistache

Pour 6 personnes

Préparation : 30 min Cuisson : 20 min Repos : 24 h

200 g de poudre d'amande • 400 g de pistaches non salées • 1 jaune d'œuf • Le jus de 1/4 citron • 500 g de sucre en poudre • 1 sachet de sucre vanillé

1. Dans une casserole, mettez 2 verres d'eau, le sucre, le sucre vanillé et le jus de citron. Portez à ébullition, baissez sur feu moyen et laissez cuire le sirop pendant 20 min : il doit simplement frémir.

2. Mixez grossièrement les pistaches dans un robot.

3. Mettez la poudre d'amande dans un saladier. Ajoutez la moitié des pistaches concassées et le jaune d'œuf, puis mélangez. Versez petit à petit une partie du sirop sur le mélange afin d'obtenir une pâte ferme. Façonnez de petites boules de pâte.

4. Remettez le reste de sirop sur feu modéré : de petites perles doivent se former à la surface. Trempez les bouchées dans le sirop et roulez-les, à l'aide de deux fourchettes, dans le reste des pistaches concassées.

5. Déposez les bouchées sur une grande assiette, couvrez-la d'un linge propre et laissez sécher 24 h.

Bonbons
à la fraise

Pour 25 bonbons environ
Préparation : 20 min Cuisson : 10 min Réfrigération : 1 h

250 g de belles fraises parfumées • 4 cuil. à soupe de jus de citron fraîchement pressé • 200 g de sucre de canne • 50 g de sucre cristallisé • 5 feuilles de gélatine alimentaire • 4 ou 5 gouttes de colorant alimentaire rouge

1. Faites tremper les feuilles de gélatine dans un petit bol d'eau froide pour les ramollir.

2. Équeutez et lavez les fraises, puis mixez-les afin d'obtenir un coulis très liquide. Versez-en 10 cuil. à soupe dans une casserole à fond épais, puis ajoutez le sucre de canne et le jus de citron. Mélangez et faites cuire sur feu moyen jusqu'à ébullition, en remuant sans arrêt. Comptez ensuite 5 min de cuisson à feu vif, puis retirez la casserole du feu.

3. Essorez la gélatine ramollie entre vos doigts et incorporez-la au sirop. Mélangez jusqu'à ce qu'elle soit complètement dissoute. Ajoutez le colorant alimentaire au compte-gouttes et mélangez de nouveau.

4. Versez aussitôt la préparation dans de petits moules à glaçons en silicone, jusqu'à mi-hauteur. Placez-les au frais pendant 1 h environ.

5. Démoulez délicatement les bonbons, en les poussant très légèrement pour ne pas les casser au démoulage. Roulez-les ensuite dans le sucre cristallisé.

Guimauves
à la fraise

Pour 30 bouchées

Préparation : 15 min Cuisson : 10 min Repos : 12 h

4 feuilles de gélatine • 2 blancs d'œufs • 240 g de sucre en poudre • 25 g de sirop de glucose • 5 cl de sirop de fraise • 2 cuil. à soupe de fécule de pomme de terre

1. Faites ramollir les feuilles de gélatine dans un saladier d'eau froide.

2. Montez les blancs d'œufs en neige avec 10 g de sucre.

3. Dans une casserole, versez 7,5 cl d'eau, ajoutez le reste de sucre et le sirop de glucose. Faites chauffer. Lorsque le mélange atteint 130 °C, versez-le sur les blancs en neige. Essorez les feuilles de gélatine et incorporez-les au mélange. Versez le sirop de fraise. Mélangez pendant 4 min.

4. Saupoudrez une plaque de cuisson de fécule de pomme de terre. À l'aide d'une spatule, étalez la guimauve sur la plaque et saupoudrez de nouveau de fécule. Laissez refroidir 12 h à température ambiante. Le lendemain, taillez en longues bandes, puis en bouchées, et dégustez.

Sucettes
à la framboise

Pour 20 sucettes environ

Préparation : 20 min Cuisson : 10 min Repos : 2 h

125 g de framboises fraîches • 500 g de sucre en poudre • 1 cuil. à café de glucose liquide (disponible en pharmacie ou sur Internet) • 1 cuil. à soupe d'huile neutre (type colza ou pépins de raisin)

1. À l'aide d'un pinceau à pâtisserie, huilez une plaque de marbre.

2. Rincez les framboises, puis faites-les chauffer sur feu doux dans une casserole à fond épais, jusqu'à ce qu'elles se désintègrent. Filtrez le jus à travers une passoire fine posée sur un saladier et jetez la pulpe.

3. Dans une seconde casserole, versez le sucre, le glucose et le jus de framboise, puis faites chauffer sur feu moyen, jusqu'à ce que le sucre soit dissous. Portez ensuite à ébullition sans remuer, jusqu'au stade du « grand cassé », entre 145 et 150 °C (vérifiez la température à l'aide d'un thermomètre à sucre). Plongez aussitôt le fond de la casserole dans l'eau froide pour arrêter la cuisson.

4. À l'aide d'une cuillère à soupe, versez 1 goutte de sirop sur la plaque de marbre, de façon à obtenir 1 rond de 5 cm de diamètre : répétez l'opération jusqu'à épuisement du sirop (en réservant quelques gouttes), en espaçant bien les ronds. Quand le sirop est encore mou, piquez un bâtonnet dans chaque pastille. Pour fixer parfaitement les bâtonnets, versez quelques gouttes de sirop à l'endroit où ils sont enfoncés dans les sucettes. Laissez refroidir et durcir pendant 2 h environ.

5. À l'aide d'une spatule en métal, détachez délicatement les sucettes et enveloppez-les dans un rectangle de film alimentaire pour qu'elles ne collent pas.

Pâte de fruits orange-whisky

Pour 6 personnes

Préparation : 20 min Cuisson : 20 min Réfrigération : 24 h Repos : 24 h

500 g de compote de pommes • 100 g de sucre spécial confiture (type Gelsuc® ou Vitpris®) • 100 g de sirop de glucose • 25 cl de whisky • 20 gouttes d'arôme de whisky • 5 oranges • 270 g de sucre en poudre • 2 g d'acide citrique en poudre (épicerie fine et pharmacie) • Sucre cristallisé

1. Versez la compote de pommes, le sucre spécial confiture et le sirop de glucose dans une cocotte et portez à ébullition. Laissez refroidir puis couvrez et faites reposer 24 h au réfrigérateur.

2. Le lendemain, préparez 280 g de purée d'oranges. Pelez à vif les oranges puis passez-les au mixeur et faites-les réduire sur feu vif en tournant constamment jusqu'à obtenir la consistance d'une purée. Pesez.

3. Ajoutez la purée d'oranges et le sucre en poudre à la cocotte de compote de pommes. Chauffez jusqu'à atteindre 107 °C (à l'aide d'un thermomètre de cuisson). Versez l'acide citrique dissous dans 1 cuil. à café d'eau. Mélangez à l'aide d'une cuillère en bois jusqu'à obtenir une consistance bien épaisse.

4. Hors du feu, ajoutez le whisky et l'arôme. Remuez rapidement. Versez dans des empreintes en silicone puis laissez refroidir 24 h à température ambiante.

5. Le lendemain, démoulez les pâtes de fruits, roulez-les dans le sucre cristallisé et conservez-les dans une boîte hermétique.

Nougatines

Pour 30 nougatines environ
Préparation : 30 min Cuisson : 10 min

2 cuil. à café de jus de citron • 300 g d'amandes non mondées • 350 g de sucre en poudre • 2 cuil. à soupe d'huile neutre (type colza ou pépins de raisin)

1. À l'aide d'un pinceau à pâtisserie, huilez une plaque de marbre ou, à défaut, une plaque en métal pour la pâtisserie. Huilez de la même façon une spatule en métal, des ciseaux et un rouleau à pâtisserie.

2. Hachez les amandes à l'aide d'un grand couteau de cuisine, de façon à obtenir un sable grossier. Faites-le sécher pendant quelques minutes à sec dans une poêle, en remuant constamment, sans le faire colorer.

3. Dans une casserole à fond épais ou un poêlon, faites chauffer le sucre et le jus de citron sur feu doux en remuant sans cesse, jusqu'à ce que le sucre soit fondu. Dès qu'il se colore d'une nuance blond clair, retirez du feu, puis ajoutez les amandes encore chaudes. Mélangez à l'aide de la spatule jusqu'à ce que la préparation soit moins liquide.

4. Versez aussitôt sur le marbre ou la plaque huilée, puis travaillez la pâte en ramenant les bords vers le centre avec la spatule en métal. Dès que la nougatine est suffisamment tiède, travaillez-la à la main pendant 2 min, comme une pâte à tarte, en formant une boule et en la pétrissant.

5. Étalez la nougatine avec un rouleau à pâtisserie sur 0,5 cm d'épaisseur environ, puis découpez en losanges réguliers à l'aide des ciseaux huilés. Laissez refroidir complètement avant de déguster.

Pavés

au caramel

Pour 50 pavés environ

Préparation : 25 min Cuisson : 30 min Repos : 1 h 05

20 cl de lait entier • 125 g de beurre doux • 60 g de noisettes décortiquées • 750 g de sucre en poudre • 4 cuil. à soupe de cacao non sucré • 1 cuil. à café d'extrait de vanille • 1 cuil. à soupe d'huile neutre (type colza ou pépins de raisin)

1. Dans une casserole, faites fondre le beurre sur feu très doux. Ajoutez le lait, le cacao préalablement dissous dans 1 cuil. à soupe d'eau chaude, puis le sucre en poudre. Portez à ébullition et laissez cuire à découvert sur feu doux pendant 30 min, jusqu'à l'obtention d'une pâte épaisse et brune. Retirez du feu et laissez refroidir légèrement pendant 5 min.

2. Concassez les noisettes à l'aide d'un grand couteau, ajoutez-les à la préparation, ainsi que l'extrait de vanille.

3. Chemisez une tôle à pâtisserie avec une grande feuille de papier sulfurisé. Huilez-la au pinceau, étalez la pâte et laissez durcir pendant plus de 1 h.

4. Découpez la pâte en pavés à l'aide d'un couteau pointu.

Caramels mous au café

Pour 30 caramels environ

Préparation : 5 min   Cuisson : 10 min

3 cuil. à soupe de lait entier • 10 g de beurre doux • 150 g de crème de lait cru ou, à défaut, crème liquide • 70 g de miel d'acacia • 150 g de sucre de canne • 1 cuil. à café d'extrait de café • 1 cuil. à soupe d'huile neutre (type colza ou pépins de raisin)

1. À l'aide d'un pinceau à pâtisserie, huilez soigneusement un découpoir à caramel ou, à défaut, une plaque carrée ou rectangulaire en aluminium ou en Inox, munie de bords de 2 cm de hauteur environ.

2. Dans une casserole à fond épais ou un poêlon, faites fondre le sucre et le lait sur feu vif, puis ajoutez aussitôt le miel et la crème, sans cesser de remuer à l'aide d'une spatule en bois. Baissez légèrement le feu et mélangez sans cesse jusqu'au stade du « petit boulé », entre 115 et 117 °C (vérifiez la température à l'aide d'un thermomètre à sucre) : un peu de sirop versé dans un bol d'eau froide forme une boule molle très malléable. Éteignez le feu, puis ajoutez l'extrait de café et le beurre en mélangeant vigoureusement.

3. Versez la pâte dans le découpoir, appuyez fortement le grillage et laissez refroidir complètement avant de détacher les caramels. Si vous ne possédez pas de découpoir, utilisez un petit couteau pointu pour découper les caramels refroidis.

Index alphabétique des recettes

N

P

R

S

T

V

Index
par ingrédient

Q

R

Table des techniques de base

Tableaux d'équivalences

Thermostat	Température approximative
1	30 °C (à peine tiède)
2	60 °C (tiède)
3	90 °C (chaleur très douce)
4	120 °C (chaleur douce)
5	150 °C (chaleur modérée)

Thermostat	Température approximative
6	180 °C (chaleur moyenne)
7	210 °C (assez chaud)
8	240 °C (chaud)
9	270 °C (très chaud)
10	300 °C (chaleur vive)

Ingrédient	Cuillerée à café	Cuillerée à soupe
Beurre	4 g	12 g
Cacao en poudre	3 g	8 g
Crème fraîche	5 g	12 g
Eau	0,5 cl (5 g)	1,5 cl (15 g)
Farine	5 g	10 g
Fécule de maïs	3,5 g	12 g
Huile	5 g	12 g
Riz	5 g	15 g
Sel	5 g	15 g
Sucre en poudre	5 g	15 g
Sucre glace	3,5 g	12 g

Crédits

Couverture photographies et stylisme :

Bernard Radvaner/Motoko Okuno : haut-gauche ; Jean-Charles Vaillant/Bérangère Abraham : haut-milieu ; Nathalie Carnet/Manuela Chantepie : haut-droit, bas-droit ; Amélie Roche/Alexia Janny-Chivoret : milieu-gauche ; Marie-José Jarry/ Bérangère Abraham : milieu droit, bas-gauche ; Bernard Radvaner/Motoko Okuno : bas-milieu.

4e de couverture photographies et stylisme :

Marie-José Jarry/ Bérangère Abraham : haut-droit ; Valery Guedes/Natacha Arnoult : haut-milieu ; Marie-José Jarry/Marie Labrune : haut-droit ; Guillaume Czerw/Sophie Dupuis-Gaulier : milieu-gauche, bas-droit ; Nathalie Carnet/Bérangère Abraham : milieu-droit ; Marie-José Jarry/Motoko Okuno : bas-droit.

Recettes :

Christophe Dovergne/Damien Duquesne : p. 6, 7, 8, 9, 10, 11, 12, 13, 14, 15, 16, 17, 18, 19, 20, 21, 22, 23, 24, 25, 90, 94, 242, 252, 258, 263 ; Guillemette Auboyer/Ève-Marie Briolat : p. 28, 50, 308 ; Martine Lizambard : p. 30, 62, 72, 79, 80, 81, 92, 112, 126, 128, 132, 141, 129, 138, 152, 158, 160. 164, 154, 159, 163, 166, 169, 170, 171, 172, 174, 175, 178, 180, 182, 183, 186, 187, 192, 200, 199, 206, 212, 245, 253, 261, 266, 270, 272, 275, 277, 301, 306, 307, 312, 334, 336, 341, 357 ; Natacha Arnoult : p. 31, 232, 233, 343 ; Véronique Cauvin : p. 32, 43, 48, 67, 84, 85, 89, 119, 134, 176, 221, 224, 225, 226, 227, 228, 238, 248, 262, 264, 291, 296, 319, 333, 338, 358 ; Nathalie Hélal : p. 34, 68, 76, 104, 113, 114, 115, 116, 136, 142, 145, 148, 237, 297, 298, 300, 302, 337, 361, 363, 365, 366, 367 ; Birgit Dahl Stern/Dorian Nieto : p. 35, 36, 37 41, 38, 46, 69, 74, 75, 106, 109, 110, 118, 120, 121, 165, 222, 318, 320, 321, 325, 330, 331, 335, 340, 342, 350 ; Arnaud Delmontel/David Batty : p. 40, 42, 78, 82, 269, 289 ; Estérelle Payany : p. 44, 45, 47, 97, 168, 247, 250, 251, 260 ; Martine Lambert/David Batty : p. 51, 290, 316, 326, 327, 328 ; Sylvie Girard-Lagorce : p. 52, 61, 70, 96, 101, 106, 111, 124, 127, 156, 157, 204, 210, 214, 209, 246, 256, 259, 281, 288, 295, 303, 311, 359 ; Lucia Pantaleoni : p. 54, 55, 57, 207, 208, 220, 234, 257, 349, 353, 356 ; Stéphanie Bulteau : p. 56, 58, 60, 146, 147, 162, 195, 219, 313 ; Ulrike Skadow : p. 63, 190 ; Yann Leclerc : p. 64, 66 ; Bérangère Abraham : p. 73, 213, 218, 229 ; Caterina Rizzo : p. 86, 144 ; Céline Mennetrier : p. 88, 194, 196 ; Élisabeth Biscarrat : p. 93, 230, 235, 236, 244, 348, 352, 355 ; Guilaine de Sèze/Christian de Rivière : p. 98, 130, 267 ; David Batty/Marion Beilin : p. 102, 139, 140 ; Florence Enoch/Antony McCallum-Caron : p. 108, 153, 193, 364 ; Solveig Darrigo-Dartinet : p. 100, 117, 177, 184, 198, 283, 304 ; Catherine Bourron-Normand & Béatrice Vigot-Lagandré : p. 133 ; Marine Labrune : p. 135, 181, 188, 278, 282 ; Marie Leteuré : p. 151 ; Joséphine et Valérie Piot : p. 201, 273 ; Véronique Liégeois : p. 215, 216 ; D. R. : p. 249, 254, 280, 309 ; Karen Fingerhut : p. 268, 310 ; Coralie Moutat : p. 274 ; Camille Murano : p. 276 ; Motoko Okuno/Lélia Sakai-Yajima : p. 286, 293, 294 ; Lahcen Aït-Lachgar : p. 292 ; Joséphine Piot : p. 323, 324 ; Catherine Nicolas : p. 332 ; Karen Fingerhut/Olivier Rouault : p. 346, 354, 360 ; David Batty : p. 362.

Photographies et stylisme :

Jean-Charles Vaillant : p. 6, 7, 8, 9, 10, 11, 12, 13, 14, 15, 16, 17, 18, 19, 20, 21, 22, 23, 24, 25 ; Virginie Pérocheau/Thomas Dhellemmes : p. 29, 50, 308 ; Bernard Radvaner/Motoko Okuno : p. 30, 53, 62 72, 104, 129, 137, 143, 155, 159, 163, 169, 174, 247, 251, 260, 275, 286, 293, 294, 295, 301, 323, 324, 334, 351, 357 ; Édouard Sicot/Natacha Arnoult : p. 31, 67 ; Valery Guedes/Natacha Arnoult : p. 33, 47, 51, 61, 65, 66, 144, 150, 170, 175, 185, 192, 200, 198, 219, 232, 233, 248, 265, 288, 290, 316, 326, 327, 329, 343 ; Éric Fénot/Delphine Brunet : p. 34, 54, 55, 56, 59, 68, 89, 100, 108, 119, 126, 128, 132, 141, 134, 138, 152, 158, 161, 164, 153, 177, 187, 193, 207, 208, 221, 237, 249, 255, 257, 268, 277, 280, 281, 283, 305, 309, 210, 364 ; Marie-José Jarry/Bérangère Abraham : p. 35, 36, 37, 41, 106, 109, 120, 121, 223 ; Léni Bastille/Manuela Chantepie : p. 39, 74, 165, 340, 342 ; Jörg Brockmann/Bérangère Abraham : p. 40, 42, 78, 83, 269, 289 ; Anthony Lanneretonne/Carine Zurbach : p. 43, 199, 226, 239, 319, 333, 358 ; Caroline Faccioli/Sabine Paris : p. 44, 45, 97, 306, 307, 312, 319, 333 ; Nathalie Carnet/Manuela Chantepie : p. 46, 84, 87, 93, 118, 215, 217, 231, 235, 236, 244, 318, 320, 321, 325, 330, 331, 335, 348, 352, 355, 350 ; Martin Balme/Lucie Dauchy : p. 49 ; Amélie Roche/Alexia Janny-Chivoret : p. 57, 103, 140, 141, 176, 246, 262, 291, 296, 361, 363, 365, 366, 367 ; Guillaume Czerw/Sophie Dupuis-Gaulier : p. 60, 63, 71, 77, 96, 107, 101, 115, 116, 145, 149, 168, 191, 205, 211, 214, 206, 220, 245, 250, 253, 261, 274, 322, 341 ; Lisa Ange/Lena Jansson : p. 69, 75, 110 ; Marie-José Jarry : p. 73, 213, 218, 229 ; Nicolas Leser/Ulrike Skadow : p. 79, 80, 81, 92, 336 ; Pierre Chivoret/Alexia Janny : p. 85, 111, 125, 127, 156, 157, 166, 173, 171, 209, 225, 303, 311 ; Marie-José Jarry/Motoko Okuno : p. 88, 194, 197, 224, 227, 228, 339 ; Jean-Charles Vaillant/Bérangère Abraham : p. 91, 95, 243 ; Nathalie Carnet/Motoko Okuno : p. 99, 131, 267 ; Guillaume Czerw/ Natacha Arnoult : p. 112 ; Amélie Roche : p. 113, 114, 337 ; Jean Bono/ Delphine Brunet : p. 117 ; Valéry Guedes/Emmanuel Renault : p. 133 ; David Japy/ Corinne Bonnet-Morin : p. 135 ; Bob Norris/Sabine Paris : p. 146, 147, 162 ; Jérôme Bilic : p. 151 ; Pierre Chivoret/Victorine Ducoulombier : p. 179, 180, 182, 183, 186 ; Marie-José Jarry/Marine Labrune : p. 181, 279 ; David Japy/ Sandra Mahut : p. 188 ; Audrey Cosson : p. 195, 313 ; Fabrice Besse / Manuela Chantepie : p. 201 ; Myriam Gauthier-Moreau : p. 212, 273 ; Emilie : p. 234, 349, 353, 356 ; Charlotte Lascève/Bérengère Abraham : p. 252, 258, 263 ; David Bonnier Stylisme : Caline Fourcade : p. 256, 259 ; Jean Bono/Valéry Drouet : p. 266, 271, 272 ; Nicolas Louis/Anne-Sophie Lhomme : p. 276 ; Fabrice Veigas/Julie Schwob : p. 282 ; Bernard Radvaner : p. 292, 347, 354, 360 ; Pierre-Louis Viel / Catherine Nicolas : p. 332 ; Valéry Guedès/Valentina Pilia : p. 359 ; Nathalie Carnet/Bérangère Abraham : p. 362.

Directeur éditorial : Didier Férat
Directrice éditoriale adjointe : Corinne Cesano
Édition : Candice Roger
Correction : Le Livre d'Après
Relecture : Sylvie Rabuel
Graphisme de la couverture : Julia Philipps
Maquette de l'intérieur : Nord Compo
Mise en page et photogravure : Nord Compo
Fabrication : Laurence Duboscq

Solar | un département place des éditeurs

ISBN : 978-2-263-07031-0
Code éditeur : S07031
Dépôt légal : octobre 2015
Imprimé en Chine par Leo Paper